Russisches Imperium
am Ende des 19. Jahrhunderts

Magadan

Kurilen: ►
bis 1875
russisch

● Krasnojarsk

● Irkutsk

Mandschurei

● Wladiwostok

Äußere Mongolei

JAPAN

Peking ●

KOREA

CHINESISCHES REICH

Die Herrschaft der Zaren

Uwe Klußmann und Dietmar Pieper (Hrsg.)

DIE HERRSCHAFT
DER ZAREN

Russlands Aufstieg zur Weltmacht

Karen Andresen, Benjamin Bidder, Georg Bönisch,
Christine von Brühl, Annette Bruhns, Carmen Eller,
Christoph Gunkel, Nils Klawitter, Walter Mayr,
Jörg R. Mettke, Joachim Mohr, Christian Neef,
Jan Puhl, Norbert F. Pötzl, Johannes Saltzwedel,
Matthias Schepp, Eva-Maria Schnurr, Mathias Schreiber,
Michael Sontheimer, Rainer Traub

Bassermann

ISBN 978-3-8094-4734-4

1. Auflage
Genehmigte Sonderausgabe
© 2022 by Bassermann Verlag,
einem Unternehmen der Penguin Random House Verlagsgruppe GmbH,
Neumarkter Straße 28, 81673 München

© der Originalausgabe 2012 by Deutsche Verlags-Anstalt,
einem Unternehmen der Penguin Random House Verlagsgruppe GmbH,
Neumarkter Straße 28, 81673 München und SPIEGEL-Verlag
Rudolf Augstein GmbH, Hamburg, Ericusspitze 1, 20457 Hamburg
Alle Rechte vorbehalten

Projektleitung dieser Ausgabe: Martha Sprenger
Typografie und Satz: DVA/Brigitte Müller
Umschlaggestaltung: Timo Wenda, nach einer Vorlage
von Büro Jorge Schmidt, München
Abbildungen:
Vorne, oben: © Philip de Bay/Corbis
Vorne, unten, v. l. n. r.: © Alfredo Dagli Orti/bpk (Peter III.);
© Alfredo Dagli Orti/bpk (Peter I.); © bpk (Nikolaus II.);
© Alfredo Dagli Orti/bpk (Katharina II.); © Alfredo Dagli Orti/bpk (Alexander I.);
© Alfredo Dagli Orti/bpk (Boris Fjodorowitsch Godunow); © akg-images (Iwan IV.)
Hinten, unten: © bpk (Krönung Alexanders III.)
Herstellung: Timo Wenda

Penguin Random House Verlagsgruppe FSC® N001967

Druck und Bindung: GGP Media GmbH, Pößneck

Printed in Germany

4140456801I2

Inhalt

5

TEIL II
AUFBRUCH NACH EUROPA

Vorwort

Zu keinem anderen Land unterhielt das Russland der Zaren so enge Beziehungen wie zu Deutschland. Schon Zar Iwan IV., von den Russen »der Gestrenge« genannt, im Westen bekannter als »der Schreckliche«, hatte den umtriebigen Deutschen Heinrich von Staden zu einem führenden Organisator seines Sicherheitsdienstes, der »Opritschnina« gemacht. Zwei Jahrhunderte später, im Sommer 1762, bestieg eine Deutsche sogar den Zarenthron: Die ehemalige Prinzessin Sophie von Anhalt-Zerbst hieß nun Katharina II. und wurde zu einer ebenso verehrten wie gefürchteten Herrscherin. Deutsche waren im russischen Reich als Spitzenbeamte und Geheimdienstchefs, als Außenminister und Kanzler für die Zaren tätig. Mehr noch: Von Katharinas Sohn, dem Preußen-Bewunderer Paul I., bis zum letzten Zaren Nikolai II. heirateten die russischen Kaiser mit Vorliebe deutsche Prinzessinnen.

Doch bei aller Bewunderung für deutsches Organisationstalent und preußische Tugenden blieb das Verhältnis der Russen zu den Zuwanderern aus dem Westen zwiespältig. Man wurde oftmals nicht richtig warm miteinander, so beschrieb es zum Beispiel der Nationaldichter Leo Tolstoi in seinem Opus »Krieg und Frieden«, das den legendären Kampf gegen den Vormarsch Napoleons 1812 nachzeichnet. Der deutschstämmige Oberbefehlshaber, heißt es da, tauge nicht zur Verteidigung des russischen Vaterlandes, »weil er alles so gründlich und genau überlegt, wie es eben in der Natur eines jeden Deutschen liegt«. Mehr Gefühl, das war es, was sich die Russen nicht nur bei Tolstoi wünschten.

Die engen familiären Bande zwischen russischen und deutschen Herrschern verhinderten auch nicht, dass die beiden mächtigen Kaiserreiche zu Beginn des 20. Jahrhunderts in eine fatale Frontstellung zueinander gerieten. Die Russen schwärmten für panslawistische Ideen und machten die Sache der Serben zu ihrer eigenen; die Deutschen verfolgten ebenfalls imperiale Interessen. Der Erste Weltkrieg, den Nikolai II. und sein kaiserlicher Cousin Wilhelm II. nicht zu verhindern vermochten, zerrüttete das Zarenreich noch schneller als sein deutsches Pendant und führte zur russischen Revolution von 1917.

Dennoch lebten Impulse des fast fünfhundertjährigen Zarenregiments auch in der Sowjetunion weiter. Die Bolschewiki verlegten die Hauptstadt vom revolutionären Petrograd wieder nach Moskau und regierten das Riesenreich vom Kreml aus, als benötigten sie die Aura monarchischer Macht. Der georgische Priesterseminarschüler Josef Stalin setzte die imperiale Tradition als roter Zar fort, wobei er die autokratische Willkür früherer Herrscher noch weit übertraf.

Selbst die Präsidenten des neuen Russland nach 1991, das sich eine demokratische Verfassung gegeben hat, regierten bald wieder mit einer zarengleichen Machtfülle. Russlands Herrscher sehen sich heute ähnlich wie zu kaiserlichen Zeiten als Garanten konservativer Werte. Über den imperialen Stil des Präsidenten Wladimir Putin und die Parallelen zwischen dem Zarenreich und der heutigen Russischen Föderation gibt in diesem Buch der Politologe Alexander Rahr Auskunft; er war bis Juni 2012 Leiter des Berthold-Beitz-Zentrums in der Deutschen Gesellschaft für Auswärtige Politik in Berlin. Rahrs Vorfahren lebten in Russland, sein Großvater kämpfte gegen die Revolution als Adjutant eines zarentreuen Generals.

Zu den Autoren gehören zahlreiche Russlandkenner aus der SPIEGEL-Redaktion, darunter alle Moskauer Korrespondenten seit Mitte der achtziger Jahre. Sie beschreiben und analysieren die Grundlinien der russischen Geschichte eines halben Jahrtausends, einer Ära, in der das einstige Großfürstentum zur Weltmacht aufstieg: Es geht um Themen wie die Verflechtung von Kirche und herrschender Macht, den Aufbau der nach Westen ausgerichteten Metropole Sankt Petersburg auf den Knochen ihrer Erbauer, die gewaltsame Expansion des Zarenreiches nach Süden in den Kaukasus, den Untergrundkampf russischer Revolutionäre und das Mysterium des Moskauer Kreml.

Porträts der bedeutendsten Zaren gehören ebenso in dieses Bild wie Beschreibungen des Lebens und Wirkens von Schriftstellern und Intellektuellen, des Malers Ilja Repin oder des Komponisten Peter Tschaikowski, die bis heute weit über ihr Heimatland hinaus wirken. Erstmals können deutsche Leser Texte aus Reden des zaristischen Ministerpräsidenten Pjotr Stolypin lesen. Der Politiker, der das Land durch die Schaffung einer bäuerlichen Mittelschicht stabilisieren wollte, stand zugleich für eine Politik blutiger Repression und wurde Opfer eines linksradikalen Terroristen. Im Putinschen Russland ist Stolypin eine Ikone fast wie zu Sowjetzeiten der Revolutionär Lenin.

Der Niedergang der Zarenherrschaft wird schlaglichtartig an der Affäre um den irrlichternden Erotomanen Grigorij Rasputin beleuchtet. Der Bauernspross untergrub das Regime durch sein wildes Leben ebenso wie durch die Umstände und Folgen seines Todes. Für den Mord an Rasputin, in den Verwandte der Zarenfamilie verwickelt waren, wurde niemand bestraft. Der Staat des Zaren hatte damit abgedankt, wenige Monate bevor der zuletzt völlig ratlose Nikolai II. dem Thron entsagte.

Hamburg, im Sommer 2012
Uwe Klußmann, Dietmar Pieper

TEIL I
VOM FÜRSTENTUM ZUM ZARENREICH

Der zornige Zar

Er war belesen und extrem jähzornig:
Iwan IV., »der Schreckliche«, schuf als Gewaltherrscher
die Grundlagen des russischen Imperiums.

Von Uwe Klußmann

D er 17-Jährige, dem der Metropolit Makarij am 16.
Januar 1547 in der Uspenski-Kathedrale im Moskauer Kreml die mit Fell umkränzte Zarenkrone
aufsetzt, ist ein Feind der herrschenden Verhältnisse. Russlands
erster Kaiser traut seiner höfischen Umgebung nicht. Schon
als Kind hat Iwan Moskaus mächtige Hochadelige, die Bojaren, hassen gelernt. Nominell herrscht Iwan IV. als Großfürst,
seit er drei Jahre alt ist; sein Vater, Großfürst Wassilij III., ist
in dieser Zeit gestorben. Als Regentin fungiert seine Mutter Jelena, aber als der Junge sieben ist, stirbt auch sie. Nun
streiten habgierige Bojaren miteinander, die den Moskauer
Kreml in eine wahre Kampfarena verwandeln. Eine Fürstenversammlung, die Bojaren-Duma, beherrscht das Land. Die
Adelsmänner empfinden den kleinen Iwan nur als störend.

Voller Groll wird Iwan IV. später beschreiben, wie die Bojaren ihn und seinen Bruder behandeln: »Man ließ uns darben
wie die Kinder eines Bettlers. Wir waren schlecht gekleidet
und litten Hunger und Kälte.« Iwan erlebt wüste Schlägereien zwischen verfeindeten Fürsten. Besonders empört es
den künftigen Zaren, dass sich der führende Bojar Andrej
Schuiski eines Tages auf das Bett seines verstorbenen Vaters
fläzt. Als 13-Jähriger schlägt der Missachtete zurück. Iwan lässt

Russland zur Zeit Iwans des Schrecklichen
um 1550

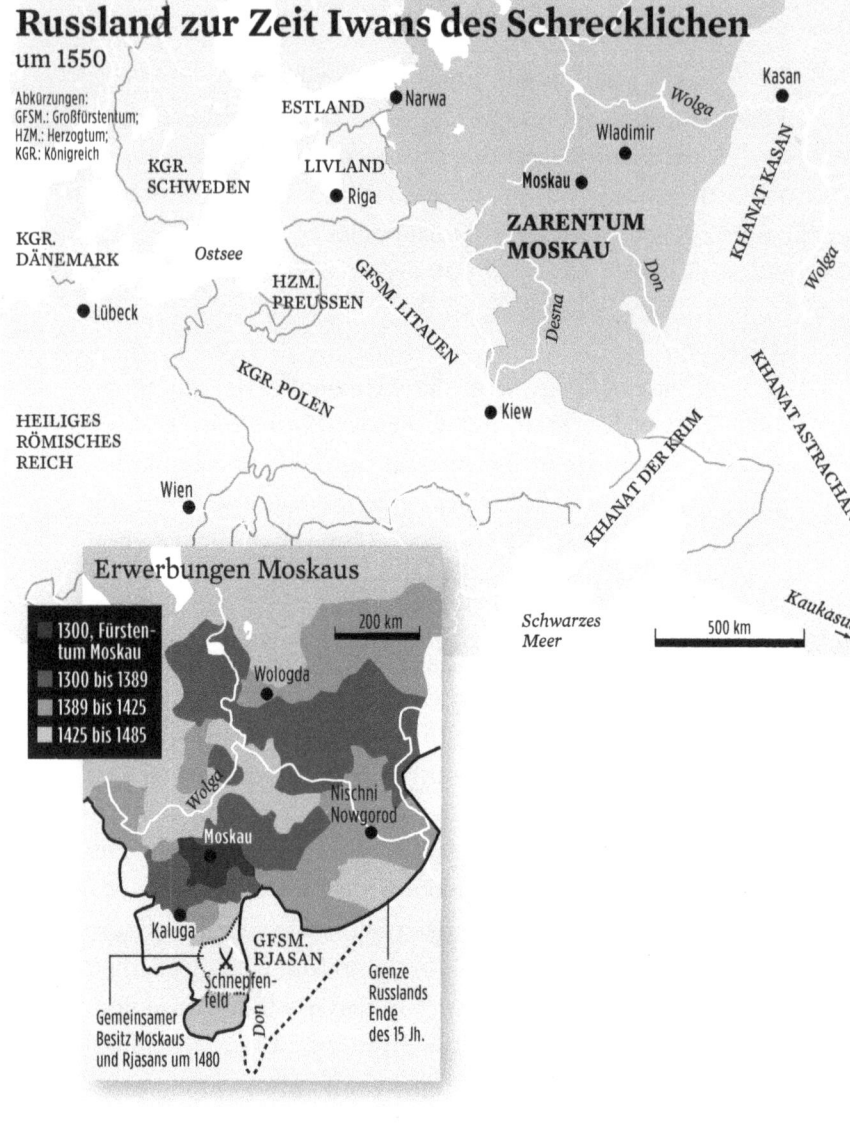

Abkürzungen:
GFSM.: Großfürstentum;
HZM.: Herzogtum;
KGR: Königreich

ESTLAND · Narwa

Wolga

Kasan ·

Wladimir ·

KGR. SCHWEDEN

LIVLAND

Moskau ·

KHANAT KASAN

Riga ·

ZARENTUM MOSKAU

Wolga

KGR. DÄNEMARK

Ostsee

HZM. PREUSSEN

GFSM. LITAUEN

Desna

Don

· Lübeck

KGR. POLEN

· Kiew

KHANAT DER KRIM

KHANAT ASTRACHAN

HEILIGES RÖMISCHES REICH

Wien ·

Erwerbungen Moskaus

- 1300, Fürstentum Moskau
- 1300 bis 1389
- 1389 bis 1425
- 1425 bis 1485

200 km

Wologda ·

Schwarzes Meer

500 km

Kaukasus

Wolga

Nischni Nowgorod

Moskau ·

Kaluga ·

GFSM. RJASAN

Schnepfen-feld

Grenze Russlands Ende des 15 Jh.

Gemeinsamer Besitz Moskaus und Rjasans um 1480

Don

den Bojaren Schuiski bei einer Audienz verhaften und von Jagdhunden zerfleischen. So verhasst ist ihm der Mann. Zimperlich ist der Zar in spe, ein halbes Kind noch, wahrhaftig nicht. Zur Feier seiner Volljährigkeit, mit 15 Jahren, lässt er mehrere Fürsten hinrichten. Der junge Herrscher versteht sich dabei als streng gläubig. Unter Leitung des Metropoliten Makarij liest er viel und gründlich – Bibeltexte, Biografien von Heiligen und Chroniken Russlands. Seine Intelligenz fällt ebenso auf wie seine Zähigkeit.

Der Großfürstensohn sieht sich als kommender Herrscher eines aufstrebenden Reiches, von Gott berufen. Sein Großvater, Großfürst Iwan III., hatte 1472 Sofija Paleolog geheiratet, die Nichte des letzten gestürzten Kaisers von Byzanz. Moskaus Herrscher übernahm aus Konstantinopel den doppelköpfigen Adler als Staatssymbol, das byzantinische Zeremoniell und die Idee des Kaisertums. Schon Iwan III. nannte sich bisweilen »Zar«, doch erst sein Enkel wird nach dem Ritual des byzantinischen Kaisers gekrönt – eine Herausforderung gegenüber den europäischen Großmächten. Der Zar ist nur Gott und der christlichen Reichsidee verpflichtet, ein absoluter Monarch.

Die orthodoxe christliche Religion hatten die Russen schon ab 988 aus Byzanz eingeführt, als Fürst Wladimir I. in Kiew, der »Mutter aller russischen Städte«, sich und sein Volk taufen ließ. Nachdem die Mongolen Kiew im 13. Jahrhundert zweimal zerstört hatten und der russische Metropolit, das Oberhaupt der orthodoxen Kirche, 1299 zunächst nach Wladimir und dann 1326 nach Moskau übergesiedelt war, wurde die Stadt an der Moskwa zur russischen Hauptstadt. Doch auch dieses Machtzentrum geriet für mehr als zwei Jahrhunderte unter die Herrschaft der mongolischen Khane. Ein Hang zu Härte im Umgang mit Beherrschten und zu Korruption wird die Spätfolge dieser Fremdherrschaft sein.

Die erfolgreiche Schlacht gegen die Mongolen auf dem Schnepfenfeld 1380 stärkte dauerhaft das Selbstbewusstsein der Russen. 100 Jahre später schüttelten sie unter Großfürst Iwan III. das »Tatarenjoch« endgültig ab. Iwan III. vereinte russische Fürstentümer im Nordosten des heutigen Landes zu einem gemeinsamen Staat. Der Großfürst verstand sich bereits als Alleinherrscher, als »Gossudar« von »ganz Russland«. Hier mischten sich mongolische Verwaltungspraxis und byzantinische Staatsideologie. So entstand das Fundament eines Großreichs. Der Mönch Filofej, geboren 1455, steuerte das nötige Sendungsbewusstsein bei: Moskau, so der zeitweilige Abt des Klosters Pskow im russischen Nordwesten, sei nach dem Untergang der oströmischen Hauptstadt Konstantinopel 1453 das »Dritte Rom«, etwas Unersetzliches, denn ein viertes Rom werde es nicht geben.

Dieses Dritte Rom war raumgreifend, schon Iwan III. erweiterte es bis zum Ural und zum Eismeer. Sein Sohn Wassilij III. setzte die »Sammlung der russischen Erde« fort. Von ihm erbt Iwan IV. ein Gemeinwesen, das zur Großmacht strebt. Dem stehen jedoch Hindernisse im Weg, innere und äußere. Die parasitäre Bojarenoligarchie am Hof bereichert sich hemmungslos, plündert die Staatskasse. Als Bausteine für ein starkes Russland sind die Bojaren wertlos. Der junge Zar auf dem byzantinischen Thron aus Elfenbein will ihre Macht schwächen, mit allen Mitteln.

Nach einem verheerenden Brand in Moskau, kurz nach seiner Krönung, hält Iwan IV. eine Rede auf dem späteren Roten Platz vor der Kremlmauer. Darin verurteilt er die Bojaren als »bestechlich, unmoralisch, habgierig« und hält ihnen vor, sie übten »falsche Gerechtigkeit«. Damit spricht er die Wahrheit aus, »prawda«, ein Begriff, den die Russen auch als Chiffre für Gerechtigkeit verstehen. Um die Verhältnisse zu ändern, lässt

Iwan einen »Auserwählten Rat« einberufen, ein Gremium aus Geistlichen, sachverständigen Hofbeamten (Djaken) und Bojaren.

Der Alleinherrscher schafft erstmals eine lokale Selbstverwaltung. Stadtbewohner und freie Bauern wählen Verwaltungsleiter, Starosten. So schwächt Iwan den Einfluss der hohen Aristokratie und stärkt den Dienstadel. Staatsbeamte lässt er zentral besolden. Das eingespielte System der »Kormlenije«, des korrupten Durchfütterns von Beamten durch die örtliche Bevölkerung, schafft er ab. Drei Jahre nach seiner Krönung beruft Iwan eine beratende Landesversammlung ein, die ein neues Gesetzbuch erörtert. Das bestechliche Gerichtswesen will er umkrempeln. Gewählte Volksvertreter können Gerichtsverhandlungen besuchen. Als Kontrolleure sollen sie die Justiz beaufsichtigen.

Ein Jahr später ruft der Zar hohe Geistliche zu einem Konzil zusammen und mahnt Reformen an. Denn auch in den Klöstern herrschen chaotische Zustände. Statt mit frommer Lektüre beschäftigen sich viele Mönche eher mit leichten Mädchen und scharfen Getränken. Auf dem Konzil wirft der Zar den Mönchen vor, dass sie »in Saus und Braus die Güter des Klosters verprassen und der gemeinsten Unzucht frönen«.

Der energische Herrscher reformiert auch das Militär. Die Grundbesitzer sind nun verpflichtet, pro 160 Hektar Land einen Krieger »beritten und in voller Rüstung« zu stellen. So verdoppelt Iwan das russische Heer innerhalb von 20 Jahren auf etwa 300 000 Mann. Moskau wird zu einer Militärmacht, einschließlich moderner Schützenregimenter mit Schusswaffen.

Der Zar setzt auf eine offensive Streitmacht. Russland kann nur aufsteigen, wenn es zwei Gegner schlägt: die Khanate Kasan und Astrachan. Beide Staaten sind Überbleibsel der mongolischen Goldenen Horde. Mit massiven Raubüberfällen gefährden die Khanate den Handel und die Sicherheit Russlands. Sie entführen und versklaven Tausende von Russen, darunter viele Kinder. Nach zwei gescheiterten Angriffen gelingt es den russischen Truppen im Oktober 1552, die 800 Kilometer östlich von Moskau gelegene Hauptstadt Kasan zu stürmen, auch mit Hilfe eines deutschen Sprengmeisters, der ihre Festungsmauern zerlegt.

Der Sieg von Kasan macht den 22-jährigen Zaren zu einem Volkshelden.

Die Moskauer bereiten dem heimkehrenden Feldherrn unter dem Geläute der Kirchenglocken einen begeisterten Empfang. Den Menschen in der Hauptstadt erscheint der Monarch, angetan mit seiner goldenen Krone und seinem purpurnen, prachtvoll geschmückten Gewand, wie ein Heiliger. Zu Ehren des Sieges lässt Iwan auf dem Roten Platz die Basilius-Kathedrale errichten. Dass er nach der Fertigstellung angeblich den Architekten blenden lässt, damit dieser nie wieder eine so schöne Kirche bauen kann, ist eine Legende.

Im Sommer 1556 marschieren russische Truppen in Astrachan am südöstlichen Rand des Reiches ein. So sichern sie die Wolga als Handelsweg. Im Jahr darauf werden auch die Baschkiren am Ural dem Reich angegliedert. Im Süden nehmen die Soldaten des Zaren nun die Berge des Kaukasus in den Blick. An den Ufern des Flusses Terek errichten sie eine Festung. Völker im Nordkaukasus, vor allem die Tscherkessen, sehen einen Vorteil darin, sich an Russland anzulehnen. Sie befruchten das aufstrebende Reich mit ihrer Vitalität und ihrem Kampfgeist.

Auch wenn er die Festung am Terek unter osmanischem Druck 1571 schleifen muss, demonstriert der Zar selbst in seinem Privatleben, wie eng er das Schicksal der Russen mit den Völkern des Kaukasus verbunden sieht. Verwitwet nach

dem Tod seiner ersten Frau, einer Russin, heiratet er 1561 die
Tochter eines kabardinischen Fürsten. Die Kaukasierin nimmt
den orthodoxen Glauben und den Namen Marija an. Ihrem
Mann erteilt die Zarin hilfreiche Ratschläge, etwa zum Aufbau einer Wache nach dem Vorbild kaukasischer Bergfürsten.
Mit der Herrschaft über Tataren, Baschkiren und Kaukasier
wird das Zarenreich zum Vielvölkerstaat. Damit dieses Land
sein Gewicht als Großmacht in Europa einbringen kann,
braucht es Zugang zu Ostseehäfen. Das Baltische Meer bietet die Handelswege in die entwickelten Länder Mittel- und
Nordeuropas. Deren technischer Fortschritt fasziniert den
Zaren. Iwan beauftragt den Handelsagenten Hans Schlitte aus
Goslar, in Deutschland Glockengießer, Goldschmiede, Ärzte
und Papiermacher anzuwerben. Schlitte versammelt 123 Spezialisten, die bereit sind, in Moskau zu arbeiten. Doch Lübecker Ratsherren, die russische Konkurrenz fürchten, vereiteln
die Abreise der Delegation. Schlitte wird in Lübeck verhaftet.

Den Weg zum Ostseehandel bahnt sich der Zar militärisch.
1558 stürmen russische Truppen die Hafenstadt Narwa, bisher
beherrscht vom Livländischen Orden. Der kriselnde Ordensstaat kann den Angreifern nur wenig Widerstand entgegenset-
zen. Zeitweilig beherrschen die Russen das heutige Estland
und den Norden des heutigen Lettlands. Doch es gelingt
Iwan nicht, das lettische Riga und das estnische Reval (heute:
Tallinn) einzunehmen. Während jahrelanger Kämpfe zeigt sich,
warum der Oberbefehlshaber in den eigenen Reihen kaum
weniger gefürchtet wird als vom Feind. 1563, bei einem Heer-
zug durch Weißrussland, erschlägt der jähzornige Herrscher
den Fürsten Iwan Schachowskoi im Streit mit einer Keule.

Der Krieg an der Ostsee bringt dem Zaren keinen dauer-
haften Sieg. Der Ordensstaat löst sich 1561 auf und unterstellt
sein Gebiet dem Schutz von Schweden, Litauen und Polen.

Gegen das 1569 mit Polen vereinte Litauen und dessen schwedische Verbündete zieht sich der Livländische Krieg in die Länge. Ausländische Chronisten vermerken erstmals, wie zäh und tapfer russische Soldaten kämpfen. In einem Friedensschluss 1582 muss Iwan auf Livland einschließlich Narwa verzichten, Russland verliert seinen einzigen Ostseehafen. Während dieses Krieges, der die Kräfte Russlands ebenso auszehrt wie die seines Zaren, erlebt Iwan seine bitterste Enttäuschung. Fürst Andrej Kurbski, der mit ihm Kasan erobert hatte, sein enger Vertrauter und Statthalter in Livland, wechselt Ende April 1564 bei Dorpat die Fronten. Mit ihm ziehen Anhänger und Untergebene. Polens König Sigismund II. August beschenkt den Überläufer mit großen Ländereien. Schließlich führt Kurbski polnische Truppen gegen die Russen in den Kampf.

In Briefen an den Zaren beklagt der Abtrünnige dessen gewalttätiges Regiment. Iwan wiederum wirft Kurbski vor, er habe ihn wegen materieller Vorteile verraten und »des Leibes wegen die Seele vernichtet«. Die »Selbstherrschaft« des Zaren, so Iwan, sei nun einmal »nach Gottes Ratschluss« gegründet. Eindringlich beschreibt der Monarch, wie er seine Aufgabe versteht: »Und immerdar geziemt es den Herrschern, umsichtig zu sein: hier sehr milde, dort grimmig; für die Guten Gnade und Milde, für die Bösen Grimm und Pein. Wenn er aber das nicht hat, so ist er gar kein Zar; denn der Zar ist nicht in den guten Werken, sondern den bösen zu fürchten.« Die Affäre Kurbski macht aus Iwan IV. endgültig Iwan Grosny, den »Gestrengen«, den man im Westen bald »den Schrecklichen« nennen wird. Dass er sich die Bojaren zu Feinden auf Lebenszeit gemacht hat, weiß der Potentat schon lange, spätestens seit einer schweren Erkrankung im Jahre 1553. Da zögern angeblich viele Fürsten, die Bitte des Zaren zu erfüllen, sei-

A. KOCH/INTERFOTO

*Iwan IV., »der Schreckliche«, im Zaren-Ornat
(Gemälde von 1897)*

nem kleinen Sohn Dmitrij die Treue zu schwören – um dem Zaren die Erbfolge zu sichern, falls er stirbt. Der Fall Kurbski zeigt aus Sicht des Selbstherrschers, dass die Bojaren sogar potentielle Landesverräter sind, bereit, sich an ausländische Feinde Russlands zu verkaufen.

Ein halbes Jahr danach, im November 1564, entschließt sich der Zar zu einem dramatischen Schritt. Er ruft Bojaren und Geistliche im Moskauer Kreml zusammen. In einer Rede klagt er über Untreue und Verrat. Überraschend verkündet er, er lege seine Herrschaft nieder. Vor den verblüfften Zuhörern zieht er sein Ornat aus, setzt die Krone ab und verlässt bald darauf den Kreml. Am 3. Dezember lässt er mehr als hundert Schlitten beladen und fährt mit Familienangehörigen und Gefährten auf verschneiten Wegen aus der Hauptstadt. Die Reise endet in Alexandrowa Sloboda, einem Landsitz 100 Kilometer nordöstlich von Moskau.

Die Moskauer sind bestürzt und hilflos. Da bringen Reiter Anfang Januar 1565 eine Zaren-Botschaft, die vor dem Volk verlesen wird. Iwan klagt erneut die verräterischen Bojaren an und verkündet sogleich, gegen das Volk von Moskau hege er keinen Groll. Nun geschieht, worauf der Zar gesetzt hat: Eine große Delegation der Moskauer zieht nach Alexandrowa Sloboda, mit Kirchenfahnen und Ikonen, singend und betend. Das Volk will seinen Zaren zurück. Der stellt Bedingungen: Mit »Verrätern« werde er verfahren, wie er es für richtig halte. Und der Staat werde radikal umgebaut.

Opritschnina heißt das Zauberwort der erneuerten Zarenherrschaft. Der Begriff bedeutete ursprünglich den abgesonderten Teil eines Erbes. Praktisch geht es um einen Staat im Staate. Die Opritschniki, eine dem Zaren ergebene Garde, bilden die neue Stütze der Herrschermacht. Die Männer gehören überwiegend zum Dienstadel, einer Schicht, die gut

18 000 Mann zählt. Iwan Grosny unterstellt der Opritschnina große Teile des russischen Territoriums, den Südwesten Moskaus inklusive. Die restlichen Gebiete verbleiben als »Semschtschina« unter der Bojaren-Duma.

Die Opritschniki, zunächst 1000 Mann, bald darauf 6000 Kämpfer, leisten dem Zaren einen besonderen Treueeid. Sie tragen schwarze Kittel und führen an ihren Pferden einen Hundekopf und Besen als Abzeichen. Als Sicherheitsdienst sollen sie Feinde des Herrschers wie Hunde aus der Heimat jagen. Erstmals zeigt sich, so der Moskauer Historiker Andrej Firsow, »dass Russland Krisen mit außerordentlichen Kommissionen bewältigt« – eine Anspielung auf die spätere bolschewistische Geheimpolizei. Mit den Opritschniki, meist jungen Aufsteigern aus dem Dienstadel, kommt ein Terrorregime auf Touren. Der Orden unter dem Hundekopf verschafft seinen Mitgliedern Landgüter der Bojaren, die gewaltsam umgesiedelt

AUTOKRATIE

Macht ohne Rechenschaft

Als Autokratie bezeichnet man die Regierung eines Alleinherrschers, dessen Machtfülle nicht durch Kontrollinstanzen eingeschränkt ist. In diesem Sinne waren die russischen Zaren stets Autokraten. Ihr zentralistisches System der »Selbstherrschaft« sah eine Teilhabe des Volkes an der Staatsgewalt nicht vor. Ein Autokrat ist niemandem Rechenschaft schuldig. Er allein verkörpert den souveränen Staat. Im Zarentum findet die Macht des Herrschers ihre Beschränkung nur im göttlichen Recht und in der Verpflichtung des Monarchen auf die Idee des Reiches.

werden. In Alexandrowa Sloboda errichtet der Zar mit der Opritschnina eine zweite Hauptstadt. Diese Festung hinter Wall und Graben verlässt der Herrscher nur unter dem Schutz einer Sicherheitstruppe. Entspannung findet Iwan bei den Klängen seines 27-köpfigen Chores. Dessen Sänger stimmen Loblieder an auf Gott, den Zaren und die Heimat.

In der Opritschnina dienen gläubige Gefolgsleute des Monarchen, aber auch zynische Abenteurer wie der Deutsche Heinrich von Staden aus dem Münsterland. Der prahlt damit, dass Strafexpeditionen gegen Bojaren in Raubzüge ausarten, bei denen sich Opritschniki schamlos bereichern. Weil sie sicher sind, straffrei auszugehen, lassen die Gardisten immer öfter alle Hemmungen fallen. Besonders arg treiben es die Opritschniki bei einem Überfall auf die Handelsstadt Nowgorod 1570.

Sie rauben Kirchenschätze, plündern den Hof des Erzbischofs und die Häuser von Handwerkern und Kaufleuten. Sie foltern vermeintliche Verräter am offenen Feuer. Die Gequälten liefern alle gewünschten Geständnisse. In Nowgorod sperrt ein Opritschnik einen Amtmann mit einem Bären in ein Zimmer. Das Tier zerfetzt dem zu Tode Erschrockenen die Kleidung. Als auch die orthodoxe Kirche sich gegen die Opritschnina wendet, lässt der Zar den Metropoliten Filipp II., der dem Zaren den Segen verweigert, in ein Kloster verbannen. Später erwürgt ihn dort ein führender Opritschnik.

Allmählich aber dämmert es Iwan Grosny, dass mit rauen Gesellen allein auf Dauer kein Staat zu machen ist. So lässt der Zar zahlreiche Opritschniki umbringen. 1571/72 wehren Opritschniki und Bojarentruppen gemeinsam einen Angriff des Krim-Khanats auf Moskau ab. Es ist für Russland ein Krieg um Sein oder Nichtsein. Der Zar scheint zu begreifen, dass er sich eine Spaltung des Landes nicht länger leisten kann. Schließlich bleibt nach Säuberungen ab 1572 kaum

ein Fünftel der alten Opritschniki im Hofdienst. Der Zar
löst die Opritschnina im gleichen Jahr auf. Und er verbietet,
sie künftig auch nur zu erwähnen. Mindestens 4000 Menschen sind unmittelbar durch die Opritschniki ums Leben
gekommen. Der Schaden für das Land, das etwa acht bis zehn
Millionen Einwohner zählt, geht tiefer. Angst und Misstrauen
bestimmen weiterhin das öffentliche Leben. Der dunkelbär-
tige Herrscher, 1,78 Meter groß, verbreitet mit seinen unruhig
umherschweifenden Blicken eine Atmosphäre der Furcht. Vor
der brodelnden Wut des zornigen Zaren sind nicht einmal
nahe Familienangehörige sicher.

Im November 1581 trifft er bei einem Streit seinen Sohn
Iwan mit der eisernen Spitze eines Stabes an der Schläfe. Blu-
tend bricht der 27 Jahre alte Zarewitsch zusammen. Wenige
Tage später stirbt er. Der Totschlag im Affekt erschüttert den
51-jährigen Täter tief. Denn der zügellose Zar wollte seinen
Sohn nicht umbringen. Iwan Grosny setzt die Zarenkrone
nicht mehr auf. Er legt auch seinen fürstlichen Schmuck nicht
mehr an. Der fanatisch religiöse Monarch, der seine innere
Zerrissenheit auf das ganze Land übertragen hat, zeigt überraschend Züge von Altersmilde.

Nach Jahrzehnten, in denen er fast ununterbrochen Krieg
geführt hat, schließt er 1582 Frieden mit Polen-Litauen. Er
spendet große Geldsummen an Klöster und lässt für die Seelen jener vermeintlichen Feinde beten, die er hinrichten ließ.
Iwan IV. versucht, »die Rolle und die Maske eines Peinigers
gegen die eines Wohltäters auszutauschen«, so der russische
Historiker Ruslan Skrynnikow. Dazu hat er allen Anlass. Russland ist verarmt und verödet. Es wird heimgesucht von Miss-
ernten und Pest. Am 18. März 1584 stirbt der Zar im Alter von
53 Jahren, plötzlich, während er ein letztes Mal Schachfiguren
setzt. Trotz seiner düsteren Seiten hat Iwan IV. in Russland

weiterhin viele Verehrer. Denn er verschafft dem entstehenden Imperium mit dem gestärkten Dienstadel eine staatstragende Schicht. Und er weist die Richtungen, wohin das Reich sich ausdehnen wird: zum Kaukasus und zum Schwarzen Meer, an die Ostsee und nach Sibirien.

Josef Stalin lässt den Regisseur Sergej Eisenstein im Zweiten Weltkrieg einen Film über Iwan Grosny drehen. Das Volk soll sich am Beispiel dieses Zaren aufrichten. Das Verdikt von Karl Marx über die »unglaublich grausamen Untaten der Opritschniki« ist für Stalin nicht bindend. Eisensteins Monumentalfilm zeigt Iwan IV. als begnadeten Volksführer. Im russischen Vorspann heißt es, das Werk handele »von einem Menschen, der als erster unser Land einte und einen mächtigen Staat schuf«. Die Zuschauer erleben einen entschlossenen Zaren, bedrängt von arglistigen Bojaren und beschützt von treuen Opritschniki. Ein zweiter Teil des Epos, in dem Eisenstein auf Stalins Schreckensherrschaft anspielt, wird zunächst verboten und erreicht die Zuschauer erst nach dem Tod des roten Zaren.

Ein gänzlich anderes Bild Iwans bietet der 2008/09 gedrehte Film »Zar« des liberalen Moskauer Regisseurs Pawel Lungin. Der zeigt ein Grosny-Land voller an Galgen baumelnder Leichen, ein Reich der Finsternis, regiert von einem psychopathischen Despoten. Ironie der Geschichte: Gefördert wurde der Film vom Bankier Andrej Borodin, während der Dreharbeiten Boss der »Bank Moskwy«, Vertrauter des damaligen Bürgermeisters Jurij Luschkow. Inzwischen ist der Bankier ebenso wie das Stadtoberhaupt in Ungnade gefallen. Luschkow und Borodin haben sich in den Westen abgesetzt, aus Angst vor den Sicherheitsmannen des Kreml. Denen sagt man in Moskau nach, sie pflegten im Kampf gegen Bojaren von heute auch die Tradition Iwan Grosnys und seiner Opritschniki.

Zwei oder drei Halleluja

Die russisch-orthodoxe Kirche war von
jeher erzkonservativ. Elend und Knechtschaft
rechtfertigte sie als gottgewollt.

Von Jörg R. Mettke

Am dritten Fastensonntag geschah Ungeheuerliches
auf Moskaus Straßen: Isidor, der geistliche Oberhirte
der russischen Christenheit, kehrte mit Gefolge aus
dem Ausland zurück, und die letzten Werst bis zum Kreml
ließ er sich ein lateinisches Kreuz voraustragen. Dazu, nach
römischem Brauch, drei silberne Stöcke. Schon von unterwegs empfahl sich der heimkehrende Metropolit mit neuem
Titel auch als »Legatus des apostolischen Stuhls in Polen,
Litauen und Deutschland«. Dabei verhieß er das Ende der
Trennung zwischen »morgenländischer Kirche« und »Latei-
nern«, predigte beider künftige Union und versprach einen
Kompromiss in so wichtigen Glaubensfragen wie jener, ob
Christi Leib nur »im sauren Brote« (wie bei Griechen und
Russen) oder auch »in süßem Teig« (wie bei den Römisch-
Katholischen) empfangen werden dürfe.

Der 61-jährige Isidor kam vom Konzil aus Florenz: einem
großen, über Jahre und durch mehrere Städte sich hinzie-
henden Kirchenpalaver, bei dessen Abschluss Papst Eugen IV.
glauben durfte, er habe den Vatikan wieder an die Spitze einer
geeinten Kirche zurückverhandelt. Für solche Beute schien
es vertretbar, die Gleichwertigkeit östlicher wie westlicher
Rituale anerkannt zu haben.

Doch die Architekten der Einheit hatten ihre Rechnung ohne Wassilij II. Wassiljewitsch gemacht: Dieser nicht eben helle Großfürst von Moskau und Wladimir, der schon als Zehnjähriger auf den Thron gelangt war, mochte sich nicht an neumodischen Kirchenkram gewöhnen. Und auch die Befehlsgewalt über seinen Oberpopen wollte er nicht mit dem Krummstab-Träger im fernen Italien teilen. Deshalb befahl Wassilij, den ökumenisch bewegten Isidor wegen Ketzerei standesgemäß hinter Klostergitter zu setzen, nachdem er es im Gottesdienst auch noch gewagt hatte, den Namen des Papstes vor dem seines Landesherrn zu nennen.

Das alles geschieht im Jahr 1441: In England hat Heinrich VI. gerade Eton College gegründet. In weniger als hundert Jahren wird der Deutsche Martin Luther die katholische Kirche in ihren ideologischen Angeln quietschen lassen. Und Ostrom hat keine 15 Jahre mehr vor sich, bevor es die Osmanen hinwegfegen. Doch noch ehe das Kreuz auf der Krönungskirche oströmischer Kaiser gekappt und gegen den Halbmond ausgetauscht wird, erhebt 1448 eine Synode zu Moskau erstmals einen Russen ohne Zustimmung aus »Zargrad« (Konstantinopel) zum Metropoliten: Die Wahl fällt auf Ion, den Bischof von Rjasan und Murom. Die orthodoxe Kirche Russlands ist von nun an autokephal, das bedeutet unabhängig.

Von der slawisch-griechischen Achse bleibt dem russischen Volk allein der orthodoxe Glaube, dazu die einenden Buchstaben der missionarischen Mönchsbrüder Kyrill und Method. Die Ursprünge seiner Religion haben sich längst im Dunkel von Legenden, Sagen und Apokalyptik verloren: Selbst ausgesucht hätten sich danach die Herrscher von Kiew die prunkvolle byzantinische Variante des Christuskultes. Doch die schönen Märchen drapieren selten mehr als handfeste Machtinteressen: Die Großfürsten von Kiew gieren im 10. Jahrhundert nach internationaler Aufwertung. Die oströmischen Kaiser, feinster Adel der damaligen Welt, brauchen Verbündete gegen die aufrührerischen Bulgaren: Eine Ehe zwischen Anna, der »purpurgeborenen« Schwester Basileios' II., und dem barbarischen Großfürsten Wladimir von Kiew verspricht eine elegante Lösung beider Probleme. Nur muss der Heide bis zur Vermählung seinem Gewittergott Perun abgeschworen haben: Im Januar 988 empfängt Wladimir die Taufe (und den Taufnamen Wassilij), Ende Mai desselben Jahres steigen seine Untertanen in den Dnjepr und erbaden sich kollektiv eine unsterbliche Seele. Im Sommer wird geheiratet.

Die russische Kirche bewahrt seitdem durch alle Zeitläufte hindurch oftmals nur um des Bewahrens willen. Sie ist aller Konservativen natürlicher Verbündeter und ebenso verlässlich allen Veränderungen feind. Fremde aus dem Westen gelten ihr, so der habsburgische Diplomat Siegmund Freiherr von Herberstein 1516 sichtlich getroffen, als »nicht rechtgläubig und als Schismatiker, so hassenswert wie die Mohammedaner«. Eine weitere Nachricht des Wiener Freiherrn, die russischen Metropoliten nähmen ihre »gwalt von dem Patriarchen zuo Constantinopl«, wird rasch überholt: Bereits 1588 erhandelt Boris Godunow die vollständige kirchliche Unabhängigkeit. Moskau »und das ganze russische Zartum« erhalten nun einen eigenen Patriarchen; die Ausbildung einer russisch-orthodoxen Staatskirche findet damit auch ihre formale Bestätigung: Die mal mythisch, mal imperialistisch genutzte Formel von Moskau als Drittem Rom gehört von nun an ins Arsenal jeder expansiven Herrschaft in Russland. Die »Zeit der Wirren« mit ihren falschen Zaren, polnischen Marionetten und Usurpatoren lockt auch den höheren Klerus ins Spiel um die politische Macht. Noch als weltlicher Adelsmann probt Fjodor Nikititsch Romanow den Aufstieg, wird jedoch vom Wahl-Zaren Godunow kaltgestellt und unter dem Mönchs-namen Filaret ins Kloster verbannt. Nach Godunows Tod macht ihn der erste Pseudo-Dmitrij 1606 zum Metropoli-ten von Rostow. Zwölf Jahre später ist er bereits Patriarch, geweiht vom durchreisenden Jerusalemer Oberhirten, und nimmt neben seinem 23-jährigen Sohn Michail auf dem Zarenthron Platz: für 14 Jahre, als »velikij gosudar«, Groß- und Doppelherrscher über Kirche und Reich. Filaret, der umtriebige Mann im Kirchenpelz, wird zum Stammvater der Romanows, die bis 1917 regieren.

Wachsende Widersprüche zwischen Asketen und Mitläu-fern entladen sich wenige Jahrzehnte später in einem bis heute nicht überwundenen Schisma: Als Patriarch Nikon in der zweiten Hälfte des 17. Jahrhunderts rituelle Rückkehr zu den griechischen Ursprüngen verlangt und der Zar diese Reform forciert, verweigert der im Norden Russlands ein-flussreiche Kloster-Klerus den Gehorsam: Die altgläubigen »Raskolniki«, die Spalter, bestehen darauf, ihr Kreuz weiter mit zwei geraden und drei gekrümmten Fingern zu schlagen und nur zwei Halleluja zu singen statt drei. Sie verfluchen die Neuerer – und werden selbst verdammt, verfolgt, gefoltert. Sie enden nicht selten im Feuer wie der Protopope Awwakum, ihr standhaftester Bekenner.

Erst Peter I., sechster Romanow auf dem Moskauer Thron, stößt die hinderliche Kirche beiseite: Er schneidet den Bojaren die fettigen Bärte ab und befreit die Staatsräson von sakralen Fesseln. Volkswohl wird, bei aller autokratischen Beschränkt-heit, sein imperiales Credo. Die Nebenregentschaft der Kir-che beseitigt er ebenso wie ihre Finanzhoheit: An die Stelle der Patriarchen tritt ein Kollegialorgan, der »Heilige Synod«

mit dem vom Zar ernannten Oberprokuror an der Spitze.
Die Kontrolle der Kirchengüter versieht ein Klosteramt, das
jedoch schon 1720 aufgelöst wird. 1722 befiehlt Zar Peter den
Dragoner-Obristen Iwan Boltin nach St. Petersburg. Dessen
neues Kommando lautet, künftig Bischöfe, Erzäbte (Archi-
mandriten) und Äbte (Igumene) auf Trab zu bringen, ihnen
die Korruption auszutreiben und sie auf die neue Ordnung
einzuschwören: Staatsdienst vor Gottesdienst.

Freilich: Der Wille des Herrschers als absolutes Gesetz, die
Kirche als sein Werkzeug, die Bibel wichtiger als Traditions-
rituale – das ist zu viel der Aufklärung und jedenfalls mehr, als
Altgläubige, aber auch der konservative Mehrheitsklerus ertragen mögen. Hinzu kommt massive Reglementierung: Klöster werden verpflichtet, abgediente und kranke Soldaten zu
unterhalten, Schulen für Waisen einzurichten, keine Mönche
unter Dreißig und keine Nonnen unter Sechzig zu rekrutieren.

Aus Sicht der Raskolniki ist Peter der Große bis in die
Gegenwart der »Sohn des Beelzebubs«. Aber auch die Hier-
archen der Staatskirche ertragen sein Regiment nur mur-
rend. Der ideologische Grabenkampf zwischen Westlern
und Slawophilen, zwischen Erneuerern und Traditionalisten,
zwischen Austausch und Abschottung, der in Russland seither regelmäßig Mobilmachung erfährt – hier werden seine
Konturen erstmals deutlich sichtbar. Die orthodoxe Kirche
ist daran stets beteiligt, oft als Täter, seltener als Opfer. So
wird ihre nach innen gewandte, auf Meditation, Fasten und
Läuterung gerichtete Facette unter Katharina II. für kurze
Zeit Exportgut in Sachen Mission: Zunächst nach Sibirien,
später über die Beringstraße nach Alaska ziehen geistlich wie
physisch starke Mönche aus Nordrusslands Klöstern.

Wie bei der englischen Konkurrenz sind sie das kollektive
Feigenblatt vor der brutalen Landnahme durch kolonialistische

Abenteurer und Pelztierjäger. Aber anders als ihre anglikani-
schen Brüder verbünden sich russische Missionare rasch mit
ihren Taufkindern gegen die Ausbeuter der Russisch-Ame-
rikanischen-Kompagnie: »Sie missbrauchen Ehefrauen und
deren junge Töchter, sie bringen alle um, die nicht für sie auf
Seeotter-Jagd gehen wollen«, berichtet Mönch Makarij Ende
des 18. Jahrhunderts nach St. Petersburg. Auf Unterstützung
wartet er vergebens. Im russischen Mutterland ist die Kirche
zu diesem Zeitpunkt längst wieder sicherer Hort der Reaktion.
Von Volk und Intelligenzija ebenso isoliert wie von geistigen
Strömungen der Zeit, lehnt sie jegliche Reformen ab. Auf die
rasante Verarmung ihrer Schutzbefohlenen reagiert sie kaum
mit sozialen Werken, dafür umso öfter mit Rechtfertigung
auch ärgster Ausbeutung und Leibeigenschaft als gottgewollt.

Ein eindrucksvolles Beispiel für die intellektuelle Verelen-
dung der Staat wie Kirche tragenden Kaste bietet die Biografie des Juristen Konstantin Pobedonoszew. Der Spezialist
für bürgerliches Recht gilt mit seinen Forderungen nach
einer liberalen Justizreform zunächst als große Hoffnung der
aufgeklärten Moskauer Studentenschaft – bis er nach Petersburg befohlen und dort mit der Erziehung des Zarewitsch,
des späteren Zaren Alexander III., betraut wird. Dessen Vater,
Reform-Zar Alexander II., belohnt ihn noch kurz vor seiner
Ermordung mit der Würde des Oberprokurors.

25 Jahre lang, die gesamte Amtszeit seines Zöglings und
die halbe des letzten russischen Zaren Nikolai II. dazu, wird
Pobedonoszew nun den Heiligen Synod in eine Agentur für
Obskurantismus und Fortschrittsfeindlichkeit verwandeln. Er
predigt »unerschütterliche Selbstherrschaft«, organisiert eine
Geheimgesellschaft und hetzt gegen die Juden: Von denen, so
hofft er, werde ein Drittel »sterben«, ein weiteres Drittel »aus-
wandern« und der Rest »im russischen Volk völlig assimiliert

werden«. Diese Anschauung von der Welt ist längst kirchliche Hauptströmung. In gewisser Weise hat Pobedonoszew
nur die ebenfalls über ein langes Leben gestreckte Wende des
40 Jahre jüngeren Goethe-Freundes Sergej Uwarow nachvoll-
zogen. Der führt als 30-Jähriger im von ihm mitbegründeten
Dichterkreis Arsamas aufmüpfige Reden und drangsaliert drei
Jahrzehnte später den armen Alexander Puschkin: Als Minister
für Volksaufklärung und Chef der Zensurbehörde verschreibt
er seiner polit-orthodoxen Klasse eine »nationale Idee«, die
aus der tristen Triade Rechtgläubigkeit, Autokratie und Volkstümlichkeit besteht.

Der schlichte Dreisatz vermag aus dem zaristischen Völker-
gefängnis keinen identitätsstiftenden Staat mehr zu machen.
Die Monarchie schlittert ihrem Ende entgegen – halb getrieben, halb gebombt. Und die Kirche der Rechtgläubigen ist
ihr auf diesem letzten Wege weder Stecken noch Stab. Am
Ende hat sie die Herrschaft – oder die Herrschaft sie – auf
das Zerrbild des quacksalbernden Wanderpredigers Grigorij
Rasputin reduziert, über den das Volk nur rätselt, ob er wohl
mehr Zeit am Bett des kranken Kronprinzen verbringt oder
im Bett der Zarin.

Als 1917 die bürgerliche Revolution frischen Wind in diese
Gruftgemeinschaft von Thron und Kirche bläst und Nikolai II.
zum Abdanken zwingt, erhält die organisierte Orthodoxie
noch einmal eine Chance. Selten zuvor verfügten Christi
Stellvertreter in Russland über größeren Spielraum, die Stellung zwischen ihrem himmlischen Herrn und den Gläubi-
gen neu zu bestimmen. Kaum jemals sind sie freier gewesen
von staatlicher Macht als zwischen März und November 1917.
Und sie nutzen die kurze Zeit zur Neuorientierung: durch
die Wahl eines neuen Patriarchen, durch mehr Selbstverwaltung und größere Autonomie der Gemeinden.

Aber die Galgenfrist ist zu kurz. Lenins Bolschewiki geben die Kirche als konterrevolutionäre Organisation zum Abschuss frei – bis der Priesterseminarschüler Josef Stalin sie unter den segnenden Händen seiner Geheimdienstler reaktiviert, zum Kampf gegen die Hitler-Truppen. Das kirchliche Personal wird zu einer Art Hilfstruppe der atheistischen Staatsmacht.

Schätze im Osten

Moskaus Zugriff auf Sibirien begann
mit der Expedition des Kosaken Jermak, der
zu einem russischen Helden wurde.

Von Jan Puhl

Der »russische Pizarro« – so nannten ihn patriotische Historiker des 19. Jahrhunderts: Jermak Timofeje-witsch. Es sind keine zeitgenössischen Bilder von ihm überliefert, es gibt kaum glaubwürdige Quellen über den Kosaken-Ataman, der im Auftrag russischer Kaufleute nach Sibirien vorstieß. Dabei klingen selbst die Chroniken der Tataren, seiner Gegner, ehrfurchtsvoll: »Jermak rüstete sich zum Kriege, Als der Mond am Himmel leuchtete, Unsere Heere hat vernichtet, Jermaks hohle Eisenwaffe. Da wir nun im blutigen Kampfe Mit Jermak uns da gemessen, Hat Jermak doch recht behalten.« Sein größter Sieg war die Eroberung der Tatarenstadt Sibir 1582, einer für heutige Verhältnisse trostlosen Ansammlung von Hütten und Lehmbauten mit Palisaden drum herum. So erscheint der Vergleich mit Francisco Pizarro, dem spanischen Eroberer des Inkareichs, arg übertrieben. Es war ein schneller Triumph für die Angreifer, rund 500 Kosaken und 300 Söldner. Den Ausschlag gaben die drei Kanonen und ein paar Dutzend Arkebusen. Doch bis Jermaks Leute vor den Toren der Hauptstadt des sibirischen Khanats ihre Waffen luden, hatten sie unendliche Strapazen zu erdulden.

In den fünfziger Jahren des 16. Jahrhunderts regierte in Moskau Iwan IV., »der Schreckliche«. Er interessierte sich zunächst nicht besonders für die kalte Landmasse, die da östlich des Uralgebirges lag und von berittenen Horden beherrscht wurde. Iwan stritt sich mit Polen und Schweden um die Vorherrschaft in Nordeuropa. Der Krieg im Westen band seine militärischen Kräfte jahrzehntelang. Und es waren nicht kühne Heerführer, die zuerst nach Osten vorstießen, sondern Kaufleute: die Stroganows.

Die Legende führt die Familie auf einen mongolischen Kleinfürsten zurück, der sich dem Moskauer Herrscher anschloss. Leider, so will es die Überlieferung, fiel er später seinen Stammesgenossen in die Hände: Sie ließen ihm als Verräter das Fleisch bis auf die Knochen abziehen. Seine Witwe führte fortan den Namen Stroganow, vom russischen Verb für »schnetzeln, hobeln«.

Der Enkel des Stammvaters, Luka, legte den Grundstock des Familienimperiums: In Solwytschegodsk, 850 Kilometer nordöstlich von Moskau, schöpfte er Wasser aus einem Salzsee und verdampfte es, um den wertvollen Stoff daraus zu gewinnen. Salz wurde im Mittelalter wie Gold aufgewogen. Lukas Enkel Anika brachte es zu märchenhaftem Reichtum. Er stieg auch in den Pelzhandel mit englischen Kaufleuten ein und erkannte das Potential Sibiriens, wo es Holz, Gold, Polarfüchse, Zobel und Biber in Hülle und Fülle gab. Die Agenten Anikas gelangten bis ins spätere Perm. Mit Billigung der Herrscher in Moskau, die sie sich durch Geschenke gewogen hielten, errichteten die Stroganows dort an der Kama, einem großen Nebenfluss der Wolga, ihr Hauptquartier. Sie kontrollierten damit das Tor nach Sibirien und konnten ihre Pelze und das Salz per Schiff nach Moskau schaffen.

1558 verpachtete Iwan rund 15 Millionen Morgen »brachliegendes Land, dichte Wälder, wilde Ströme und Seen, unbewohnte Inseln und Teiche«, so groß wie Nordrhein-Westfalen, an die Stroganows. Dort im Vorland des Ural durften sie jagen, Salz sieden und Handel treiben; nur wenn sie Bodenschätze wie Gold fanden, hatten sie das sofort an den Kreml zu melden. Der Reichtum der Familie weckte die Raubgier der Tataren im Osten des Gebirgszuges: Kütschüm Khan, ein später Nachfahre Dschingis Khans, hatte zwischen Irtysch und Ob ein Reich gegründet. Seine Reiter überfielen immer wieder die Karawanen der Stroganows.

Der Zar war im Westen noch zu beschäftigt, um helfen zu können. Also sahen sich die Stroganows nach Söldnern um. Sie wurden bei den Kosaken an der Wolga fündig: Nachkommen unfreier Flüchtlinge aus dem Zarenreich, die sich in den rauen Steppen eingerichtet hatten, geübte Kämpfer in offenem Felde gegen die Tataren und erfahrene Schiffer.

Jermak Timofejewitsch war einer ihrer Anführer, Atamane genannt. Er hatte zeitweise für den Zaren im Livländischen Krieg gekämpft, dann wieder von Flusspiraterie gelebt.

Jermak folgte dem Ruf der Stroganows, oder besser: ihrem Gold. Als er den Auftrag annahm, spielte womöglich auch eine Rolle, dass einige seiner Anführer die Gunst des Zaren wiedergewinnen wollten, derer sie wegen ihrer Räubereien verlustig gegangen waren. Wohl im Herbst 1581 sammelte Jermak seine 500 Kosaken, er verstärkte sie zusätzlich durch rund 300 versprengte Kämpfer aus Deutschland, Polen und Livland. Sogar ein paar Tataren sollen dabei gewesen sein.

Diese bunte Truppe fuhr in den typischen hölzernen Kähnen auf einem Nebenfluss der Kama aufwärts gen Osten. Oft mussten sie ihre Boote vom Ufer aus ziehen, nicht selten an Stromschnellen vorbeischleppen. Schließlich hatten sie die Wasserscheide in den Hügeln des Ural erreicht. Im Quellgebiet der Tura bauten sie neue Kähne und steuerten stromab ins unbekannte Sibirien. Wo sie auf Tataren stießen, duckten sie sich vor dem Pfeilhagel hinter die hohen Bordwände. Im Frühjahr erreichten sie die Gegend um Sibir, das sie im Oktober im Handstreich nahmen. Doch damit saßen sie erst einmal fest. Jermak ging die Munition aus, ihm starben die Männer weg. Denn Kütschüm Khan ließ seine Tataren immer wieder angreifen.

Also wählte der Ataman einen seiner Untergebenen aus, den tollkühnen Iwan Kolzo. Der sollte sich nach Moskau durchschlagen und Hilfe anfordern. Um dem Gesuch Nachdruck zu verleihen, gab Jermak ihm 40 Kosaken und mehr als 5000 Zobel-, Silberfuchs- und Biberfelle mit. Es war wohl vor allem dieser gewaltige Schatz, der Iwan IV. überzeugte, sich nach Sibirien zu wenden. Zudem fürchtete der Zar wohl, durch vordringende Krimtataren im Süden in einen Zweifrontenkrieg gezogen zu werden. Er setzte 300 Schützen in Marsch, schwer bepackt mit Vorräten und Munition. Für Jermak ließ er als Ehrengeschenk einen prunkvollen Harnisch einpacken – eine verhängnisvolle Gabe, wie sich herausstellen sollte.

Es dauerte fast ein Jahr, bis die Truppe in Sibir ankam, dezimiert vom Frost und den Pfeilen der Gegner. Sie fand einen demoralisierten Haufen vor. Jermak hatte es eine Weile verstanden, Rivalitäten unter den Stämmen im Khanat auszunutzen, um den Druck Kütschüms zu mindern. Doch war seine Truppe arg zusammengeschmolzen. Die Expedition stand trotz der Verstärkung aus Moskau vor dem Scheitern. Bald fiel Kolzo, der Kurier, in einem Scharmützel. Dann lockte eine überlegene Tatarenhorde Jermak in einen Hinterhalt. Auf der Flucht stürzte er in einen Fluss, als er versuchte, einen Kahn zu erreichen. Doch er schaffte es nicht und ertrank. Angeblich zog ihn der Panzer aus der Rüstkammer Iwans in die Tiefe.

Nach dem Tod ihres Atamans flüchteten die letzten über-
lebenden Kosaken aus Sibir. Niemand weiß, wie viele von
ihnen es schafften, den Ural nach Westen zu queren. Allein
militärisch – das hatte Jermaks Ostlandzug gezeigt – war
Sibirien nicht zu bezwingen. Expeditionsheeren ging in der
menschenfeindlichen Weite der Nachschub aus. Erst als sich
im Schutz der wenigen russischen Stützpunkte auch Bauern,
Händler und Handwerker ansiedelten, konnte der Zar seine
Macht jenseits des Ural festigen.

Die Auferstehung

Weil 1598 die erste Zarendynastie ausstarb,
verstrickten sich Adel und Volk in abenteuerliche
Machtkämpfe. Die »Smuta« – Zeit der Wirren –
wurde zu einem nationalen Trauma.

Von Eva-Maria Schnurr

Als sie Dmitrij Iwanowitsch im Mai 1591 zu Grabe
trugen, konnte keiner ahnen, dass er noch zweimal
auf der politischen Bühne erscheinen würde. Dass
er Russland in ein 15 Jahre währendes Chaos aus Intrigen,
Mord und Verrat stürzen würde. Und dass Bürgerkriege in
seinem Namen das Land fast zerreißen sollten. Denn Dmitrij
Iwanowitsch, jüngster Sohn Iwans IV., war fraglos tot. Das war
das Problem. Dmitrij war mit neun Jahren unter ungeklärten
Umständen gestorben. Deshalb fehlte sieben Jahre später ein
Zar, den alle Russen als Herrscher akzeptieren konnten.

Das Land war kopflos – buchstäblich. Adelige zankten
sich um Einfluss und Macht. Bauern wehrten sich gegen die
Leibeigenschaft. Nachbarstaaten witterten ihre Chance, sich
Russland einzuverleiben. In dem Durcheinander wurde der
Zarensohn Dmitrij zu einem Symbol für gute Herrschaft –
vielleicht die einzige Hoffnung, die das Land während der
bis dahin dramatischsten Phase seiner Geschichte noch
zusammenhielt. Russland explodierte nicht, die Unordnung
schlich sich ein. Sie kroch heran, als Zar Fjodor, auch er ein
Sohn Iwans IV., im Januar 1598 kinderlos starb – womit die
Dynastie der Rurikiden endete. Sein Halbbruder Dmitrij

hätte den Thron geerbt, wäre der nicht schon 1591 ums Leben gekommen.

Als neuer Herrscher bot sich Boris Godunow an, der Schwager des verstorbenen Zaren, der jahrelang für Fjodor die Regierungsgeschäfte geführt hatte. Bei Hofe munkelte man zwar, dass Godunow den kleinen Dmitrij hatte umbringen lassen, um selbst an die Macht zu kommen. Die offizielle Untersuchung des Falls jedoch brachte Entlastung; wahrscheinlich war der Junge durch einen Unfall gestorben. Eine Reichsversammlung wählte Godunow Ende Februar zum Herrscher, im September wurde er in der Marienkirche gekrönt. Alles hatte wieder seine Ordnung, scheinbar. Doch nicht ganz Russland stimmte ein in den Jubel über den neuen Zaren. »Den großen Herren wären darüber die feisten moskowitischen Wangen fast geplatzt«, berichtete der deutsche Offizier Conrad Bussow, einer der wenigen westlichen Beobachter in Moskau.

Denn Boris war nur ein Adeliger, ein Bojar, gehörte nicht einmal einer der alten Hochadelsfamilien an. Nichts zeichnete ihn vor den anderen Bojaren aus. Wie konnte so einer Gottes Stellvertreter auf Erden sein, Zar von Russland? Boris tat viel, den Makel zu kaschieren: Er ließ Papiere fälschen, so dass es aussah, als habe Zar Fjodor ihn zu seinem Nachfolger bestimmt, und er ließ die Entscheidung der Wahlversammlung als Stimme Gottes interpretieren. Den eifersüchtigen Bojaren aber konnte er nichts vormachen. Besonders übel nahmen sie ihm, dass er ihnen keine neuen Privilegien gewährte. Gerüchte waberten seit 1601 durch Moskau, wie Säure zersetzten sie Boris' ohnehin mürbe Legitimität: Dmitrij sei gar nicht tot – er lebe und rücke auf Moskau vor, um Zar zu werden, flüsterte man. Und tatsächlich tauchte in Polen nur wenig später ein Mann auf, der sich mit erstaunlicher Überzeugungskraft als Dmitrij präsentierte.

Was für eine Nachricht: Dmitrij, der Zarensohn, derjenige, dem die Herrschaft rechtmäßig zustand, begehrte den Thron! Zwar war der Prätendent in Wahrheit nur ein entflohener Mönch. Aber der polnische König unterstützte ihn, und ziemlich sicher hatten mächtige Bojaren ihre Finger im Spiel. Ein legitimer Erbe, der Boris' Herrschaftsanspruch in Frage stellte, kam inneren wie äußeren Feinden des Zaren gerade recht. Auch bei den vielen Bauern, die unter der Leibeigenschaft litten, weckte der angebliche Dmitrij Hoffnungen: Wenn Gott den Zarensohn auf so wundersame Weise wieder auftauchen ließ, dann konnte sich auch ihr Schicksal zum Besseren wenden, dann würde der göttlichen Ordnung wieder entsprochen, glaubten viele Menschen. Längst war aus der dynastischen Krise eine soziale geworden. Eine Hungersnot marterte das Land, die Lebensmittelpreise stiegen. Unzufriedene Bauern und Kosaken im Süden des Landes schlugen sich auf die Seite des falschen Dmitrij, der ab 1604 auf Moskau marschierte. Derart bedrängt, starb Zar Boris überraschend am 23. April 1605, vermutlich an den Folgen eines Blutsturzes.

Fjodor, sein 16-jähriger Sohn, trat das Erbe an, aber er konnte sich nicht lange behaupten: Unter Führung der Bojaren lief der größte Teil des Moskauer Heeres zum falschen Dmitrij über, und mit ihm das Volk, dem der Hochstapler mehr Freiheiten versprach. In Moskau rissen seine Anhänger die Macht an sich und töteten Zar Fjodor und seine Mutter. Im Juni 1605 zog Dmitrij als Sieger in die Hauptstadt ein.

Doch auch der neue Zar brachte das Land nicht ins Gleichgewicht. Der junge Mann, der gebildet war und durchaus geschickt regierte, dachte nicht an Zugeständnisse gegenüber den Bojaren, die ihn auf den Thron gehoben hatten. Nicht die erhoffte Ordnung brachte der angebliche Dmitrij, sondern irritierende Neuerungen: Er war zum Katholizismus konvertiert, holte immer mehr Polen in die Hauptstadt und heiratete eine polnische Adelige. Nicht einmal Mittagsschlaf hielt er nach russischer Sitte! Bojaren unter Führung von Wassilij Schuiski und den Romanows schmiedeten ein Komplott und töteten den Zaren am 27. Mai 1606.

Nun schien das Ziel für die hochadeligen Familien greifbar: Mit Wassilij Schuiski krönten sie einen der Ihren, der versprach, sich in Zukunft bei Gesetzgebung, Verwaltung und Gerichtsfragen mit den anderen Bojaren zu beraten. Doch wieder war die Hoffnung auf eine beständige Herrschaft verfrüht: Diesmal sah der niedere Dienstadel im neuen Herrscher eine Marionette des Hochadels. Das Volk fürchtete Steuererhöhungen und noch weniger Freiheit. In der nervösen Stimmung brauchte es nur ein paar Gerüchte, und das Chaos brach aus: Wieder sei ein Wunder geschehen, wieder sei Dmitrij den Attentätern entkommen, streuten die Gegner Wassilijs. Städte und Dienstadelige nahmen den Kampf für den angeblichen Thronanwärter wieder auf.

Zwar war nun fast jedem klar, dass »Dmitrij« ein Betrüger war: Nicht einmal entfernte Ähnlichkeit mit dem Original hatte der Mann, der nun behauptete, der Zarensohn zu sein. Doch hinter ihm konnten sich die Unzufriedenen sammeln, ihre Hoffnung auf eine bessere Herrschaft auf ihn projizieren. Es half Zar Wassilij nicht, dass er den Leichnam des echten Zarensohns Dmitrij öffentlich ausstellte und ihn als Märtyrer heiligsprechen ließ: Der falsche Dmitrij rückte bedrohlich nah an Moskau heran und baute in der Stadt Tuschino nordöstlich der Hauptstadt sogar eine Art Nebenregierung auf.

In seiner Not bat Wassilij Ende 1608 den schwedischen König um Unterstützung. Damit aber provozierte er den polnischen König, der die Bewegung für den falschen Dmitrij unterstützte, um Polens Einfluss im Nachbarland zu vergrößern. Polnische Truppen rückten nach Russland vor, nach mehreren Jahren Bürgerkrieg besetzten sie gemeinsam mit russischen Hilfstruppen im Juli 1610 die Hauptstadt und stürzten den von Schweden unterstützten Zar Wassilij.

Wieder war ein Zar weg – und nun? Ein siebenköpfiger Bojarenrat, der provisorisch die Regierung übernahm, schlug den Sohn des polnischen Königs Sigismund als neuen Zaren vor: Wladyslaw stammte aus einer Königsdynastie, stand über dem Parteizwist im russischen Adel, er schien ein geeigneter Kandidat. König Sigismund jedoch meldete selbst Ansprüche auf den russischen Thron an, wollte Polen und Russland vereinen. Als auch noch der zweite falsche Dmitrij im Dezember 1610 von eigenen Anhängern getötet wurde, brach vollends die Anarchie über Russland herein: Schwedische Verbände kämpften im Südwesten, Hauptstadt und Kreml waren von katholischen polnischen Truppen besetzt – tiefste Schmach für viele Russen. Und zwölf falsche Dmitrijs beanspruchten im Sommer 1611 die Macht für sich.

Russland war nicht explodiert, es war in sich zusammengefallen. Diejenigen, auf deren Schultern das Land eigentlich ruhen sollte, Adelige und Eliten, Stadtobere und Dienstleute, bekriegten einander. Die eigenen Interessen waren ihnen näher als jene des Landes. Mehr als zweieinhalb Jahre blieb Russland ohne Regierung. Dann erst konnten sich die verschiedenen Parteiungen und sozialen Gruppen auf eine gemeinsame Linie einigen.

Der Metzgermeister Kusma Minin und der Fürst Dmitrij Poscharski brachten in Nischni Nowgorod Adelige und Heerführer zusammen, organisierten Truppen und schafften es sogar, eine Sonderabgabe für deren Unterstützung einzusammeln. Vor dem Ansturm des russischen Aufgebots kapitulierte die polnische Besatzung am 4. November 1612. Moskau war frei. Wenn es nun gelang, einen Zaren zu küren, den alle Russen anerkennen konnten, hatte das Land eine neue Chance. Lange verhandelten die Delegierten der Reichsversammlung. Im Frühjahr 1613 fiel die Wahl auf Michail Romanow. Er kam aus einer der alten Hochadelsfamilien, schien unabhängig, aber gleichzeitig so schwach, dass er die Privilegien der Bojaren nicht antasten würde.

Gerade 16-jährig stand er vor der Aufgabe, das zerrüttete Reich wieder aufzubauen. Und gegen alle Wahrscheinlichkeit war er erfolgreich: Zar Michail stabilisierte die Herrschaft gemeinsam mit seinem Vater, dem Patriarchen Filaret, der lange faktisch für ihn regierte. In nur vier Generationen konnten seine Nachfahren das Land zur europäischen Großmacht ausbauen.

Der Zarensohn Dmitrij war tot, endgültig, Russland war wieder auferstanden. Doch die Furcht vor dem Chaos hatte sich während der »Smuta«, der Zeit der Wirren, tief in das russische Nationalgefühl eingebrannt. 1818, als Russland längst eine der führenden Nationen Europas war, errichtete man auf dem Roten Platz in Moskau ein Denkmal für Kusma Minin und Fürst Poscharski, denen es gelungen war, das Land wieder zu einen. »Vom dankerfüllten Russland« lautet die Sockelinschrift. Bis heute reckt eine der steinernen Figuren die rechte Hand ebenso triumphierend wie mahnend gen Himmel. Es sieht aus, als beschwöre sie den Geist des falschen Dmitrij, nur ja in seinem Grab zu bleiben.

Bräutigam hinter Gittern

Wie Graf Waldemar zu Schleswig-Holstein, Sohn des dänischen Königs, Gefangener des Zaren wurde

Von Annette Bruhns

Das Vorhaben war von langer Hand geplant. Im November 1640 schickte Zar Michail einen Mittelsmann nach Dänemark, um alles über einen jungen Mann herauszufinden: Alter, Größe, Gesundheit, Bildung. Es ging um die Frage, ob ein Sohn des dänischen Königs der richtige Bräutigam für Zarentochter Irina sein könnte. Die Antwort klang vielversprechend: 20 Jahre alt sei Graf Waldemar zu Schleswig-Holstein, schlank, rothaarig und gesund. Er sei gescheit, beherrsche Italienisch und die Waffenkunst. König Christian IV. von Dänemark bemerkte das Interesse der Russen. Schon bald führte Waldemar eine Handelsdelegation ins ferne Moskau. Bei Hofe musste der Königssohn zu seinem Verdruss das Schwert ablegen. Die Forderungen, die er vortrug, wurden fast alle abgeschlagen: keine Zollfreiheit für Dänen, keine eigenen Kirchen für die örtliche dänische Gemeinde, kein Getreidekauf.

Mit leeren Händen kehrte der Prinz heim. Als im Frühjahr 1642 zwei russische Gesandte die Hand der Zarentochter in Kopenhagen darboten, ließ Christian IV. sie abblitzen: Niemals würde sein Sohn, wie von den Moskauern verlangt, zum orthodoxen Glauben konvertieren. Eine Heirat sei unmöglich. Im Dezember traf Peter Marselis, dänischer Kaufmann in Diensten des Zaren, in Kopenhagen ein. Er überbrachte interessante Versprechen: Religionsfreiheit für den Bräutigam, dazu als Startkapital in der

neuen Heimat zwei russische Städte plus 300 000 Rubel. König
Christian IV. war nun einverstanden und schickte den Sohn gen
Osten. Die Reise stand unter keinem guten Stern: Im Nordwesten Russlands überschlug sich Waldemars Kutsche. Die Russen
empfingen den Königssohn dann mit Brot und Salz sowie fürstlichen Geschenken.

Am 31. Januar 1644 nahm der Kreml den Dänen wie ein Fami-
lienmitglied auf: Musketiere standen ohne ihre Waffen Spalier;
dem Bräutigam wurden goldener Zierrat, Zobel und teure Stoffe
dargebracht. Der Zar selbst küsste und umarmte den Schwie-
gersohn in spe und bat ihn an seine Seite. Die Zarin schickte
zwei Dutzend Handtücher als symbolisches Hochzeitsgeschenk.
Die Ernüchterung folgte rasch. Der russisch-orthodoxe Patriarch
suchte Waldemar auf und wollte von der versprochenen Religionsfreiheit nichts wissen: Der Däne solle zum einzig wahren
christlichen Glauben übertreten, wobei der Täufling dreimal
komplett ins Wasser getunkt würde. Waldemar reagierte mit
protestantischer Überheblichkeit: »Ich habe die Bibel fünfmal
gelesen«, beschied er den Orthodoxen, »ich bin schriftkundiger
als jeder Priester.« Daraufhin bestellte ihn der Zar ein. »Dein
Vater, der König, befahl dir, mein Wort zu befolgen«, donnerte
Michail Fjodorowitsch Romanow. Waldemar beteuerte, dass er
bereit sei, sein Blut für den Schwiegervater zu vergießen. Sein
Glauben indes sei unverhandelbar; in seiner Heimat sei eine
bikonfessionelle Ehe im Übrigen kein Problem. Der Zar blieb
hart: In Russland sei unterschiedliche Religionszugehörigkeit
in der Ehe sogar dem gemeinen Volk verboten.

Der mit allen Ehren begrüßte Prinz war nun ein Gefangener;
seine verzweifelten Fluchtversuche wurden gewaltsam beendet. Hofbeamte redeten dem Dänen zwar zu: Schön und klug
sei die Braut, und sie trinke nicht einmal. Aber es half nichts.
Dem Kremlherrscher warf Waldemar in einem Schreiben vor, er

handle schlimmer als »untreue Türken und Tataren«. Als Antwort drohte der Zar dem Prinzen mit Verbannung, aber der Däne zeigte sich unbeugsam: »Es ist besser, mit einem reinen Gewissen zu sterben, als ehrenvoll mit einem unreinen Gewissen zu leben.« So weit kam es nicht, denn am 23. Juli 1645 starb der Zar. Waldemar konnte nach anderthalb Jahren zurück nach Dänemark reisen. Der protestantischen Dänengemeinde in Moskau blieb ein Trost: 1652 bezog sie eine neue Kirche. Michail hatte das Gotteshaus im Juli 1643 als Morgengabe für Prinz Waldemar in Auftrag gegeben.

TEIL II

AUFBRUCH NACH EUROPA

Tyrannischer Aufklärer

Peter der Große modernisierte das Land
mit Gewalt. Als Flottenbauer und Feldherr formte er
aus seinem Reich eine europäische Großmacht.

Von Mathias Schreiber

D er ideale Herrscher ist nicht nur klug und ener-
gisch, sondern auch groß und stark – dieses Wunsch-
bild wurde in der Geschichte manchmal wahr. Ein
zupackender Riese ist der Russe Pjotr Alexejewitsch Romanow (1672 bis 1725) bereits in jungen Jahren. Dem 13-Jäh-
rigen bescheinigt 1685 ein niederländischer Gesandter in
Moskau, er habe nicht nur »angenehme Gesichtszüge«, sondern sei so lebhaft am »Militärischen« interessiert, dass man
von ihm eines Tages »gewiss kühne Aktionen und heroische
Taten« erwarten könne. Zu diesem Zeitpunkt trägt er schon
drei Jahre den russischen Herrschertitel: »Zar Peter I.« Als
Erwachsener verfügt Peter über das Gardemaß von gut zwei
Metern, da demonstriert er schon mal seine Kraft, indem er
mit bloßen Händen aus einem silbernen Teller einen Klum-
pen knetet. Aber den Ruhmestitel »der Große« verdient sich
der Tatmensch Peter viele Jahre später am Ende des »Nordischen Krieges«. Brutalität ist ihm lange vertraut. Mit nur
zehn Jahren wird er im Moskauer Kreml-Palast Augenzeuge
eines Blutbades. Auslöser ist eine vertrackte Mischung aus
Familienzwist und politisch-sozialem Aufstand. Der Fami-
lienstreit folgt einem klassischen Muster: Peters Vater, der
reformfreudige Zar Alexej Michailowitsch (1629 bis 1676),

hat aus zwei Ehen 16 Kinder. Zwischen den Clans der beiden Mütter schwelt eine Dauerfehde, genährt vom Wunsch, dass der nächste Zar aus ihrer Linie stamme.

Gleichzeitig brodelt es bei den Strelizen, einer Elitetruppe, die 20 000 Mann umfasst. Die Soldaten beschuldigen ihre Obristen der Unterschlagung von Sold und der Misshandlung. Die Regierung lässt sie gewähren. Die Strelizen genießen diesen Machtgewinn und ergreifen – angeblich um den Staat vor seinen Feinden zu schützen – Partei im Nachfolgestreit der verfeindeten Zarensippschaften. Im Mai 1682 verwüstet eine tobende Soldateska die Residenz der Zaren. Die Strelizen töten etliche Verwandte und Freunde Peters, darunter zwei seiner Onkel. Sie werden über Balustraden und Balkonbrüstungen in darunter aufgerichtete Lanzen und Hellebarden gestürzt, in Stücke gehackt und unter spöttischem Geschrei nahe der Basilius-Kathedrale zur Schau gestellt. Nun setzen die Strelizen durch, dass zusammen mit dem zehnjährigen Peter, der kurz zuvor zum Zaren gewählt und vom Patriarchen bestätigt worden war, auch sein sechs Jahre älterer, geistig behinderter Halbbruder Iwan gekrönt wird. Für die beiden Unmündigen übernimmt Iwans energische und fähige Schwester Sofija, 24 Jahre alt, die Regentschaft, die sie sieben Jahre lang ausüben wird.

»Niemals«, schreibt der Historiker Erich Donnert in seiner Biografie »Peter der Große« (1987), habe Zar Peter »die grauenvollen Szenen vergessen, die sich vor seinen Augen abspielten, als Angehörige seiner Familie von Strelizen zu Tode gespießt wurden«. Der Strelizen-Alptraum sucht Peter sieben Jahre später abermals heim. Mit nun fast schon 18 Jahren steht er kurz vor der Volljährigkeit, doch seine Halbschwester Sofija will die Macht nicht abgeben. Weil er sich dagegen sträubt, schürt sie neue Unruhen. In einer August-Nacht des

GETTY IMAGES

Porträt von Peter I., der Russland als Peter der Große
von 1682 bis 1725 regierte (Gemälde von 1717)

Jahres 1689 melden zwei Kremlwächter dem jungen Zaren, der sich mit seiner Mutter in einem Dorf bei Moskau aufhält, Soldaten aus der Hauptstadt seien im Anmarsch und wollten ihn töten. Peter flieht in panischer Angst, springt barfuß, im Nachtgewand, auf ein Pferd und galoppiert in den nächsten Wald. Diener bringen ihm Kleidungsstücke. Dann reitet er nach Norden in das befestigte Sergius-Dreifaltigkeitskloster. Ihm wird klar: Eine Entscheidung ist fällig, Sofija muss dem jungen Zaren weichen oder ihn entmachten.

Der oberste Kirchenpatriarch ergreift Peters Partei, die ausländischen Offiziere, die russische Söldnertruppen in Moskau befehligen, fügen sich den Anordnungen aus dem Kloster. Die Regentin Sofija muss den Kreml verlassen und ins Neue Jungfrauenkloster im Moskauer Südwesten ziehen. Drei Scharfmacher der Strelizen werden gefoltert und geköpft. Peters Position festigt sich, auch wenn seine Auseinandersetzung mit den widerspenstigen Strelizen damit noch nicht beendet ist. Vorerst plagen ihn andere Sorgen: Schon als 16-Jähriger hat er in einem Dorfschuppen ein halbverrottetes englisches Segelboot entdeckt, das er von einem holländischen Zimmermann herrichten ließ. Später nennt er diesen kleinen Kahn liebevoll das »Großväterchen der russischen Flotte« – eben diese Armada aufzubauen ist der größte Ehrgeiz des volljährigen Zaren. Das Problem dabei: Russland besitzt nur in Archangelsk, das im hohen Norden gelegen ist, einen eigenen Zugang zum Meer, doch der ist den langen Winter über zugefroren.

Ohne einen eisfreien Zugang zur Ostsee oder zum Schwarzen Meer kann Russland weder als Handelsmacht noch militärisch reüssieren. Der sprichwörtlich gewordene »Drang zum Meer« bestimmt Peters Strategie. Sie mündet in zwei Kriege: gegen die Krimtataren und Türken im Süden und danach gegen die Schweden im Nordwesten, welche die baltische Ostseeküste beherrschen. Nach einem ersten, gescheiterten Versuch, die Türkenfestung Asow auf dem Landweg zu erobern, beweist er eindrucksvoll seinen für Russlands Aufstieg entscheidenden Charakterzug: ungeheure Willenskraft, zähe Zielstrebigkeit gerade auch nach Rückschlägen. An einem Nebenfluss des Don erweitert Peter lokale Bootsbauwerkstätten zu einer großen regelrechten Werft, wo er in wenigen Monaten 30 Galeeren und Hunderte von kleineren Barken auf Kiel legen lässt. Arbeitskräfte lässt er zwangsweise rekrutieren.

Bald ist es so weit: Peter kann die Versorgung Asows über die See blockieren. Vier Wochen nach der zweiten Belagerung kapituliert die Festung. Ein lange verstopftes Nadelöhr zum Schwarzen Meer ist geöffnet. Auf einen Schlag ist Peter eine europäische Berühmtheit. Doch der Zar lässt sich vom frischen Ruhm nicht blenden. Er weiß sehr wohl, dass er ohne ausländische Schiffsbauer, Navigatoren und Artilleristen die Türken nicht besiegt hätte. So beschließt er am Jahresende 1696, eine »Große Gesandtschaft« der Lernbegierigen nach Westeuropa zu schicken und selbst daran teilzunehmen.

Diese Gesandtschaft ist jedoch ein provozierender Verstoß gegen eine jahrhundertealte Tradition. Der oberste Herrscher Russlands, der Beschützer der Kirche verlässt niemals zu Friedenszeiten die russische Erde, schon gar nicht monatelang und inkognito. Peters Bruch mit der Tradition ermutigt seine Gegner, eine Verschwörung anzuzetteln. Wieder sind Strelizen beteiligt; die Parole lautet: Wer das heilige Russland an das Ausland verrät, der soll sterben. Doch die Putschisten fliegen auf. Peter rächt sich furchtbar. Unter der Folter gestehen die Verschwörer, mit der entmachteten Sofija konspiriert zu haben. Ihnen werden reihenweise die Gliedmaßen und die Köpfe abgehackt.

Sechs Tage nach diesem barbarischen Schlachtfest, im
März 1697, bricht die »Große Gesandtschaft« gen Westen
auf, eines der anrührendsten und komischsten Reiseaben-
teuer der Geschichte. Die Gesandtschaft, das sind mehr als
250 Leute, darunter einige Dutzend Adlige, Leibgardisten,
drei Übersetzer, ein Stallmeister, vier Kämmerer, zwei Goldschmiede, sechs Trompeter, 70 besonders großgewachsene
Soldaten, außerdem Ärzte, Geistliche, Köche, vier Zwerge,
ein Affe. Die Reise der Kutschen, Reiter und Bagagewagen
dauert 18 Monate. Sie führt über Riga und das Polen zuge-
hörige Kurland – wo die trinkfreudigen Russen wirken wie
»getaufte Bären« – nach Königsberg. Hier absolviert Peter
einen Kurs in Artillerietechnik. Und er trifft den branden-
burgischen Kurfürsten Friedrich III., den späteren Preußen-
könig Friedrich I.

In Königsberg bleibt der Zar fast zwei Monate, dann
gelangt er über Berlin nach Coppenbrügge bei Hameln. Der
genussfreudige Peter lernt bei einem vierstündigen Abendessen mit Musik und Tanz zwei Damen des westlichen Hochadels schätzen: die Kurfürstin Sophie von Hannover und ihre
hübsche, gebildete Tochter Sophie Charlotte. Ihnen erscheint
Peter trotz »bäurischer Manieren« als ein »außerordentlicher
Mann«. Die nächsten Stationen der wunderlichen Russenreise
sind Amsterdam und die nicht weit davon entfernte Werft-
stadt Zaandam. Schon am Tag nach der Ankunft lässt sich
ein gewisser »Peter Michailow« bei einer privaten Werft, mit
Werkzeug und in zünftiger Arbeitskleidung, als Zimmermann
anstellen. Doch die Inkognito-Maskerade und der Deckname
Michailow können nicht verhindern, dass schon bald die
Leute neugierig nach Zaandam eilen, um diese seltsamen
Russen zu bestaunen wie Zoo-Tiere. Der impulsive Zar ohr-
feigt einen besonders zudringlichen Gaffer.

Ein Teil der Gesandtschaft setzt auf einem britischen Kriegsschiff über nach England, wo König William III. für den russischen Gast eine kleine Seeschlacht inszenieren lässt. Peter interessiert sich hier für eine Kanonengießerei, englische Särge, ein Hospital und das britische Münzwesen, das er zum Vorbild russischer Geldreformen wählt. Über Dresden und Prag reist die Zaren-Crew dann nach Wien. Hier erreicht ihn die Nachricht, vier Regimenter der Strelizen, die an der polnisch-litauischen Grenze stationiert werden sollten, marschierten meuternd auf Moskau zu. Der Herrscher bricht die Reise ab, er gelangt nach Krakau, wo er erfährt, General Patrick Gordon habe die Rebellion niedergeschlagen. Jetzt findet Peter noch Zeit für ein Treffen mit dem Sachsen August II. (»der Starke«) in der Nähe von Lemberg. Der sinnenfrohe Kurfürst ist zugleich neuer polnischer König. Peter

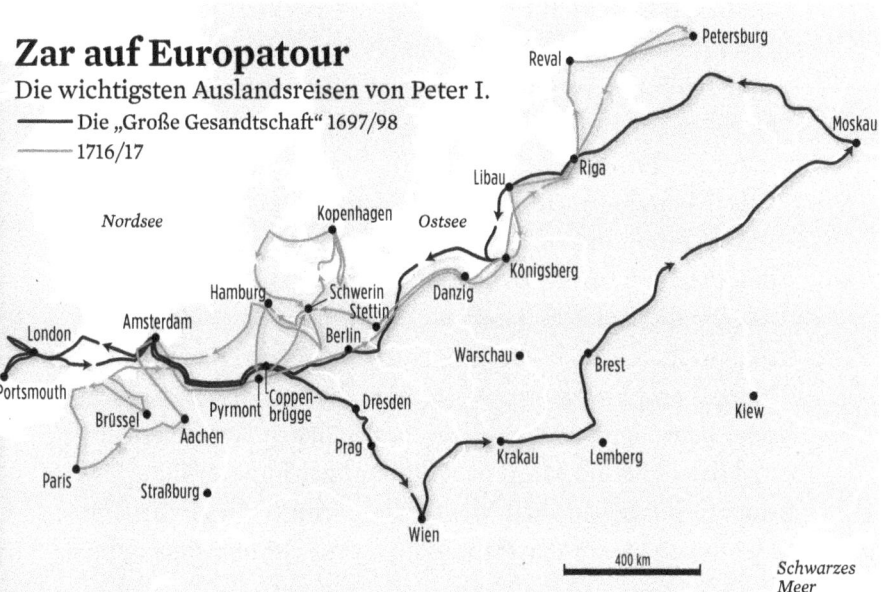

Zar auf Europatour
Die wichtigsten Auslandsreisen von Peter I.
—— Die „Große Gesandtschaft" 1697/98
—— 1716/17

Petersburg
Reval
Moskau
Libau
Riga
Nordsee
Kopenhagen
Ostsee
Königsberg
Hamburg
Schwerin
Danzig
Amsterdam
Stettin
London
Berlin
Warschau
Brest
Portsmouth
Coppen-
brügge
Dresden
Kiew
Brüssel
Pyrmont
Aachen
Prag
Krakau
Lemberg
Paris
Straßburg
Wien
400 km
Schwarzes
Meer

versteht sich mit ihm blendend und gewinnt seine Unterstützung für den Versuch, die Schweden aus dem Baltikum zu jagen.

Der »Große Nordische Krieg« zwischen Russland samt seinen Alliierten und Schweden wirft seinen Schatten voraus. Aber vorher hat der rachsüchtige Zar daheim noch eine Rechnung zu begleichen. Und wie er sie begleicht: Am 27. September beginnt er auf dem Landsitz Preobraschenskoje Verhöre von Strelizen, wobei Folterungen mit der geknoteten Lederpeitsche, mit glühendem Holz oder Eisen und über offenem Feuer die Regel sind. Verhört und gemartert (Nase abschneiden, Zunge kürzen) wird Tag und Nacht, und das mehrere Monate lang. In dem kleinen Ort brennen ständig rund 30 Scheiterhaufen. Bis Februar 1699 werden 1182 Strelizen aufgehängt oder geköpft, etliche auch auf dem Roten Platz und an den Stadttoren Moskaus. Zum Neuen Jungfrauenkloster, in dem Sofija interniert ist, werden 230 Rebellen geschafft und im dortigen Klostergarten an mehreren Galgen aufgeknüpft. Peter legt selbst bei Folterungen mit Hand an. Fünf Strelizen sollen, erzählt man sich später, sogar von ihm selbst zur Eröffnung des Blutgerichts geköpft worden sein.

Der heimgekehrte Zar beschert seinen Landsleuten noch andere Zumutungen. Eben erst hat der Hochadel die Ankunft des Reisenden gefeiert, da nimmt sich Peter eine Schere und schneidet etlichen Bojaren die langen Bärte ab. Wie die Bärte, so lässt Peter auch die langen hemdartigen Kaftanschöße, Mäntel und Gewandärmel stutzen. Praktischere ungarische oder deutsche Kleider werden den Städtern verordnet, auch mal als modisches Muster ans Stadttor gehängt. Moskaus reaktionäre Eliten verübeln dem Zaren seine Freundschaft mit Deutschen, die in der Hauptstadt leben. Die aber faszinieren ihn als modern, gebildet und gut organisiert.

Mit diktatorischem Furor vereinfacht Peter auch die russische Schrift, modernisiert die Verwaltung und das Militär und passt den russischen an den westeuropäischen Kalender an (das neue Jahr beginnt nicht mehr am 1. September, sondern am 1. Januar). Schließlich schafft er die Unsitte ab, dass der Untergebene bei der tiefen rituellen Verbeugung vor dem Herrscher mit der Stirn den Boden berühren muss. Treue und Diensteifer schätze er mehr als solche Selbsterniedrigung, lässt Peter verlauten. Der rastlose Zar: Während er seine erste Ehefrau in ein Kloster verbannt und überkommene Traditionen kappt, holt er aus zu einem politischen Doppelschlag. Im Juli 1700 schließt er in Konstantinopel, nach zweijährigem Waffenstillstand, Frieden mit der Türkei. Und kaum hat er im Süden den Rücken frei, erklärt er im August Schweden den Krieg.

Die Ostsee-Großmacht wird regiert von dem gerade mal 18 Jahre alten König Karl XII., einem Wittelsbacher, auch Herzog von Bremen und Verden. Im Bündnis mit Sachsen-Polen und Dänemark will der Zar das schwedische Baltikum in die Zange nehmen. Doch das misslingt gründlich. Trotz ihrer zahlenmäßigen Überlegenheit erleiden die Russen in einem Schneesturm eine schwere Niederlage bei Narwa. Ihr Blutzoll ist hoch, etwa 10 000 Tote und Verwundete werden gezählt, fünfmal so viele wie die Opfer auf schwedischer Seite; 20 000 Russen, darunter zehn Generäle, werden gefangen genommen. In ganz Europa wird Karl XII. als begnadeter Feldherr bewundert. Der Erfolg steigt dem Schweden zu Kopf.

Der gedemütigte Zar resigniert aber nicht. In äußerster Anspannung des Volkes, auch durch immer neue Steuern, macht Peter sein Land wieder kampffähig. Immer größere Teile der Bevölkerung müssen Rekruten stellen. Aus jeder dritten Kirche werden Glocken geholt, geschmolzen und zu Kanonen verarbeitet – eine frühe Form totaler Mobilmachung. Neue Eisenwerke, Leder- und Tuchmanufakturen liefern der Armee Waffen, Schuhe und Uniformen. Schon ein Jahr nach der Niederlage von Narwa verfügen die Russen über 300 neue Kanonen, die Armee kommt bald auf 200 000 Soldaten.

Schon im Sommer 1701 geht Peter wieder in die Offensive. Der Zar erobert weite Teile von Livland und Estland, während Karl XII. in Polen Krieg führt. Peters Truppen hausen furchtbar in diesen Gebieten, brennen Dörfer und Höfe nieder, plündern Lagerhäuser, verwüsten Felder, verschleppen Familien – der Feind soll nichts Essbares, nichts Brauchbares mehr finden. Verbrannte Erde. Im Mai 1703 erobern die Russen die Festung Nyenschanz nahe der Mündung der Newa in den Finnischen Meerbusen. Die neue Festung, die Peter mitten im Mündungsdelta bauen lässt, erhält eine Kirche, benannt nach den Aposteln Peter und Paul. Der Zar tauft den Ort, den er zur Hauptstadt des Landes machen wird, »Sankt-Piterburch«, St. Petersburg – Personenkult im religiösen Gewand.

Doch Karl XII., ähnlich willensstark wie sein russischer Gegner, gibt nicht auf. Nachdem es ihm gelungen ist, August den Starken aus dem Bündnis mit Russland herauszubrechen, marschiert er am Jahresende 1706 mit einer glänzend ausgerüsteten Armee von 40 000 Mann gen Moskau. Die Russen kombinieren eine Strategie des Rückzugs ins Landesinnere mit gezielten Nadelstichen gegen die Nachschublinien des Feindes. Wo auch immer die Schweden durchziehen, finden weder Tiere noch Soldaten Nahrung. Schon bald dezimieren Hunger, Kälte und Krankheit die schwedische Armee, wie ein Jahrhundert später die Truppen Napoleons.

Im Sommer 1709 kommt es zur Entscheidungsschlacht vor der ukrainischen Festung Poltawa. Karl XII. verfügt nur noch über 22 000 Soldaten. Ihnen stehen etwa 42 000 Russen gegenüber. Karl verliert die Bataille. Zusammen mit kosakischen Verbündeten flieht er über die Grenze in die Türkei. 7000 Schweden sind tot, 3000 geraten in Gefangenschaft. Auf russischer Seite sind etwa 1300 Soldaten gefallen. Peters Sieg bei Poltawa bringt im Nordischen Krieg die endgültige Wende. Rasch aktiviert der Zar die Bündnisse mit Sachsen-Polen und Dänemark, auch Brandenburg-Preußen tritt der Allianz bei. Peter beherrscht nun die baltischen Gebiete des schwedischen Königreichs. Bemerkenswert ist die Toleranz, mit der der russische Monarch den Städten und den Ritterschaften ihre Religionsfreiheit und Privilegien garantiert. Der Zar bestätigt Deutsch als Amtssprache – unter den Schweden gab es solche Freiräume nicht.

1721 finden im schwedisch-finnischen Nystad die Verhandlungen über einen Friedensvertrag statt, sie dauern über drei Monate. Ihr Ergebnis: Schweden tritt Livland, Estland und Ingermanland, die Provinz rund um St. Petersburg, »für ewige Zeiten« an Russland ab, erhält aber Finnland zurück. Der Friede von Nystad stellt für Peter den »größten Erfolg seines Lebens« (Erich Donnert) dar. Russland ist jetzt die Führungsmacht im nordosteuropäischen Raum. Im Oktober treten in St. Petersburg der Senat und der Heilige Synod zusammen, jene von Peter eingesetzten obersten Instanzen weltlicher und geistlicher Kompetenz, die dem Zaren zuarbeiten wie Ministerien. Sie bitten, scheinbar von sich aus, den Herrscher um die Annahme der Ehrentitel »Vater des Vaterlandes, Allrussischer Kaiser und Peter der Große«. Der Zar nimmt an: festlich in der Dreifaltigkeitskathedrale, ausländische Würdenträger sind zugegen. Der Kaisertitel, in dem das gestiegene russische Selbstbewusstsein zum Ausdruck kommt, erinnert auch an den alten Anspruch Moskaus, es sei nach dem Fall von Byzanz 1453 das »Dritte Rom«.

Peter bleibt der unermüdliche Erneuerer. 1722 führt er für alle Beamten und Würdenträger in Staat und Militär eine »Rangtabelle« mit 14 Klassen ein. Nicht Abstammung und Familien-Nimbus allein sollen über die gesellschaftliche Stellung entscheiden, sondern persönliche Fähigkeiten und Verdienste: Der Dienstadel tritt dem Erbadel zur Seite. Während der Zar auch noch diese Reform auf den Weg bringt, brechen seine Soldaten 1722 zum persischen Feldzug auf. Es ist der Versuch, am Kaspischen Meer Fuß zu fassen. Die Russen besiegen die Perser, Baku wird russisch.

1724 gründet der Monarch in St. Petersburg die russische Akademie der Wissenschaften. Gespräche darüber hat er wohl schon 1711 mit dem Göttinger Philosophen Gottfried Wilhelm Leibniz geführt. Die neue Institution soll »unter den Russen solche ausfindig machen, die gelehrt sind«, was zunächst ziemlich schwierig ist. Unter den ersten 17 Akademiemitgliedern befindet sich kein einziger Russe. Im Mai 1724 krönt Peter seine Frau Katharina zur Kaiserin, ohne sie ausdrücklich als seine Nachfolgerin auszurufen, was sie dann aber 1725 für zwei Jahre wird. Die dramatische Art, wie der Zar Anfang 1725 stirbt, passt zu seinem turbulenten Herrscherleben: Auf einer Inspektionstour nahe der Newa-Mündung entdeckt Peter ein Boot, das der Sturm auf eine Sandbank geworfen hat. Einige Soldaten, die nicht schwimmen können, kämpfen in der rauen See um ihr Überleben, andere versuchen, den gekenterten Kahn wieder flottzumachen. Peter lässt sich zur Sandbank rudern, ungeduldig springt er schon vor der Sandbank über den Bootsrand, um schneller helfen zu können. Das eiskalte Wasser bekommt ihm schlecht: In der Nacht quälen ihn Fieber und Schüttelfrost, sein notorisches Blasen- und Nierenleiden meldet sich heftig zurück. Scheinbar erholt er sich wieder und erlaubt sich noch auf einem nachweihnachtlichen Fest exzessiven Alkoholgenuss. In der Nacht zum 8. Februar ruft er nach seiner Tochter Anna, der späteren Herzogin von Holstein-Gottorf. Als sie kommt, ist er schon bewusstlos, er stirbt gegen sechs Uhr morgens.

Wer war nun Peter der Große? Groß war er gewiss nicht nur körperlich. Den einen gilt er als Genie, das dem breiigen Riesenland eine erkennbare und übersichtliche Form gegeben habe; den anderen gilt er als Mörder, als »gekrönter Tiger«, als Vernichter altrussischer Identität, als ungewöhnlich grausamer Tyrann; wieder anderen als Sittenverderber – wegen seiner Unterwerfung der Kirche unter die Autorität des Staates und wegen seiner Liebe zu den Frauen sowie zu den regelmäßigen »Narren- und Saufkonzilen«. Peter hat Russland im Kreis der europäischen Mächte etabliert. Er zivilisierte das Reich durch barbarische Formen des Kampfes gegen die alte Barbarei, durch politische, militärische und alltagskulturelle Reformen; zugleich hat er durch den Ostsee-Zugang die Handelsbeziehungen zu England, Holland, Frankreich und den deutschen Staaten entscheidend intensiviert. So war er trotz vieler taktischer Fehler, die der impulsive, launische, vielleicht manisch-depressive Mann machte, ein bedeutender Stratege. Gawril Derschawin, ein russischer Dichter des 18. Jahrhunderts, stellt mit Blick auf Peter den Großen die rhetorische Frage: »War Gott es nicht, der in ihm niederstieg?« Eins war er gewiss: ein kolossal außergewöhnliches, widersprüchliches, zugleich sympathisches wie abstoßendes Individuum. Und für das Russland jener Jahre war er trotz seiner despotischen Wutausbrüche: ein Glücksfall.

Sumpfblüte aus Stein

Mit der Entscheidung, St. Petersburg
zur neuen Hauptstadt zu machen, öffnete Peter I.
das russische Reich in Richtung Westen.
Noch 300 Jahre später lebt hinter den Mauern
der alten Prachtbauten die Erinnerung
an die untergegangene Dynastie.

Von Walter Mayr

S till ist es nachts im Gemäuer, das die toten Zaren birgt. Kein Ton von draußen dringt bis hierher. Nichts von profanem Getriebe. Nur hinter dem Grabmal von Großfürstin Anna Michailowna sind leise Schritte zu hören. Pistole und Handschellen im Bund ihrer Uniformhose, geht die junge Polizistin Toma Patrouille. Seit fünf Jahren, sagt sie, schiebe sie hier Wache: 24 Stunden am Stück, alle drei Tage, nur sie allein. Sie gruselt sich nicht. Sie hält die Stellung, im Reich der toten Romanows. Fünfundfünfzig Mitglieder der Herrscherdynastie, darunter zwölf Regenten, sind in der Peter-Paul-Kathedrale zu St. Petersburg begraben. Im Walhall des Zarengeschlechts hat man die Mitglieder der ehemals edelsten Familie dicht an dicht zur Ruhe gebettet: Von der Kapelle, in der Nikolai II., letzter Zar der Russen, samt Gattin und vier Kindern ruht, bis zum Prunkgrab Peters I. rechts vom Altar sind es kaum hundert Schritte. Verziert mit Plastik-rosen und Bronzebüste steht der Sarkophag Peters I. – des Großen – neben dem seiner Gattin Katharina. Nicht weit ent-fernt, aus blutrotem Ural-Rhodonit geschnitzt, fällt das Grab-

mal des ermordeten Reformzaren Alexander II. ins Auge. Und
hinter der angelehnten Tür zur Grabkapelle blickt stumm
von einem Bild an der Wand der letzte Zarewitsch. Wo seine
sterblichen Überreste sind, ist bis heute strittig.

Wer aus dem Totenreich ins Freie tritt, sieht Backstein-
mauern rundum. Die Peter-Paul-Kathedrale ist Blickfang
und Mittelpunkt jener Festung, die Peter I. am Newa-Ufer
errichten ließ. Ein Bollwerk, das die wechselvolle Geschichte
des imperialen Russland bebildert: Hier begann 1703 die
Gründung der künftigen Hauptstadt Petersburg; hier lande-
ten, mehr als 200 Jahre später, die Minister der letzten zaristischen Regierung in Gefängniszellen; und hier sind, in der
Kathedrale, die toten Romanows zur Ruhe gekommen. Das
heißt, zur Ruhe sind nicht alle gekommen. Sagt zumindest
Wladimir Kildjuschewski. Der weißhaarige Archäologe trägt
Bürstenschnitt, Ziegenbart und eine Anzughose, deren Flecken von tätiger Arbeit im Feld erzählen. Kildjuschewski leitet
die Ausgrabungen auf dem Gelände der Festung. Und fördert
nicht selten Erschütterndes zutage. »Hier auf diesem Boden
hat dem Petersburg der Zaren das Stündlein geschlagen«, sagt
der Wissenschaftler, während er schnellen Schritts vorauseilt
in sein Reich – eine Rumpelkammer, drei Treppen hoch in
einer Ecke der Festung. Mannshohe Regale hinter weißer
Kunststofftür: Hier lagert, streng geordnet, was der Archäologe und seine Helfer in den letzten Jahren aus der Erde
geholt haben. Zerfetzte Kleider, Goldkreuze, Medaillons; in
einer Kiste nur Gebisse; in einer anderen nur Schädel.

Kildjuschewski nimmt einen davon heraus, dreht ihn in
seiner Hand und zeigt ein fingerkuppengroßes Einschuss-
loch auf der Rückseite: »Der hier ist von hinten erschossen
worden«, sagt er, »wie die meisten anderen auch.« Knochen
und Gerippe von 112 Menschen hat man inzwischen gebor-

gen. Alle sind sie ab 1918 auf dem Gelände der Festung dem
»Roten Terror« zum Opfer gefallen – so tauften die Bolschewiki ihre Abrechnung mit Adel und Bourgeoisie. »Es
spricht einiges dafür«, sagt Kildjuschewski, »dass unter den
Opfern, die wir entdeckt haben, auch die vermissten Großfürsten der Romanows sind.« Heißt das, die Schädel von Paul
Alexandrowitsch, dem Onkel des letzten Zaren, und seinen
am 30. Januar 1919 ermordeten Vettern liegen womöglich in
dieser schlichten Holzkiste hier? »Ich weiß nicht, ob das je
geklärt werden kann«, sagt Kildjuschewski, »aber ich wünsche mir, dass wir die historische Wahrheit herausfinden, es ist
unsere Bürgerpflicht. Die Großfürsten waren immerhin, nach
der Ermordung von Nikolaus II. im Juli 1918, die höchstran-
gigen Anwärter auf die Thronfolge.«

Was da der Boden der Festung ausspuckt, seit die Sowjetunion untergegangen und die geopolitische Eiszeit in Europa
beendet ist, seit aus Leningrad wieder St. Petersburg wurde, das
sind – im Permafrost eingeschlossenen Fossilien gleich – Überbleibsel aus der mehr als 200-jährigen glanzvollen Periode des
Zarentums in der Stadt an der Newa. Ans Licht gekommen sind
Reste der hölzernen Festung von 1703 und des ersten Senats-
gebäudes, dazu rostige Vorderlader aus den Waffenschmieden
Peters I. »Es ist einerseits«, sagt der alte Archäologe Kildjuschewski, »ein bewegendes Gefühl zu wissen, wir gehen auf
dem Boden, auf dem Peter ging. Andererseits bin ich, was
seine Lebensleistung angeht, gespalten: Er war ein grausamer
Herrscher, der Russland gewaltige Blutopfer abverlangt hat;
aber er trieb das Land Richtung Europa. Mehr als Peter hat
innerhalb von nur 25 Jahren kein Zar geschaffen.«

Viel beklagt und gut belegt ist die Tatsache, dass Petersburg
»auf Schlamm und Knochen« gebaut wurde; dass also Peter I.
nichts und niemanden schonte, um seinen Traum von einer

Hauptstadt wahr werden zu lassen, die den Russen ein »Fenster nach Westen« öffnet. Das Gelände der Festung zeugt noch heute vom unerbittlichen Willen des Herrschers. Der erste Häftling, der hier gefoltert wurde und im Gefängnis verstarb, war der widerspenstige Alexej – der Zarewitsch und älteste Sohn Peters des Großen. Nicht weit von den alten Kasematten der ersten Jahre haben sie später die Trubezkoi-Bastion zum berüchtigtsten Gefängnis für politische Häftlinge der Zarenzeit ausgebaut. Inzwischen ist die alte Zuchtanstalt zum Museum umgewidmet. Die Namen der einstigen Gefangenen, an den Zellentüren vermerkt, erzählen die Geschichte des Widerstands gegen die verhassten Romanows.

Düstere Kreuzgänge, große, karg möblierte Zellen, schallgedämpfte Wände – so mancher Häftling ist hier verrückt geworden. In Zelle 60 saß 1905 der Schriftsteller Maxim Gorki ein. Dieselbe Zelle, ein Jahr später: Leo Trotzki. Wenige Meter weiter, an der Tür von Nummer 47, ist als ehemaliger Insasse verzeichnet: Alexander Iljitsch Uljanow, Lenins Bruder. Er war Drahtzieher des Plans, Zar Alexander III. zu ermorden, wurde deswegen zum Tode verurteilt und schließlich gehängt im Mai 1887. »Wissen Sie, wer ihn, den Uljanow, Religion gelehrt hat, als er noch aufs Gymnasium ging?«, fragt lächelnd der alte Archäologe in seiner Rumpelkammer. »Das war mein Großvater, ein Priester. Den Bruder Uljanows hat er auch unterrichtet – Lenin. Unsere Familie kommt aus der Stadt Simbirsk. Wie Lenin selbst und wie der von ihm später gestürzte Ministerpräsident Alexander Kerenski.«

Launen der Geschichte, Beispiele schicksalhafter Verstrickung: Die Chronik Petersburgs ist voll davon. Von Anfang an sind Menschen aus allen Teilen des Imperiums hierher gerufen worden. Die ersten, um mitzubauen an der »Hauptstadt des Nordens« – Tausende, Zwangsarbeiter und Leibeigene vor allem, bezahlten dafür mit ihrem Leben. Die späteren kamen, um der Stadt aus Stein und Granit, die geprägt war von italienischen Baumeistern, deutschen Kaufleuten und französischen Höflingen, ein wenig russische Seele einzuhauchen. In der Figur des Ehernen Reiters auf dem Senatsplatz an der Newa ist dem Stadtgründer ein Denkmal gesetzt: Über einem Felsblock von 1600 Tonnen Gewicht thront da der Herrscher, Peter I., sein sich bäumendes Ross leichterhand bändigend, in der Pose des Sehers. Unter den Hufen des Pferds wird eine Schlange zermalmt – stellvertretend für alle Gegner der Petrinischen Reformen. Weg vom Mittelalter, weg von Moskau, hin nach Petersburg: Eine neue Stadt als Symbol neuen Denkens, das war Peters Plan. Es ging ihm, zu Lasten der Stellung von Kirche und Adelsstand, um die Förderung von Wissenschaft, Wirtschaft und Kultur, um die Modernisierung von Militär und Verwaltung.

Alexander Puschkin hat in seinem Gedicht »Der Eherne Reiter« das Vorrecht des Herrschers auf einsamen Ratschluss, aufs Regieren mit eiserner Hand besungen; und im selben Gedicht dem Zorn jenes kleinen Beamten Raum gegeben, der sein Weib in den Newa-Fluten verlor; und der in der Folge die Hybris des Zaren beklagt, sich eine Hauptstadt ausgerechnet ins Sumpf- und Überschwemmungsgebiet bauen zu lassen. Puschkins Gedicht zählt bis heute zur Pflichtlektüre an Schulen. Die Mehrheit russischer Denker kam und kommt im Urteil über Peter I. und sein Petersburg zu noch weniger günstigen Schlüssen. Schon Fjodor Dostojewski klagt, wie schrecklich es sei, »in der abstraktesten und vorbedachtesten Stadt der Welt zu leben«. Über den Zaren und seine Vorliebe für gerade Linien und Prunkbauten vom Reißbrett höhnen noch andere im 19. Jahrhundert.

Zum Inbegriff dieser Stadt, die »gegen Russland« erbaut worden sei, wie viele behaupten, zum Inbegriff des steingewordenen Herrschaftsanspruchs wird die Magistrale der Hauptstadt erklärt: der streng gezirkelte, Glanz und Urbanität des Zarentums beschwörende Newski-Prospekt. Auf dem Newski, schreibt Nikolai Gogol, »ist alles Trug, alles Traum, alles nicht das, was es scheint«. Wie ein Fliegender Holländer, so Andrej Bely 1913 in seinem Romanepos »Petersburg«, sei Peter I. über dem Newa-Delta eingeschwebt, um »hier als Blendwerk sein nebliges Reich zu errichten«. Unwirklich wie eine Luftspiegelung über den finnischen Sümpfen komme einem diese Metropole vor, urteilt der Chronist Nikolai Anziferow: bis in die Anlage ihrer Prunkgärten hinein den Allmachtsanspruch des Zaren abbildend, aber auch dessen Grenzen. Denn die »bleiche Petersburger Sonne«, so spottet Anziferow, »lockte nur dürre Tulpen aus den fetten Rotterdamer Zwiebeln heraus«. St. Petersburg – eine bizarre Sumpfblüte aus Stein? Der Entschluss, 700 Kilometer südlich des Polarkreises italienisch inspirierte Barockpaläste und Lustschlösser als Wahrzeichen einer Hauptstadt zu errichten, mag noch heute wahnwitzig wirken. Andererseits: Das moderne Petersburg wäre nichts ohne das Erbe des Gründers. Ohne die Fundamente, die Peter I. legen ließ.

Es wäre nicht die Stadt, in der Jahr für Jahr zweieinhalb Millionen Menschen vor einem ehemaligen Zarenpalast Schlange stehen, um Eintritt zu zahlen und sich dann, vorbei an Museumswärterinnen mit sowjettypischem Röntgenblick, auf Hunderte zur Besichtigung freigegebene Räume zu verteilen: In der Staatlichen Eremitage mit ihren rund drei Millionen Ausstellungsstücken sind nicht nur Meisterwerke von Leonardo da Vinci, Gauguin oder Picasso zu sehen. Die Staatliche Eremitage ist vor allem ein Ort, an dem die Zaren Geschichte schrieben. Und ein Ort, an dem gegen den Willen der Zaren Geschichte geschrieben wurde. »Doch dazu später, erst einmal der Reihe nach«, sagt Tatjana Robertowna. Robust und resolut verkörpert Tatjana Robertowna unverkennbar den Stil der noch zu Breschnew-Zeiten geschulten Museumsführerin. Das heißt, nicht zuletzt: Sie weiß, wovon sie spricht. »Schon Peter I.«, so legt sie los, »hatte an dieser Stelle seinen Winterpalast, hier ist er auch gestorben. Reste seines Palasts wurden erst gut 250 Jahre später entdeckt – Mauerstücke, Fundamente und eine Flasche Tokajer; aber die war natürlich längst Essig.«

Weiter geht es, mitten durch die Schatzkammern der Zaren: Alte Eremitage, Neue Eremitage, Kleine Eremitage, Winterpalast. Alles prall gefüllt mit Kunstwerken von Weltrang. Aber wo sind die Spuren von Glanz und Elend der Romanows? Erklärende Schilder fehlen, Tatjana Robertowna immerhin weiß Bescheid. »Saal Leonardo da Vinci«, schnarrt sie, unter Kronleuchtern und Seidenteppichen aus Flandern verharrend. »Hier hängt nicht nur Leonardos ›Madonna Benois‹ von 1475. In diesem Saal wurden auch Dekabristen verhört; bisweilen von Zar Nikolai I. persönlich.« Einer der Betroffenen war Pawel Pestel, Lutheraner deutscher Abkunft und führender Kopf der Dekabristen. Die Verschwörer vom Dezember 1825 hatten vergebens eine Hinwendung zur Republik geprobt. Pestels Standhaftigkeit bei den Verhören beeindruckte den Zaren, hielt ihn indes nicht davon ab, den Rebellenführer in einer Zelle der Peter-Paul-Festung auf seinen Tod warten und im Juli 1826 hängen zu lassen.

Weiter geht es im Sturmschritt mit Tatjana Robertowna durch die russische Geschichte. Vorbei an den Touristenschwärmen rund um die bronzene Pfauenuhr im Pavillonsaal, vorbei an dem kleinen Kabinett mit Blick auf die Newa, in dem Katharina die Große ihre engsten Vertrauten um sich zu scharen pflegte, und ab in den Winterpalast. Hinter dem Thronsaal mit

Säulen aus Carrara-Marmor führen Treppen zu den Privat-
gemächern der Zarenfamilie im Nordwestflügel. »Die lebten
dort ja viel bescheidener, als die Repräsentationsräume hier
vermuten lassen«, erklärt Tatjana Robertowna. Das hätte sie so
zur Breschnew-Zeit nicht sagen dürfen, ist aber die Wahrheit.
Durch einen dunklen Korridor geht es auf die kaiserlichen
Gemächer zu. »Hier zur Rechten starb Alexander II. in seinem Schlafzimmer nach dem Attentat. Im Zimmer daneben
hat er 1861 den Erlass zur Abschaffung der Leibeigenschaft
unterzeichnet«, sagt die Museumsführerin. »Dahinter sehen
wir die Treppe zur Wohnung Ihrer Kaiserlichen Hoheit Maria
Alexandrowna. Über diese Treppe sind die Bolschewiki damals
vom Schlossplatz gekommen, im November 1917, und haben
die Minister der Provisorischen Regierung verhaftet. Aber da
war der Großteil der Wachen schon lange weg.«

Dann strebt Tatjana Robertowna dem Malachitsaal zu und
dem angrenzenden Weißen Esszimmer. Hier tagte 1917 die
liberale Regierung unter Alexander Kerenski. Bis zuletzt, bis
die Bolschewiki die Macht an sich rissen, um ein Dreivier-
teljahrhundert lang Geschichte nach ihrem Gutdünken zu
schreiben. Der Moment, in dem sich Russlands Zeitenwende
vollzog, wurde verewigt, sagt Robertowna und bleibt vor
einer Kaminuhr stehen: Die zeigt noch immer 2.10 Uhr – den
Zeitpunkt der nächtlichen Machtübernahme durch Lenins
Gefolgsleute am 8. November 1917. Was haben die Bolschewiki übrig gelassen vom Petersburg der Zaren? Von jener
Stadt, der die Dichterin Anna Achmatowa zwei Jahre vor der
Revolution noch die Verse widmete: »Und dennoch würden
wir sie niemals tauschen, die prächtige granitne Stadt voll
Unglück und voll Ruhm, die weiten Flüsse unterm blanken
Eise, die Parks, die sonnenlos im Finstern ruhn, der Muse
Stimme sei sie noch so leise.«

Am besten lässt man sich von Daniil Fedkewitsch an die Hand nehmen und im Anitschkow-Palast durch Zeit und Raum begleiten. Daniil ist 15 Jahre alt und besucht das vorzügliche Lyzeum in der ehemaligen Residenz von Zar Alexander III. am Newski-Prospekt. Zusammen mit der hübschen Sascha aus der zehnten Klasse gilt er als der beste Pfadfinder und Spurenleser im Gewirr der Gänge und als Türöffner im nicht öffentlichen Teil des Prunkbaus. Wer durch den Anitschkow-Palast samt sowjetischen Anbauten geht, muss drei Epochen unterscheiden lernen. Einst von Katharina II. ihrem Favoriten Potjemkin übereignet, erlebte der Palast seine Glanzzeit in der zweiten Hälfte des 19. Jahrhunderts als Ballsaal und Bühne feingeistiger Salons. Von den Sowjets ab 1937 zum Palast der Leninpioniere umgewidmet, beherbergt der Komplex heute den »Palast der Kreativität der Jugendlichen«, der in weiten Teilen so aussieht, wie sein Name klingt: 16 000 Kinder und Jugendliche werden hier in unterschiedlichen Fertigkeiten geschult.

Daniil springt mühelos vom Vorgestern übers Gestern ins Heute und zurück, er zeigt, wo oberhalb der Paradetreppe Hammer und Sichel das Wappen der Zaren ersetzen; er kann kostbare Marmorreliefs mit Motiven aus den Trojanischen Kriegen erklären und auch die drei leeren Nischen im dritten Stock: »Dort hingen früher Porträts von Lenin, Stalin und dem Leningrader Parteisekretär Andrej Schdanow.« Der Anitschkow-Palast, samt Gummibäumchen und Möbeln aus volkseigener Herstellung im neueren Teil, samt Louis-XVI.-Rokokostühlchen im alten, ist eine Art St. Petersburg en miniature. Geschichte zum Anfassen, vernarbtes Gewebe. Im Kinderzimmer von Nikolai II. tagt heute auf schäbigem Teppich und Holzgestühl eine Schüler-Arbeitsgemeinschaft zur Geschichte der Stadt. Der junge Daniil braucht da nicht zuzuhören. Er weiß auch so, dass in den Prunksälen hier oben Puschkin, Tschaikowski und Dostojewski auf zierlichem Gestühl bei Romanows zu Gast waren. Und er weiß, dass hier kurz vor Kriegsausbruch 1914 das letzte rauschende Fest des Zarengeschlechts über die Bühne ging – die Vermählung von Prinzessin Irina Alexandrowna mit dem späteren Rasputin-Mörder Fürst Felix Jussupow.

Was erzählen die Lehrer einem Petersburger Gymnasiasten 20 Jahre nach dem Ende der Sowjetunion über die Zarenzeit? – »Weder Vor- noch Nachteile werden verschwiegen«, sagt Daniil. – Was war das Positive? – »Dass alles schneller ging. Weil nicht so viele mitentschieden haben.« Im Übrigen, fügt Daniil hinzu, sei in seinem Land die Frage nach dem politischen System nicht die allein entscheidende. Eines seiner Lieblingszitate stamme vom Schriftsteller Fjodor Tjuttschew aus dem 19. Jahrhundert: »Mit dem Verstand ist Russland nicht zu begreifen«; und: »An Russland kann man nur glauben.« Wer vom Anitschkow-Palast, wo der letzte Zar seine Kinderjahre verbrachte, zum Taurischen Palais marschiert, wo nach dem Sturz des Zaren der Petersburger Sowjet tagte, kommt auf halber Strecke in die Baskow-Gasse. Hier wuchs mit Blick auf die grüngoldene Zwiebelkuppel der Erlöserkirche im Haus Nummer 12 einer auf, den sie inzwischen Russlands neuen Zaren nennen: Wladimir Putin.

Als erster Petersburger nach Nikolai II. hat der Jurist und Ex-Geheimdienstoffizier es an die Spitze des Landes geschafft. In wechselnden Rollen, erst als Premier, dann zwei Amtszeiten lang als Präsident, seit 2008 wieder als Premier und demnächst wohl noch einmal als Präsident, lenkt er die Geschicke Russlands. »Dass Putin für immer Präsident« sein werde, lasse sich inzwischen nicht mehr ausschließen, spottete im Oktober 2011 der Moskauer Schriftsteller Wiktor Jerofejew. Der

Kern des Problems liege nämlich nicht darin, dass der zähe Wladimir Wladimirowitsch zarengleich regiere. Verhängnisvoll sei vielmehr die Autoritätsgläubigkeit des Durchschnittsrussen: »Leider ist unser Leader liberaler als 80 Prozent unserer Bevölkerung. Die Russen sind ein archaisches Volk.«

Putins Geburtshaus, mit streunenden Katzen im Hinterhof und blätterndem Putz an der Fassade, liegt in einem jener Petersburger Viertel, die seit der Zarenzeit ihr Gesicht bewahrt haben. Das zeigt sich nicht zuletzt an der prachtvollen Preobraschenski-Kathedrale, in die der kleine »Wolodja« einst, ohne Wissen des auf Parteilinie bedachten Vaters, von der Mutter zur Taufe geschleppt worden ist – 34 gusseiserne Doppeladler, zwischen deren Häuptern die Zarenkrone sitzt, zieren den Zaun rund um das Gotteshaus.

Putins Großvater Spiridon, selbst ein Kind der Zarenzeit, wurde später als persönlicher Koch von Lenin und dann auch noch Stalin ein Geheimnisträger ersten Ranges im Sowjetsystem. Putins Vater Wladimir, überzeugter Kommunist, kämpfte im Zweiten Weltkrieg gegen die Deutschen. Putin selbst bewarb sich schon als Schüler beim Geheimdienst KGB.

»Ich kenne Putin seit langem, ich finde nichts Schlimmes daran, dass er ›Silowik‹ ist« – ein Veteran der Sicherheitsorgane, sagt Bischof Nasari in seinem Amtssitz im Alexander-Newski-Kloster: »Wir haben hier in Russland Jahrhunderte absoluter Machtausübung hinter uns und brauchen noch Generationen, um die Mentalität der Zarenzeit zu überwinden. Eine starke Hand wie die Putins kommt da gerade recht.« Bischof Nasari, stattlich, weißbärtig, mit einem gewaltigen silbernen Medaillon vor der Brust und einer Kollektion Stichwaffen hinter seinem Schreibtisch, steht einem der zwei heiligsten Orte Russlands vor – dem Alexander-Newski-Kloster. Am äußersten östlichen Ende des Newski-Prospekts verkörpert es den spirituellen Kontrapunkt zum westlich gelegenen Winterpalast der einstigen Herrscher am Schlossplatz.

Gegründet hat das Kloster Peter der Große. Gewidmet hat er es Alexander Newski, dem siegreichen Feldherrn in der Schlacht gegen die Schweden 1240. »Denen, die sagen, Zar Peter I. sei ein Antichrist gewesen«, erklärt Bischof Nasari, »erwidere ich – er war ein Über-Orthodoxer. Er hat zwar die Kultur des Westens studiert, aber dennoch denjenigen verehrt, der den Westen bekämpft und besiegt hat, nämlich Alexander Newski.« Was Peter I. vor allem vorzuwerfen sei, scherzt der Bischof, sei die Idee mit der nördlichen Hauptstadt – St. Petersburg: »Auch mir kommt diese Stadt oft komisch vor. Dann sage ich mir, mein Gott, warum konnte der große Peter sie nicht woanders hinbauen lassen? In die wunderbar sonnige Ukraine zum Beispiel, wo ich ursprünglich herkomme.«

Der Zar aber wollte Zugang zum Meer. Und so lebt Bischof Nasari mit seinen 40 Mönchen am Newa-Ufer und preist täglich den Herrn. Sonntags, wenn gegen zwanzig vor sechs am Morgen das Partyvolk noch vor verschlossenen Metro-Schächten auf die Bahn nach Hause wartet, setzen sich erste Gläubige bereits in Bewegung Richtung Kloster, um mit den Mönchen die Messe zu feiern. Der Weg führt sie vorbei an Friedhöfen, auf denen die Geistesgrößen und Musenkinder der Zarenzeit beinah so nah beieinanderliegen wie die Romanow-Sprösslinge in der Peter-Paul-Kathedrale: Tschaikowski und Mussorgski finden sich neben Dostojewski auf der rechten Seite des Weges wieder; der Universalgelehrte Michail Lomonossow und Sergej Witte, Premier des letzten Zaren, zur Linken.

Drinnen, in der Dreifaltigkeitskathedrale, wo im flackernden Schein bleistiftdünner Bienenwachskerzen Mönche und gewöhnliche Gottesfürchtige gegen die Winternacht ansingen, wo in der Nische, in der der Zarenthron stand, nun die Alten auf einer Bank kauern und Einzelne sich vor dem silbernen Schrein mit den Reliquien Alexander Newskis verneigen – in dieser Kathedrale ist es, als wäre das alte Russland, gebaut auf den Dreiklang aus Krone, Kirche und gläubigem Volk, nie untergegangen.

Im linken Seitenschiff der Kathedrale hängt unter anderen Ikonen nun ein Bild, das noch nicht lange zur Anbetung einlädt. Es zeigt einen bärtigen Familienvater mit Frau, vier Töchtern und einem einzigen Sohn. Der Junge trägt Uniform und hat beide Hände erhoben, als ahnte er sein Schicksal voraus. Zarewitsch Alexej aus dem Geschlecht der Romanows wurde erschossen und verscharrt von den Schergen der Bolschewiki im Sommer 1918. Inzwischen ist er heiliggesprochen. Wie sein Vater und der Rest der Familie.

Der Wille zur Macht

Katharina die Große war als strenge Herrscherin
bewundert und gefürchtet. Sie spielte mit den Ideen
der Aufklärung, blieb aber absolute Kaiserin.

Von Georg Bönisch

Tag der Entscheidung, ein Freitag, der 9. Juli 1762.
Schon ganz früh steht über der russischen Hauptstadt
St. Petersburg die Sonne prall am wolkenlosen Himmel. Es scheint, als wäre sie gar nicht untergegangen. Weiße
Nächte, so heißt die Zeit der Sommersonnenwende, in der
die Abend- und die Morgendämmerung kaum merklich ineinander übergehen. Wieder einmal hat sich Peter, der Kaiser,
der Zar, allein ins knapp 40 Kilometer entfernte Oranienbaum verzogen, und wieder einmal hat er über die Maßen
getrunken. Peter ist Deutscher, ein Mann aus Holstein; die
Russen, das Volk, über das er herrscht, sind ihm fremd. Die
Preußen, die verehrt er, trägt am liebsten deren blaue Uniform. Ein ewiger Junge, der lange mit Soldatenfiguren aus
Holz und Blei spielte, bildungsfaul, jähzornig. »Er ist eine
Missgeburt«, sagte seine Tante voller Verachtung, »der Teufel
möge ihn holen.«

Auch Peters Frau stammt aus Deutschland. Katharina ist
intelligent, klug, emanzipiert, sie schmökert in lateinischen
und griechischen Klassikern, liest Montesquieu und auch
Voltaire, dessen Werke »mein Gemüt und meinen Geist
geformt haben«. Schon als Teenager behauptete sie, ein
»philosophischer Kopf« zu sein. Schnell lernte sie Russisch,

weil »ich Russin sein wollte, um von den Russen geliebt zu werden«. Was ihr gelingt, obwohl sie ihr Leben lang mit deutschem Akzent spricht. Sie geht in ihrem neuen Glauben auf, der orthodoxen Lehre, Peter hingegen ist verkappter Lutheraner.

Katharina hat die helle Juli-Nacht im »Monplaisir« verbracht, einer kleinen Villa auf dem Gelände von Schloss Peterhof, wie Oranienbaum Sommersitz der kaiserlichen Familie am Saum der Ostsee. Um sechs Uhr lässt ein Offizier der kaiserlichen Garden, ein Elitekämpfer, sie wecken. Der narbengesichtige Hauptmann Alexej Orlow mahnt zur Eile: »Alles ist fertig für die Proklamation.« Ein Satz, der klingt wie ein Code. Proklamation – das heißt, Katharina auf den Thron zu heben und den Kaiser abzusetzen. Coup d'état, Staatsstreich, ein Verbrechen, beschlossen aus Gründen der Staatsräson.

Peter III. ist erst seit einem halben Jahr Zar aller Reußen und hat bereits eine starke Opposition gegen sich aufgebracht. Den Militärs missfällt vor allem seine offen zur Schau gestellte Preußenliebe; Peters Spruch, General in Preußen zu sein sei ehrenvoller als Imperator in Petersburg, muss als böse Entgleisung gelten. Und dann sein Befehl, russische Soldaten in einen Krieg gegen Dänemark zu hetzen – um die Interessen des Hauses Holstein durchzusetzen, Interessen seines Hauses. Ein Privatkrieg also, bald soll Abmarsch sein. Das ist zu viel. Dieser Herrscher muss weg. Nur seine Frau kommt für die meisten der Verschwörer als Nachfolgerin in Frage. Katharina hat ihre eigenen Gründe. Erst kürzlich kanzelte Peter sie in aller Öffentlichkeit ab, eine »dura« sei sie, eine dumme Gans, ein dummes Frauenzimmer. Und sie ist überzeugt davon, dass er sie verstoßen will, um seine Geliebte zu heiraten.

Überraschend schnell gelingt es Katharina, alle vier Regimenter der kaiserlichen Garden auf ihre Seite zu ziehen; Sol-

Drey große Monarchen des 18ᵗᵉⁿ Iahrhunderts.

*Katharina vereinbart mit Joseph II. von Österreich
und Friedrich II. von Preußen 1772 die erste Teilung Polens
(Gravur, 18. Jahrhundert)*

daten nennen sie »Mütterchen«, küssen ihr die Hände und
den Rockzipfel. Bald sind auch Senat und Kirchenobere vom
Segen des zügigen Machtwechsels überzeugt. Am Abend des
9. Juli, nicht einmal 12 Stunden nach ihrem Aufbruch aus
Monplaisir, ist Katharina Russlands neue Kaiserin. Der Ex-
Zar, aus dem Amt gejagt »wie ein Kind, das man ins Bett
schickt« (Preußens Friedrich II.), kommt unter Hausarrest.
Sieben Tage später ist er tot – wahrscheinlich vergiftet und
vielleicht, sicherheitshalber, erdrosselt. Katharina klagt, ihre
»Abscheu« sei »unaussprechlich, dieser Tod ist ein Schlag, der
mich zu Boden wirft«. Den Mord hat sie weder in Auftrag
gegeben noch von ihm gewusst, und doch profitiert sie davon.

Aus taktischem Kalkül lässt sie verbreiten, der Gatte sei trotz intensiver ärztlicher Hilfe an einer »äußerst akuten Kolik« gestorben, die das Gehirn angegriffen und zu einem Schlaganfall geführt habe. So steht am Anfang ihrer Herrschaft, die 34 Jahre lang dauern sollte, eine Lüge. Die allerdings schnell verblasste; Katharina gelang es, dieses Reich, das am Ende größer war als das Imperium Romanum in der Hochphase, überhaupt regierbar zu machen. Und sie schaffte es, ihr Land auf Abstand zu bringen zu den asiatischen Despotien. »Russland«, wird sie sagen, »ist eine europäische Macht.« Ein gewaltiges Wort. Und von sich selbst zeichnete sie das Bild einer mustergültig aufgeklärten Herrscherin. Doch dies, urteilt der Russland-Kenner Reinhold Neumann-Hoditz, sei reines Posieren gewesen, »mit Blick auf Westeuropa«. Der Adel, den sie nach der Machtübernahme beständig hofieren musste, blieb allzu mächtig. Letztlich steigerte sie die Macht der fürstlichen Familien noch, obschon sie anderes versprochen hatte.

Und die Lage der Bauern, die die Hauptlast der Steuerbürde zu tragen hatten und weitgehend rechtlos blieben, verschlechterte sich – allen gegenteiligen Bekundungen zum Trotz. Historiker haben Katharina deswegen eine Heuchlerin genannt und zugleich anerkannt, dass sie sich um Russland verdient gemacht hat. Schon fünf Jahre nach dem Umsturz bot ihr die »Gesetzgebende Kommission«, ein Reformkonvent, einen besonderen Beinamen an, den bis dahin nur bedeutende Männer der Weltgeschichte getragen hatten. Katharina lehnte ab, weil sie es der »Nachwelt überlassen« wollte, »unparteiisch zu beurteilen, was ich getan habe«.

Der vorgeschlagene Titel war hochmögend – »die Große«. Das Fürstentum Anhalt-Zerbst gehörte zu den kleinen Territorien des Alten Reichs, gerade mal 20 000 Menschen lebten hier als Nachbarn des mächtigen Preußens. Die anhaltinischen

Herrscher entstammten dem Geschlecht der Askanier, und diese Herkunft konnte stolz machen. Hochadel mit einer jahrhundertelangen Tradition, vom Alter her ebenbürtig den Staufern und Welfen; die Habsburger und die Hohenzollern traten erst später auf die Bühne Deutschlands und Europas.

Sophie war Askanierin, Sophie Auguste Friederike, Prinzessin von Anhalt-Zerbst, geboren 1729 im pommerschen Stettin, wo ihr Vater dem preußischen König als Kommandant diente. Als sie sieben war, verkrümmte sich nach einem Sturz

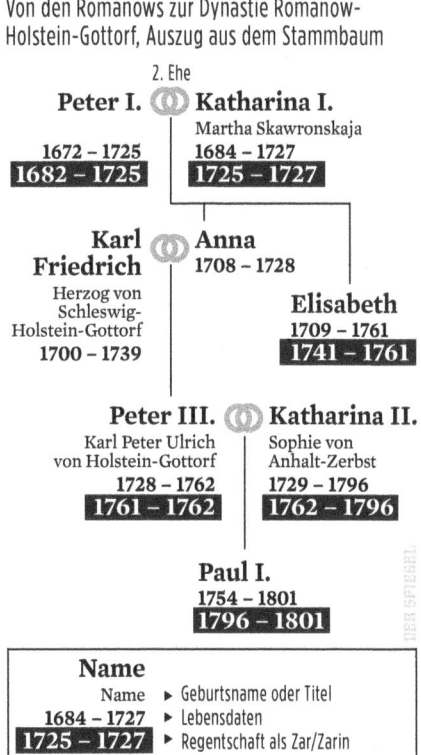

Russisch-deutsche Linie

Von den Romanows zur Dynastie Romanow-Holstein-Gottorf, Auszug aus dem Stammbaum

2. Ehe

Peter I. ⚭ **Katharina I.**

Martha Skawronskaja

1672 – 1725 | 1684 – 1727
1682 – 1725 | **1725 – 1727**

Karl Friedrich ⚭ **Anna** 1708 – 1728

Herzog von Schleswig-Holstein-Gottorf
1700 – 1739

Elisabeth 1709 – 1761
1741 – 1761

Peter III. ⚭ **Katharina II.**

Karl Peter Ulrich von Holstein-Gottorf | Sophie von Anhalt-Zerbst
1728 – 1762 | 1729 – 1796
1761 – 1762 | **1762 – 1796**

Paul I.
1754 – 1801
1796 – 1801

Name	
Name	▶ Geburtsname oder Titel
1684 – 1727	▶ Lebensdaten
1725 – 1727	▶ Regentschaft als Zar/Zarin

DER SPIEGEL

85

ihr Rückgrat, vermutlich als Folge einer Brustfellentzündung. Mehrere Jahre trug sie ein Korsett, angefertigt ausgerechnet vom Henker der Stadt – ein Arzt war zu teuer. Es muss eine quälende Zeit gewesen sein, bis sie wieder gesund war, »eine Lehre in Demut und Geduld«, schreibt der britische Historiker Vincent Cronin. Das Mädchen galt nicht unbedingt als Schönheit, ihr Kinn stand so weit vor, dass Sophies Erzieherin sie mahnte, es einzuziehen, sonst würde sie noch jemanden damit erstechen. Dennoch hatte sie genügend Verehrer, und sie wusste genau, wohin sie wollte. »Obwohl ich noch ein Kind war«, sagte sie, habe ihr vor allem eines geschmeichelt – »der Titel einer Königin«.

Im September 1745 fand die Hochzeit mit Peter statt, dem designierten Nachfolger der Zarin Elisabeth, eingefädelt von Friedrich, dem »Alten Fritz«, der Russlands Bedeutung früh erkannte. Peter war ihr Cousin zweiten Grades. Offiziell hieß sie nun Jekaterina Alexejewna. Er war 17, sie 16, ein allzu junges Paar. »Wir kannten nie unter uns die Sprache der Zärtlichkeit. Es war doch wohl nicht meine Sache, sie in Gang zu bringen«, echauffierte sich Katharina. Ehrlich gab sie aber zu, ihr sei »an der russischen Krone mehr« gelegen gewesen »als an seiner Person«.

Königin, Krone, Kaiserin – ehe sie dann ihren Mann stürzte, hatte sie 17 Jahre lang, demütig und geduldig, als Großfürstin an der Seite Peters gelebt. Einmal nannte er sie »schrecklich bösartig und sehr eigensinnig«. Und sie gebar drei Kinder, Peter war jedoch wohl weder der Vater von Paul noch von Anna noch von Alexej. »Für seine lockeren Sitten«, so Neumann-Hoditz, sei »der Zarenhof bekannt« gewesen, und dies blieb auch weiterhin so. Katharinas Regentschaft begann mit einer fast spielerischen Szene, und sie sollte zu einer ihrer ersten wichtigen Entscheidungen führen. Im Senat, einem

Kollegium von 30 Männern, fragte sie ganz unbedarft: »Wie viele Städte hat Russland?« Keiner wusste es. Eine Karte wurde aus der »Akademie der Wissenschaften« geholt, die Senatoren zählten, und an diesem Tag, formuliert es Cronin, habe die Zarin die »behütete und zivilisierte Welt des Hofes« verlassen und ein Russland betreten, »so wie es wirklich war: unwissend und für einen Europäer erschreckend rückständig«.

Ein Riesenland, schwer gebeutelt durch den Siebenjährigen Krieg gegen Preußen, der gerade zu Ende ging, im Etat fehlten sieben Millionen Rubel. Russlands Kreditwürdigkeit war dahin, am Ende der Regierungszeit von Kaiserin Elisabeth (1741 bis 1761) hatten die Niederländer ein Darlehen von zwei Millionen Rubel abgelehnt. Schnell erkannte Katharina, dass sie den Haushalt konsolidieren musste. Russland war ein Agrarstaat, unterbevölkert, mit viel zu wenigen Arbeitskräften. Sie ließ ein Einwanderungskonzept erarbeiten, in ausländischen Zeitungen, besonders deutschen, erschienen Anzeigen, mit denen Siedler für die Steppengebiete an der unteren Wolga zu großzügigen Bedingungen gesucht wurden: ein halbes Jahr freies Quartier, Vieh, Gerätschaften, Saatgut umsonst, Steuerfreiheit für bis zu 30 Jahre. Tausende Familien aus deutschen Landen folgten zwischen 1763 und 1767 dem Ruf, fern der Heimat gründeten sie über hundert Ortschaften. Sie zogen auf derselben Route gen Osten wie zwei Jahrzehnte zuvor die junge Prinzessin von Anhalt-Zerbst; die Nachkommen der Immigranten heißen bis heute Wolgadeutsche.

Dieses – insgesamt erfolgreiche – Projekt zeigt, dass Katharina politischen Weitblick besaß, gepaart mit dem Gespür für notwendige gesellschaftliche Veränderungen. Dafür arbeitete sie hart, wie sie einer Brieffreundin mitteilte. »Ich stehe regelmäßig um sechs Uhr früh auf, ich lese und schreibe ganz allein bis acht; dann kommt man und trägt mir die Angelegenheiten vor. Ich geh vor elf Uhr schlafen, um am nächsten Tag das Gleiche zu tun.« Eine lebendige Synthese aus deutschem Fleiß und russischer Glaubensstärke wurde ihr Erfolgsrezept. Weil sie »mehr als die meisten in ihrem Jahrhundert an die Kraft der Erziehung zum Wohle des Volkes glaubte« (Cronin), trieb die Kaiserin ihre Beamten auf diesem Gebiet besonders an. Schulen gab es so gut wie keine in Russland, außer einigen kirchlichen Seminaren oder Lehranstalten für künftige Heeres- und Marineoffiziere. Dies änderte sich, freilich nicht so schnell und nicht so flächendeckend, wie es sich die Regentin vielleicht vorgestellt hatte. Am Ende sollten es immerhin 315 staatliche Schulen sein mit 790 Lehrern und fast 20 000 Schülern, etwa ein Zehntel von ihnen Mädchen.

Katharina gründete eine ganz besondere Ausbildungsstätte, die bis zum Ende der Zarenzeit bestand. Im Petersburger Smolny-Institut blieben Schülerinnen vom 5. oder 6. Lebensjahr bis zum 18., mit breitem Lehrplan: Erdkunde, Rechnen, Religion und Geschichte, Heraldik, Fremdsprachen, Musik und Zeichnen. Auch Nähen, Haushaltskunde und Tanzen standen auf dem Programm, selbst das Erlernen juristischer Grundbegriffe.

Voltaire, dieser geniale Kopf, mit dem sie auf hohem Niveau über ein Jahrzehnt lang korrespondierte, ließ in einem seiner zahllosen Briefe die Befürchtung anklingen, die Smolny-Damen könnten einem »Amazonenbataillon« angehören, »ich unterstelle aber nicht, dass sie die Männer verbannen«. Postwendend antwortete die lebensbejahende Katharina, leicht spöttelnd, man sei »weit davon entfernt, aus ihnen Nonnen zu machen, die vor lauter Litaneien nachts in der Kirche schwindsüchtig werden. Wir erziehen sie im Gegenteil zu den Freuden der Familie, wir wünschen sie weder prüde noch kokett«.

In der alten Hauptstadt Moskau, dem wirtschaftlichen und politisch-kulturellen Zentrum des Landes, ließ sie eine Schule für Findelkinder einrichten. Findelhäuser gab es mehrere, und es mutet nachgerade modern an, dass niemand, der ein unehelich geborenes Kind dorthin brachte, verpflichtet war, »sich auszuweisen oder irgendwelche Auskünfte über das Kind zu geben«, so der Russland-Historiker Erich Donnert. Jedes Kind konnte im eigenen Bett schlafen, allein das Moskauer Haus nahm jährlich etwa 2000 Jungen und Mädchen auf.

Überhaupt lag der Kaiserin das Schicksal von Kindern besonders am Herzen, vielleicht auch, weil ihr Töchterchen Anna mit nicht einmal zwei Jahren gestorben war. »Wenn man in ein Dorf kommt und einen Bauern fragt, wie viele Kinder er hat, wird er sagen 10, 12 oder sogar 20«, hielt Katharina fest. »Und wie viele leben davon? Dann sagt er, einer, zwei oder drei, selten vier. Diese erschreckend hohe Sterblichkeit muss bekämpft werden.« Peter der Große hatte für seine kranken oder verletzten Soldaten gut ausgestattete Lazarette errichten lassen, Katharina kümmerte sich um die Zivilbevölkerung. Sie ließ sich gegen die todbringenden Pocken impfen – um den skeptischen, verängstigten Untertanen klarzumachen, wie ungefährlich diese überaus wichtige Prophylaxe war. Während in den Metropolen London und Berlin kurz vor dem Ende des 18. Jahrhunderts die Kindersterblichkeit bei 32 beziehungsweise knapp 28 Prozent lag, tat sich St. Petersburg mit einer deutlich besseren Rate hervor – knapp über 18 Prozent.

Als die deutsche Russin Katharina an die Macht kam, hatten sich in wichtigen Herrscherhäusern Europas politische Maximen bereits grundlegend verändert. Vormals galt als Regierungsform der Absolutismus, Fürsten glaubten sich nur ihrem Gewissen gegenüber verantwortlich und Gott, von dem sie sich eingesetzt fühlten. Nun durchdrangen die

Ideen der Aufklärung dieses Prinzip der Obrigkeit und der Selbstgefälligkeit. Eine der eingängigsten Beschreibungen des gesellschaftlichen Umbruchs lieferte der deutsche Philosoph Immanuel Kant. »Aufklärung«, schrieb er, sei der »Ausgang des Menschen aus seiner selbstverschuldeten Unmündigkeit«. Aufklärung hieß, im Idealfall: Achtung der Menschenrechte, Handlungsfreiheit für jeden, Pressefreiheit, eine aufs Gemeinwohl verpflichtete Regierungsführung. Der Souverän sollte »erster Diener seines Staates« sein, nicht erster Nutznießer.

Ein Thema beschäftigte deshalb die Regenten in der Phase des aufgeklärten Absolutismus vor allem: Reformen. Keine Frage: Die Ordnung des Bildungswesens, ihr großes Interesse an sozialer Wohlfahrt, an Kunst und Kultur stehen auf Katharinas Habenseite, wie auch die Konsequenz, mit der sie im ständig wachsenden Reich für ein effektives Verwaltungssystem sorgte, damit ein einheitlicher Staat geschaffen werden konnte. Und zwar ein gewaltiger: Zwei Türkenkriege brachten Russland den Zugang zum Schwarzen Meer, die Krim wurde annektiert, die südliche Ukraine kam hinzu, ein Teil Georgiens als Protektorat; die drei Teilungen Polens (1772, 1793 und 1795) vergrößerten das Land im Westen um eine halbe Million Quadratkilometer – und 5,6 Millionen Menschen, überwiegend Weißrussen und Ukrainer orthodoxen Glaubens.

Anfangs hatte die Kaiserin davon geträumt, in diesem Imperium Ideale der Aufklärung realisieren zu können. Eigenhändig verfasste sie eine »Instruktion«, geplant als Grundlage für ein umfassendes russisches Gesetzbuch. Katharinas Fleißarbeit bestand aus 655 Paragrafen, die ihren Untertanen Rede- und Glaubensfreiheit genauso versprach wie das Recht auf Eigentum oder langfristig die Aufhebung der Leibeigenschaft. »Das schönste Monument des Jahrhunderts«, jubelte Voltaire, ihr

Berater Nikita Panin dagegen hob warnend die Stimme: »Das sind Grundsätze, die geeignet sind, Mauern einzureißen.«

Er behielt recht. Die »Gesetzgebende Kommission« – mit 208 Deputierten der Städte, 160 des Adels, 60 Kosaken und 80 Bauern, die Katharina aus einer Vorschlagsliste persönlich auswählte – tagte zwar ab August 1767 im Moskauer Kreml. Heraus kam freilich nichts. Schon im Jahr darauf stellte die Kommission ihre Arbeit ein. Russische Konservative verstanden sich früh darauf, Reformprojekte zu zerreden und auszusitzen. Doch diesem Misserfolg habe Katharina nicht lange nachgetrauert, konstatiert die Slawistin Annelies Graßhoff.

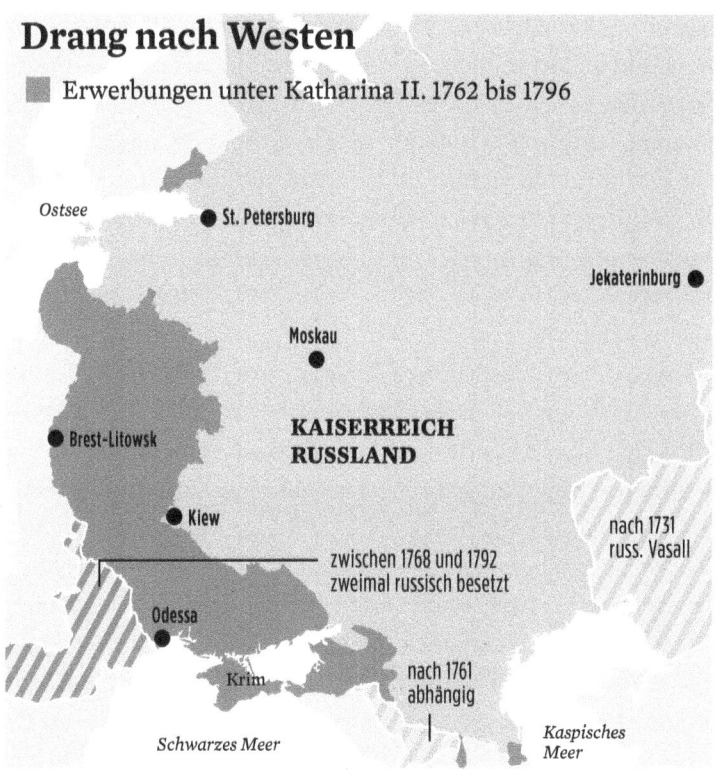

Drang nach Westen

Erwerbungen unter Katharina II. 1762 bis 1796

Ostsee

St. Petersburg

Jekaterinburg

Moskau

KAISERREICH
RUSSLAND

Brest-Litowsk

Kiew

nach 1731
russ. Vasall

zwischen 1768 und 1792
zweimal russisch besetzt

Odessa

Krim

nach 1761
abhängig

Schwarzes Meer

Kaspisches
Meer

Bald schon »belächelte sie ihre ›Instruktion‹ als ›Jugendsünde‹ und tat sie als ›leeres Geschwätz‹ ab«.

Es zeigte sich, dass diese rückwärtsgewandte Politik große Gefahren in sich barg, für Katharina, für den Thron, für Russland. Im Herbst 1773 gelang es dem Kosaken Jemeljan Pugatschow, hinter sich ein Heer unzufriedener, geschundener und rechtloser Männern zu versammeln – ein Führer zwar ohne rechtes Programm, aber ein mitreißender Typ, der geschickt die »anarchischen Instinkte der Volksmassen« entfachte, so Neumann-Hoditz. Doch der bäuerliche Volksanarchismus, das machte ihn gefährlich, wurde von einem Gegen-Zaren geführt. Denn Pugatschow behauptete, er sei Peter III. Die Zarin schien über die Hintergründe dieser Revolte nicht nachdenken zu wollen, sie nannte die Aufständischen »Straßenräuber«. Erst als die Kritik an ihr und ihrem Führungsstil wenige Jahre später offener und politischer wurde, erfasste sie Unruhe – die sich nach dem Ausbruch der Französischen Revolution 1789 noch verstärkte, weil sie fürchtete, das Volk werde sich mit der »Seuche des französischen Irrwegs« infizieren.

Sie erzitterte vor den Worten mutig gewordener Publizisten wie dem Beamten Alexander Radischtschew, dessen 1790 erschienener Bestseller »Reise von Petersburg nach Moskau« ihr Regime außergewöhnlich scharf attackierte. Radischtschew prangerte Misshandlungen von Leibeigenen an, schrieb über die unvorstellbare Armut, über Zwangsehen, Vergewaltigungen von Bauernmädchen durch ihre Herren – in der Ode »Freiheit« prophezeite er gar das Ende der Zarenherrschaft. Katharina sah in dieser Bestandsaufnahme »kriminelle und durch und durch aufrührerische Tendenzen«. Wie Pugatschow wurde Radischtschew zum Tode verurteilt, dann begnadigt und ins sibirische Städtchen Ust-Ilimsk verbannt.

Russland blieb Adelsland, und es war noch reaktionärer als zu Beginn der Herrschaft Katharinas.

Ach ja, die Liebe, der Sex, ihre angebliche Gier. Ein Thema, das echte und vermeintliche Forscher, einander überbietend in ausschweifender Phantasie, bis heute beschäftigt. Oftmals erscheint Katharina als eine Mischung aus Lady Macbeth und einer Nymphomanin. Ihr Liebesleben wurde romantisiert oder vulgarisiert. »Historikern, die keine größere Sorge zu kennen scheinen«, ärgerte sich der Geschichtsforscher Valentin Gitermann, »verdanken wir den Nachweis, dass Katharina von ihrem 23. Lebensjahr an insgesamt 21 Liebhabern ihre Gunst geschenkt hat.« Manche der Männer nutzte sie aus in vielleicht schwelgerischer Schamlosigkeit, manche liebte sie wirklich. Ihr letzter Gespiele, der sich ganz offiziell am Hofe bewegte, war fast 40 Jahre jünger als sie, auch dies galt Moralaposteln als bedeutsames Thema.

Lange vor ihrem Tod am 17. November 1796 hatte die »teutsche Prinzessin aus dem unmächtigen Anhaltinischen Hause von Zerbst« (so die damalige Zeitschrift »Politisches Journal«), die eine überraschend gute Schreiberin war, einen Text für ihren Grabstein entworfen. Sie »trachtete« danach, »ihren Untertanen Glück, Freiheit und Wohlstand zu verschaffen«, formulierte Katharina über sich selbst, »sie war nachsichtig, machte sich das Leben nicht schwer, war von heiterem Naturell, hatte eine republikanische Seele und ein gutes Herz«. Das war, wie so oft in Russland, wenn Zarenmacht sich inszenierte, nicht die ganze Wahrheit.

Erhebung aus der Sklaverei

Aus leibeigenen Bauern rekrutierte
der Deserteur Jemeljan Pugatschow
eine Rebellenarmee. Dabei gab er sich
als Zar Peter III. aus – zeitweilig
mit großem Erfolg.

Von Christoph Gunkel

Der Brief kam drei Tage zu spät. Es waren jene drei Tage, die Zarin Katharina II. die größte innenpolitische Krise ihrer langen Herrschaft hätten ersparen können: einen Aufstand, der sich zu einem Flächenbrand im Süden Russlands ausweitete. Eine gefährliche Sozialrebellion der leibeigenen, praktisch versklavten Bauern, von der Herrscherin zunächst völlig unterschätzt, dann systematisch verschwiegen. Bis die aufgeklärte Zarin zu den Waffen der absoluten Monarchie griff: Geheimpolizei, Strafexpeditionen, Hinrichtungen, Folter. Der verspätete Brief Katharinas erreichte am 8. Juni 1773 den Gouverneur der Provinzmetropole Kasan an der Wolga. Er erhielt einen Ukas, von der Zarin persönlich bestätigt. Ein Don-Kosake namens Jemeljan Pugatschow solle mit der Knute geprügelt und dann zur Zwangsarbeit nach Sibirien verbannt werden. Der Grund: Pugatschow hatte am Ural ansässigen Kosaken Geld versprochen, sollten sie mit ihm ins Osmanische Reich flüchten – mit dem sich Russland im Krieg befand. Der Plan wurde verraten und Pugatschow in Kasan eingesperrt. Doch drei Tage bevor der Ukas dort eintraf, verhalfen ihm Sympathisanten zur Flucht, indem sie einen Wächter betrunken machten. Erst Monate später erfuhr Katharina von der peinlichen Panne. Damit war jener Mann frei, der kurz danach den größten Bauernaufstand in der Geschichte Russlands anführen sollte. Als »übelsten Staatsfeind« verdammte die Monarchin den Aufrührer, seine Anhänger als »Ungeheuer der Menschheit« – während spätere Generationen ihn als frühen Klassenkämpfer und Revolutionär verehrten.

Ob Staatsfeind oder Messias – nach seiner Flucht tauchte Pugatschow erneut bei den Ural-Kosaken unter. Hier war er sicher, denn viele Kosaken stammten selbst von Flüchtlingen ab. Abenteurer, entlaufene Bauern und Abtrünnige waren die Urväter des Reitervolks gewesen, das seit Jahrhunderten in den Steppen zwischen Schwarzem und Kaspischem Meer lebte. Und die Kosaken, die sich nicht als Untertanen, sondern als »freie Menschen« verstanden, bewahrten sich an den Randgebieten des russischen Imperiums eine große Autonomie. Lange besaßen sie eigene Truppen und verteidigten wichtige Landesgrenzen. Den Zaren wurde die Freiheit ihrer unentbehrlichen Grenzschützer zunehmend unheimlich. Das Misstrauen wuchs, als viele Kosaken im 17. Jahrhundert einer Kirchenreform nicht folgten und sich als Altgläubige bekannten – eine Glaubensströmung, die von der orthodoxen Großkirche als Ketzerei verfolgt wurde. Immer stärker versuchte die Zentralmacht, die Kosaken zu kontrollieren und mit Vertrauensleuten zu durchsetzen. In dieser gereizten Atmosphäre hatte Pugatschow leichtes Spiel. Er wiegelte die Ural-Kosaken zur Rebellion auf: gegen die wachsende Abgabenlast, gegen die Zwangsrekrutierung zum Militär, gegen die Einschränkung ihrer Freiheit.

Am 29. September 1773 erreichte Pugatschow mit rund hundert Anhängern die Stadt Jaizk, das heutige Oral im Westen Kasachstans. Weil die kaiserliche Garnison nicht sofort die Flucht ergriff, ließ er zur Einschüchterung elf Männer aufhängen, die als Parteigänger der Zarin galten. Niemand sollte mehr zweifeln, wie ernst es ihm war. Anschließend stürmte er ostwärts und eroberte einige Festungen in der Gegend des Jaik, des heutigen Ural-Flusses. Die Bewohner begrüßten die Rebellen als Befreier und bewirteten sie mit Brot und Salz. Binnen weniger Tage schwoll Pugatschows Truppe auf etwa 1000 Mann an. Nun fühlte er sich stark genug, die größte Stadt der Region anzugreifen: Orenburg, wichtigster Umschlagort für den Handel mit Zentralasien, umgeben von einer wuchtigen Befestigungsanlage, verteidigt von 1300 Garnisonssoldaten. Im Oktober begann die Belagerung. Jetzt war auch die Zarin alarmiert und sendete Truppen Richtung der Stadt. Doch die kaiserlichen Einheiten unterschätzten die

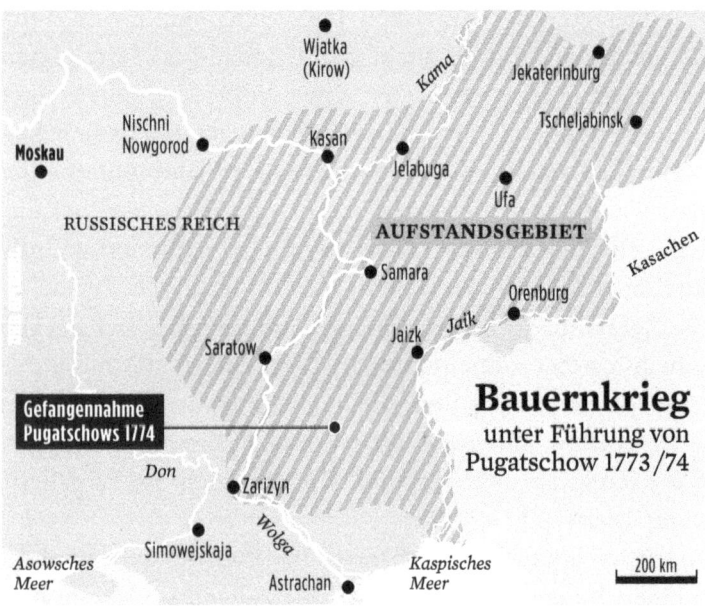

Bauernkrieg
unter Führung von
Pugatschow 1773/74

großen Entfernungen und koordinierten ihre Aktionen nur schwach. Ihre langsame Infanterie war den flinken Reiterhorden der Rebellen unterlegen. Die tauchten blitzartig auf, griffen an und zogen sich dann wieder hinter die nächste Hügelkette zurück.

Der Gegner agiere »extrem schnell« und »schieße, wie man es von Bauern nicht erwarten würde«, notierte General Wassilij Ker, Oberkommandierender der Strafexpedition, respektvoll. Mitte November geriet Ker unter so heftiges Feuer, dass er sich anschließend wieder nach Moskau zurückzog. Eine zweite kaiserliche Einheit erlebte wenig später ein noch größeres Fiasko: Die Rebellen rieben sie binnen 15 Minuten auf, erhängten den Kommandeur und 32 Offiziere. Dabei winkte Pugatschow mit einem Taschentuch, um das Zeichen zur Exekution zu geben. Wer überleben wollte, lief über. Besorgt registrierte Katharina II. die Erfolge der Aufständischen. Schlimmer noch: Pugatschow gab sich als falscher Zar aus. Und zwar ausgerechnet als Peter III., Vorgänger und Ehemann der Monarchin: ein ungeschickter Herrscher aus dem deutschen Fürstengeschlecht Holstein-Gottorf, der sich nicht nur mit seiner machthungrigen Frau überworfen hatte, sondern auch mit einflussreichen Adeligen und der Kirche. Nach nur sechs Monaten Herrschaft fegte ihn 1762 eine von Katharina initiierte Palastrevolte vom Thron. Als der Gestürzte kurz danach unter bis heute ungeklärten Umständen verstarb, waren viele Russen überzeugt, er sei auf Befehl Katharinas ermordet worden.

Jetzt, elf Jahre später, schienen Katharina die Schatten der Vergangenheit einzuholen. Pugatschow behauptete, Peter III. sei den Mordkommandos entkommen und habe sich jahrelang an »einem geheimen Ort« versteckt. Als vorgeblicher »Kaiser von ganz Russland« verlangte er in einem ersten

Manifest von seinen Untertanen ihre einst geschworene Treue. Unerhörte Gegenleistungen stellt der neue Volks-Zar in Aussicht: »ewige Freiheit, Flüsse, Wiesen, alle Nutzungsrechte und Gewerbe, Salär, Proviant, Pulver und Blei, Würden und Ehren«. Wer sich ihm aber widersetze, warnte er kurz danach, werde »grausame Folterqualen« erleiden. Pugatschows Manifest war nicht nur die ziemlich paradoxe Erklärung eines Rebellen, der sich auf Traditionen der absoluten Monarchie berief, deren Auswüchse er eigentlich bekämpfen wollte. Es war auch der Beginn eines ungleichen Duells: Auf der einen Seite die prunksüchtige Katharina, hochgebildet, mehrsprachig und wortgewaltig, die sich als Aufklärerin verstand und Geistesgrößen wie Voltaire zu ihren Brieffreunden zählte. Auf der anderen Seite ein verarmter Don-Kosake und Deserteur, der als Analphabet nicht einmal in der Lage war, seine Erklärungen selbst zu verfassen – und mit seiner unprätentiösen Sprache dennoch viel eher die Herzen der Bauern eroberte als seine Gegenspielerin.

Die Sprengkraft ihrer Auseinandersetzung lag darin, dass sie mit Hochadel und Bauernschaft die Interessen zweier Klassen vertraten, die einander immer fremder und verhasster geworden waren. Im Russland des 18. Jahrhunderts glichen diese beiden Schichten zwei Welten, die Pugatschows Aufstand nun ungebremst aufeinanderprallen ließ. Den größten Konfliktstoff bildete die Leibeigenschaft, die sich schon im 16. Jahrhundert unter Iwan IV. (»der Schreckliche«) herausgebildet hatte. Per Gesetz schränkte der Zar drastisch die Freiheit der Bauern ein und lieferte sie fortan der Willkür des Landadels aus. Bis dahin hatten sich die Bauern den Gutsbesitzer aussuchen können, von dem sie glaubten, dass er sie am besten schützen würde. Doch im Jahr 1550 reduzierte Iwan diese Möglichkeit zum Wechsel auf einen Tag im Jahr. Sein Pakt

mit dem Adel bot Iwan einen entscheidenden militärpoliti-
schen Vorteil: Wenn die Bauern nicht mehr wegziehen durften, konnten die Gutsbesitzer besser mit ihren Arbeitskräften
kalkulieren – und dem Zaren das gewünschte Kontingent
an Soldaten stellen. Iwans Nachfolger verboten den Bauern
ausnahmslos den Wegzug. So gerieten Millionen in Unfreiheit.
Peitschenhiebe, ein oft mörderisches Arbeitspensum und die
Angst, verkauft zu werden, trieb viele Leibeigene in die Flucht.
Manche ermordeten ihre Herren.

Unter Katharina nahmen die Spannungen zu. Eine winzige
Elite aus einflussreichen Adelsfamilien besetzte alle führenden
Posten in Verwaltung, Politik und Militär. Rund 90 Prozent
der Bevölkerung schufteten dagegen als Leibeigene. Zwar
schwärmte die Zarin besonders im Ausland für die Ideale der
Aufklärung und diskutierte zum Entsetzen des Adels sogar die
Freilassung der Bauern. Reformgegner wie der Hofdichter
Alexander Sumarokow prognostizierten ihr daraufhin apoka-
lyptische Zustände: einen »unaufhörlichen Bürgerkrieg« zwischen Adel und Bauern, eine »Entvölkerung der Dörfer« durch
Landflucht, eine völlige Abhängigkeit der Gutsbesitzer von
ihren einstigen Arbeitssklaven. Katharina widersprach, beließ
es aber bei hehren Worten. Mit einigen Maßnahmen stärkte
sie stattdessen die Tyrannei der Gutsherren. So erlaubte sie
ihnen, Leibeigene »für sehr dreistes Benehmen« zur Zwangsarbeit ins Zuchthaus zu schicken. Die Kosten des Aufenthalts
übernahm sogar der hochverschuldete Staat: Das Zarenreich
investierte lieber in Unterdrückung als in Wohlfahrt.

Die Situation verschärfte sich, als Katharina für den lange
erfolglosen Krieg mit dem Osmanischen Reich Zehntausende Soldaten benötigte. Da es keine Wehrpflicht gab, musste
sie Nachschub vom Land einziehen lassen – einen Soldaten
pro 150 Dorfbewohner. Oft endeten die Zwangsrekrutierun-

gen in einem Blutbad: Wer sich wehrte oder floh, wurde eingefangen und misshandelt. Viele Rekruten starben, ohne je ihre Regimenter zu erreichen. Auch Pugatschow hatte für die Zarin gegen die Türken kämpfen müssen, bevor er sich 1771 nach einem Krankheitsurlaub weigerte, zur Front zurückzukehren. Mehrmals wurde er deswegen festgenommen, konnte aber immer wieder entkommen. Nach einer fast zweijährigen Odyssee tauchte er rund 700 Kilometer nordöstlich seiner Heimat am Don bei den Ural-Kosaken unter.

Dort wurde er als Befreier gefeiert und gerierte sich als Souverän: Er prägte Münzen mit seinem Konterfei und verwendete kaiserliche Siegel. Bittsteller empfing der Rebellen-Zar auf einem Richterstuhl, gekleidet in einen roten Mantel mit goldener Spitze, in der einen Hand ein Zepter, in der anderen eine silberne Axt. Tausende schworen ihm die Treue – so unwahrscheinlich seine Geschichte auch war: Da behauptete ein 1,63 Meter kleiner Mann mit dunkelbraunen Haaren, Zahnlücke und vernarbtem Gesicht, der totgeglaubte Zar Peter III. zu sein. Dabei war der echte Peter blond, blauäugig und auffällig groß gewesen – und hatte sich nie für die Kosaken interessiert.

Auch wenn enge Vertraute Pugatschows wahre Identität kannten und etliche den Schwindel ahnten, war der Mummenschanz sehr effektiv. Denn das einfache Volk verehrte die Zaren als göttliche Autorität; Repressionen schrieb es meist Intrigen des Adels zu. Zudem galt der echte Peter III. als sehr reformwillig. Er hatte sich für die Religionsfreiheit eingesetzt und damit Anhänger des altorthodoxen Glaubens beeindruckt. Viele Bauern waren überzeugt, Peter habe geplant, sie von der Leibeigenschaft zu befreien – und sei deshalb ermordet worden. So avancierte der tote Zar zum Hoffnungsträger. Vor Pugatschow hatten sich bereits sieben Hochstapler als

Peter III. ausgegeben. Keiner von ihnen entzündete jedoch einen so gewaltigen Flächenbrand wie der achte falsche Peter.

Der eilte im Herbst 1773 von Erfolg zu Erfolg. In wenigen Wochen hatte seine Truppe sechs Forts und 20 Kanonen erobert. Schon bald zählte sie 10 000 Mann, darunter waren auch viele entlaufene Leibeigene. Die Erfolgsnachrichten ermutigten weitere Rebellen zu lokalen Aufständen. Im Dezember sprang der Funke auf Regionen über, die Hunderte Kilometer nördlich vom Kerngebiet der Ural-Kosaken lagen. Erst schlossen sich die Baschkiren an, ein halbnomadisches Turkvolk. Dann rebellierten Tataren, Kirgisen und viele Arbeiter aus den Hüttenwerken, Zentren der Waffenherstellung. Große Städte wie Kasan, Ufa und Jekaterinburg waren bedroht. Kopflos flohen die zaristischen Garnisonen oft schon bei den ersten Gerüchten von der Ankunft der Aufständischen.

Katharina reagierte mit einer Mischung aus Versprechungen und Drohungen. In Kirchen ließ sie Erklärungen verlesen, die allen Aufständischen Vergebung zusicherten, sollten sie der legitimen Obrigkeit die Treue schwören. Gleichzeitig stattete sie einen ihrer besten Militärs, General Alexander Bibikow, mit umfassenden Vollmachten aus und beauftragte ihn, dieses »Geschwür des 18. Jahrhunderts auszumerzen«. Bibikow hatte einen doppelten Auftrag: Er sollte den Aufstand rasch niederschlagen und mit einer Art politischen Polizei dessen Ursachen ergründen und vermeintliche Hintermänner aufspüren. Denn die Zarin war überzeugt, eine solche Krise könne nur aus dem Ausland gesteuert werden. Im mondänen St. Petersburg hatte sie das Gefühl für die Unzufriedenheit ihrer Untertanen verloren.

So empfand sie die Rebellion eher als Gefahr für ihre Außenpolitik. Monatelang verschwieg sie den Aufstand aus Angst, er könne die russische Position bei möglichen Friedensverhandlungen mit den Türken schwächen. Briefe aus dem Ausland wurden abgefangen, Botschafter berichteten, niemand dürfe über den Aufstand reden. Lange machte sich die feingeistige Herrscherin mehr Sorgen um ihren Ruf in der Welt als um die Erfolge der Rebellen, die sie auf »Blindheit« und »Aberglaube« zurückführte. Selbstgerecht notierte sie, dass sie doch mit »Menschenliebe und Milde« regiert habe. Nun werde der Aufstand Russland in den Augen der Europäer wieder in die Zeiten Iwans des Schrecklichen zurückwerfen. »Das Ganze wird mit Hängen enden«, schrieb sie einem Vertrauten betrübt, »doch welche Aussicht für mich, die das Hängen nicht liebt.«

Mehr als tausend Kilometer von St. Petersburg entfernt wurde längst in ihrem Namen gemordet, gefoltert und gehängt. Die Geheimpolizei hatte ihre Zentrale in Kasan errichtet und verhörte gefangene Rebellen und Augenzeugen. Manche wurden zu lebenslanger Zwangsarbeit verurteilt. Anderen brannten Bibikows Männer mit heißem Eisen das Wort »Verräter« ins Fleisch. Zur Abschreckung ließ der General Hingerichtete noch wochenlang am Galgen baumeln. Selbst wer als harmlos galt, wurde nur freigelassen, wenn er versprach, Pugatschow künftig nur noch als Gauner und Hochstapler zu bezeichnen. Bibikow setzte sogar die inhaftierte Frau des Rebellenführers zur Gegenpropaganda ein. An Markttagen sollte sie den Leuten verraten, wer der vermeintliche Peter III. in Wahrheit war: ein Schwindler und Ehebrecher, der inzwischen mit einer anderen Frau zusammenlebte.

Im Frühjahr 1774 schien sich das Blatt zu wenden. Anfang April besiegten die zaristischen Truppen die Baschkiren in der Nähe von Ufa. Mehr als 2000 Rebellen wurden getötet oder gefangen. Hunderte Kilometer südlich geriet auch Pugatschow selbst in Schwierigkeiten. Vor den Toren Orenburgs, das die Aufständischen seit sechs Monaten belagerten, wurde er geschlagen, verlor 5500 Mann und entkam nur knapp. Zwei Wochen später verlor der Rebellenführer die nächste Schlacht und flüchtete mit nur noch knapp 500 Anhängern Richtung Norden. Orenburg war befreit, doch der Vater des Erfolgs, General Bibikow, starb kurz danach an Fieber. »Der Tod könnte den Aufständischen neuen Mut geben«, notierte der britische Botschafter, als er in der fernen Hauptstadt davon hörte – und behielt recht.

Wieder konnte Pugatschow binnen kürzester Zeit Tausende Anhänger gewinnen und strategisch wichtige Orte erobern, darunter Kasan, das die Rebellen am 23. Juli 1774 plünderten und in Brand steckten. Immer mehr verlagerte sich der Krieg nun in die Wolga-Region. Um Anhänger anzulocken, machte Pugatschow den Aufstand endgültig zum Klassenkampf. In Manifesten versprach er nicht nur Freiheit »für alle Zeit«, sondern kündigte auch die »Ausrottung dieser verbrecherischen Adeligen« an, die es »zu fangen, zu strafen und zu hängen« gelte. Den Worten ließ er Taten folgen – etwa in Saransk, wo wenig später 60 Adelige aufgeknüpft wurden, darunter Frauen und Greise. Die Kaiserin reagierte und beauftragte General Pjotr Panin mit der Niederschlagung des Aufruhrs, der zeitweise sogar im Hunderte Kilometer entfernten Moskau Besorgnis auslöste. Panin war ein kompromissloser Hardliner aus einer einflussreichen Adelsfamilie, dessen Onkel von den Rebellen ermordet worden war. Von Beginn an setzte er auf blanken Terror. Seine Jagd auf Pugatschow wurde zum Rachefeldzug des Adels.

»Allen Mördern und ihren Komplizen«, befahl der General in einem von Katharina gebilligten Rundschreiben, »sollen erst die Hände und Füße, und dann ihre Köpfe abgeschlagen werden; ihre Körper sollen auf Blöcken neben

Durchfahrtsstraßen platziert werden.« Falls die Täter nicht
ermittelt werden könnten, sollten per Losverfahren willkürlich Männer exekutiert werden, um die Dorfgemeinschaft zu
zwingen, die wahren Mörder auszuliefern. Die Einschüchterung wirkte. Pugatschow verlor an Rückhalt. Zudem waren
viele seiner Bauernkämpfer nur mit Mistgabeln, Keulen und
Messern bewaffnet. Gehetzt von den Einheiten des Obersten
Iwan Michelson, der ihn schon mehrfach besiegt und wieder aus Kasan vertrieben hatte, musste sich der falsche Zar
entlang der Flüsse Sura und Wolga tief in den Süden zurückziehen. Bei Zarizyn, dem späteren Stalingrad, endete sein
Aufstand: Im Morgengrauen des 5. September 1774 griffen
Michelsons Truppen an, töteten 3000 Rebellen und nahmen
4000 Gefangene. Viele der panisch Flüchtenden ertranken in
der Wolga.

Pugatschow war besiegt und doch entkommen. Mit ein paar
Anhängern konnte er in die nahezu wasserlose Kalmücken-
steppe fliehen. Seine Lage war aber so aussichtslos, dass selbst
engste Vertraute den Mut verloren: Um ihr Leben zu retten,
lieferten sie Pugatschow Ende September an die Behörden aus.
Wenig später wurde der Kosake in einem streng bewachten
Holzkäfig Richtung Moskau transportiert und wochenlang
verhört. Die Zarin wollte die Sache möglichst schnell hinter
sich bringen. Ein Gericht verurteilte Pugatschow und einige
Weggefährten zum Tode. Die Hinrichtung im Januar 1775 auf
dem Bolotnaja-Platz in Moskau wurde trotz klirrender Kälte
zum Volksspektakel. Pugatschow bekreuzigte sich und bat sein
Volk um Vergebung. Dann stürzten sich die Henker auf ihn.
»Sie rissen ihm den weißen Schafspelz vom Leib und zerfetz-
ten die Ärmel seines seidenen, himbeerfarbenen Halbkaftans«,
notierte ein Augenzeuge. »Und schon schwebte sein blutiges
Haupt in der Luft.«

Es war ein seltsamer Sieg. Adelige Generäle hatten mit leibeigenen Soldaten einen Aufstand der Leibeigenen gegen den Landadel niedergeschlagen. Vermutlich waren etwa 22 000 Menschen getötet worden, die meisten davon Rebellen. Rastlos war Pugatschow Tausende Kilometer durchs Land gezogen und hatte dennoch nichts erreicht. Am Ende hatte er sich sogar geografisch im Kreis gedreht: Seine Flucht endet nur rund 400 Kilometer von der Stadt Jaizk, in der alles begonnen hatte. Einem Ort, den Katharina nun aus dem Gedächtnis der Nation tilgen wollte. Sie taufte Jaizk in Uralsk um und machte den Fluss Jaik zum Ural. Pugatschows Heimatdorf Simowejskaja wurde Stein für Stein abgetragen und unter neuem Namen an anderer Stelle wieder aufgebaut. Künftig verschwendete die Zarin keinen Gedanken mehr an die Befreiung der Leibeigenen; den unruhigen Süden des Reiches versuchte sie mit einer Verwaltungsreform besser zu kontrollieren. Die Kosaken hatten nach Pugatschow weniger Autonomie als zuvor, auch wenn die Herrscherin ihnen diesen Verlust mit einigen Privilegien versüßte.

Dennoch triumphierte der Rebellenführer postum: Katharinas Kalkül, der Aufstand solle »ewigem Vergessen und tiefem Schweigen anheimfallen«, ging nicht auf. Pugatschow blieb seinen Landsleuten noch lange im Gedächtnis. Er kämpfte weiter, in etlichen Erzählungen und Volksweisen, und Nationaldichter Alexander Puschkin setzte ihm 1836 im Roman »Die Hauptmannstochter« ein literarisches Denkmal. Dann, 1917, kamen die Kommunisten und verklärten ihn endgültig zum Volkshelden.

Triumph in Paris

Nach seinem Sieg
über Napoleon wurde Alexander I.
als »Retter Europas« gefeiert.

Von Dietmar Pieper

Kurz nach Sonnenuntergang kam auf einmal die Hauptstadt des Gegners in Sicht. Es war der 29. März 1814, ein wolkenloser, warmer Frühlingstag. Ein Geschichtsschreiber im Stab des russischen Kaisers hielt den Moment später fest: »Unerwartet tauchten rechts von uns der Montmartre und die hohen Türme der Hauptstadt auf. ›Paris! Paris!‹, erschallte es überall.« Das russische Heer, angeführt von Zar Alexander I., sah endlich das große Ziel vor Augen. Fast zwei Jahre lang waren die Soldaten geritten und marschiert, hatten Feinde getötet und Kameraden verloren. Weit entfernt von ihrer Heimat standen sie nun vor einem historischen Triumph. Würde Paris fallen, dann würde auch Napoleon stürzen, der Mann, den sie in Russland hassten wie den Satan.

Schon am nächsten Tag tobten die Kämpfe zwischen den Häusern am Rande der Stadt, die seit vier Jahrhunderten nicht mehr von fremden Eroberern bezwungen worden war. Nachmittags gelang es einem Armeekorps, den Montmartre zu stürmen. Bald hallten russische Regimentsmärsche durch die Gassen, der Sieg war gewiss. Ein Offizier, der zu Waffenstillstandsverhandlungen ins gegnerische Lager geschickt wurde, kehrte betrunken zurück, weil er bereits zu viel gefeiert hatte. Bestraft wurde er nicht, an so einem Tag. Der rus-

sische Oberbefehlshaber behielt einen kühlen Kopf. Denn
Alexander I. wollte nicht nur den militärischen, sondern auch
den politischen Erfolg. Das bedeutete: Frankreich brauchte
eine neue Regierung, mit der er Frieden schließen konnte.
Ruhe in Paris war dafür die Voraussetzung.

Am 31. März ließ der Zar seinen Grauschimmel »Mars«
satteln, einst ein Geschenk des französischen Gesandten
in St. Petersburg, und ritt durch die Stadt. Begleitet wurde
Alexander von seinen Verbündeten, dem preußischen König
Friedrich Wilhelm III. und dem österreichischen Feldmarschall Karl Philipp Fürst zu Schwarzenberg. Auf den Champs-
Elysées nahmen sie die Parade ihrer Regimenter ab. Dann
begannen die Verhandlungen über die Zukunft des besiegten
Landes.

Napoleon, der in Fontainebleau 60 Kilometer südlich von
Paris Quartier bezogen hatte, klammerte sich noch an die
Macht. Der Kaiser der Franzosen wollte zunächst nur zuguns-
ten seines drei Jahre alten Sohnes abdanken. Das lehnten die
Sieger ab. Schließlich erklärte Napoleon seine bedingungs-
lose Abdankung. In der Nacht vom 12. auf den 13. April 1814
versuchte er, sich das Leben zu nehmen, doch das Gift war
wirkungslos. Eine Woche später reiste er, wie vereinbart, ins
Exil nach Elba. Nicht mehr der Korse war nun der mächtigste
Herrscher, sondern sein russischer Gegenspieler aus dem
Hause Romanow. Das Ansehen Alexanders in der Welt war
größer als das jedes Zaren vor ihm. Überall auf dem Kontinent
feierten ihn die Menschen als »Retter Europas«.

Im März 1801, mit 23 Jahren, war er auf den russischen
Kaiserthron gekommen, nachdem adlige Verschwörer seinen
Vater ermordet hatten. Der junge Monarch hatte keine ganz
einfache Jugend hinter sich. Seine Großmutter Katharina II.
mischte sich kräftig in Alexanders Erziehung ein. Sie sorgte

dafür, dass der freundliche, sensible Junge in die humanisti-
sche Gedankenwelt der Aufklärung eintauchte. Der Vater, Zar
Paul I., war dazu der dunkle Gegenpol. Paul liebte Drill und
Disziplin; im Hochadel war er weithin verhasst. Alexander I.
blieb für seine Umgebung rätselhaft, was vielleicht am erzie-
herischen Hin und Her zwischen Vater und Großmutter lag.
Mal schien er dem Adel entgegenzukommen, mal drängte
er ihn zurück. Mal stärkte er die Reformkräfte, dann wieder
protegierte er beinharte Reaktionäre. Die Leibeigenschaft der
Bauern verurteilte er als »Schande Russlands«, aber weniger
als einem Prozent dieser Elenden verschaffte er die Freiheit.
Einer seiner engsten Vertrauten aus der frühen Regierungszeit
urteilte später sarkastisch: »Er wünschte gern der ganzen Welt
die Freiheit zu schenken, unter der Bedingung, dass sich alle
freiwillig seinem Willen unterziehen.« Autokratie mit freund-
lichem Antlitz, das war sein Herrschaftsstil.

Mit dem acht Jahre älteren Napoleon Bonaparte musste
sich Alexander von Anfang an auseinandersetzen. Die spektakuläre Siegesserie des Feldherrn, Ersten Konsuls und Kaisers
versetzte zu Beginn des 19. Jahrhunderts ganz Europa in Stau-
nen und Schrecken. Hatte der junge Petersburger Aristokrat
den genialen Aufsteiger anfangs noch mit Sympathie gesehen, wandelte sich das Bild bald nach seiner Kaiserkrönung.
In einem Brief schrieb Alexander, der Franzose sei »einer
der berüchtigtsten Tyrannen, die die Geschichte je hervorgebracht hat«. In Russland, dem geografischen wie politischen
Gegenpol, wiesen viele dem Zaren im Kampf gegen Napoleon eine historische Mission zu. Leo Tolstoi hat diese Stimmung viel später in seinem Romanepos »Krieg und Frieden«
beschrieben. Die Gastgeberin eines Petersburger Salons hält
zu Beginn des Werks einen flammenden Monolog: »Russland
muss allein der Retter Europas sein. Unser gütiger Kaiser wird

seine Bestimmung erfüllen, die Hydra der Revolution zu zermalmen, die jetzt ja noch schrecklicher ist in der Gestalt dieses Mörders und Verbrechers.«

Erst einmal mussten die Russen aber lernen, Niederlagen zu verdauen. 1805 besiegte Napoleon ihre Armee mitsamt den verbündeten Österreichern nahe dem heute tschechischen Austerlitz; 1807 bei Friedland in Ostpreußen fügte er einem russisch-preußischen Heer schwere Verluste zu. Danach blieb Alexander I. nicht viel anderes übrig, als mit dem französischen Imperator Frieden und ein Bündnis zu schließen. Die erste persönliche Begegnung der Kontrahenten wurde sorgfältig inszeniert. Ort des kaiserlichen Gipfeltreffens sollte die Memel bei Tilsit sein. Auf einem vertäuten Floß in der Mitte des preußisch-russischen Grenzflusses erhob sich ein prächtig geschmücktes Zelt. Es regnete in Strömen, als sich Alexander I. am 25. Juni 1807 zu dem schwimmenden Zelt rudern ließ. Seinen Gesprächspartner, der dort fünf Minuten vor ihm eingetroffen war, begrüßte er zu dessen Überraschung mit ausgesuchter Herzlichkeit. Am Ufer stand Friedrich Wilhelm III., der sich in die Rolle des Verlierers fügen musste. Der preußische König konnte nur ohnmächtig zuschauen, wie die beiden Mächtigen auch über das Schicksal seines Landes entschieden.

Der Zar, dem preußischen Königspaar seit langem freundschaftlich verbunden, sorgte immerhin dafür, dass ein Rumpfstaat erhalten blieb, der sich aus eigener Kraft von der Niederlage erholen konnte. Dahinter steckte auch ein politisches Kalkül, das nur wenige Jahre später aufging: In den Feldzügen von 1813/14 kämpfte Preußen an Russlands Seite. In den Verhandlungen mit Napoleon spielte der russische Monarch die Rolle des etwas naiven Schülers, und er spielte sie gut. Der Franzose sollte ihn unterschätzen, so würde ihm Zeit bleiben,

neue Stärke zu gewinnen. Wie gelungen Alexanders Rollen-
spiel war, zeigt eine Warnung des französischen Gesandten in
St. Petersburg 1810 an seine Regierung: »Die Leute glauben,
er sei schwach, aber sie irren sich. Seine Persönlichkeit ist
ihrem Wesen nach wohlwollend, herzlich und loyal, er hat
hohe Gefühle und Prinzipien, aber dahinter verbergen sich
eine anerzogene königliche Verstellung und eine verbissene
Hartnäckigkeit, die unbezwingbar ist.«

Obwohl der Pakt mit Napoleon in St. Petersburg extrem
unpopulär ist, hält Alexander I. an seiner außenpolitischen
Linie fest. Er weiß, dass sein Bündnis mit Frankreich von
begrenzter Dauer ist, und bereitet seine Armee auf den nächsten Krieg vor. Sehr nützlich ist dabei die Spionage, die zwei
junge Diplomaten in Paris betreiben. Sie beschaffen geheime
Dokumente der französischen Regierung, die dem Zaren
eine ziemlich genaue Vorstellung von Napoleons Absichten
geben. Besonders Oberst Alexander Tschernyschow knüpft an
der Seine glänzende Kontakte. Zusammenfassend schreibt er
in die Heimat: »Napoleon setzt alle seine Hoffnungen darauf,
genügend Kräfte zu konzentrieren, um vernichtende Schläge
zu führen. Er ist fest überzeugt, dass er nicht länger als ein
Jahr aus Paris fernbleiben könne.«

Mit Hilfe solcher Informationen entwirft der Zar seine
Gegenstrategie. Sein wichtigster Beamter ist in dieser Zeit
Michail Barclay de Tolly, ein baltendeutscher General schot-
tischer Abstammung. Ihn ernennt Alexander I. Anfang 1810
zu seinem Kriegsminister, mit ihm spielt er die militärischen
Szenarien durch. Beiden ist klar, dass sie die gewaltige französische Streitmacht nicht in offener Schlacht besiegen können. Also verlegen sie sich auf eine Art der Kriegführung, die
hohe taktische Disziplin verlangt: den Gegner kommen lassen,
große Schlachten vermeiden, den Raum nutzen und dann

zurückschlagen. Den meisten russischen Militärs sind die Planspiele ihres Kaisers nicht geheuer. Sie wollen schneidig attackieren, anstatt vermeintlich feige zurückzuweichen. Ihre Ausbildung kreist vom ersten Tag an um den Kult der männlichen Tapferkeit. Dominic Lieven, Historiker an der London School of Economics, hat sich in seiner wegweisenden Studie »Russland gegen Napoleon« auch mit den soldatischen Traditionen des Zarenreichs befasst. Lievens Befund: »Jeder Leutnant hatte zu glauben, dass ein Russe fünf Franzosen aufwog.« Das 764-seitige Werk gibt einen gründlichen Einblick in die politische und militärische Gedankenwelt jener Zeit.

Im März 1812 überträgt Alexander seinem Kriegsminister Barclay de Tolly das Kommando der Ersten Westarmee, die ihr Hauptquartier im heute litauischen Wilna hat. Vom 26. April an begibt er sich selbst dorthin, um Napoleons Angriff zu erwarten. Der sieggewohnte Franzose hat die größte Landstreitmacht in Bewegung gesetzt, die Europa bis dahin gesehen hat: die »Grande Armée« mit 600 000 Mann. Am 24. Juni trifft abends in Wilna die Nachricht ein, dass Napoleons Vorhut die Grenze zu Russland überschritten habe. Alexander, der unter freiem Himmel auf einem Sommerball tanzt, ist nicht überrascht, seine Späher haben ihn auf dem Laufenden gehalten. Bei Smolensk kommt es im August zur Schlacht, im September auch bei Borodino, einem Dorf 100 Kilometer vor Moskau. Aber das sind keine Entscheidungsschlachten.

Auf russischer Seite fordert die weithin verhasste Strategie des Rückzugs ein Opfer. Der Zar bleibt zwar bei seiner Meinung, aber er löst Barclay de Tolly als Befehlshaber ab und ersetzt ihn durch Michail Kutusow. Damit spielt er auch eine nationale Karte, denn der russische General hat allein aufgrund seiner Herkunft mehr Rückhalt in der Truppe als sein Vorgänger, der als deutscher Bürokrat verschrien ist. Nun dreht sich alles um die Frage: Moskau halten, das alte Herz des Reiches – oder auch hier zurückweichen? Kutusow, der neue Heerführer, hat eine klare Meinung: »Wenn Moskau verlorengeht, dann geht auch Russland verloren.« Es kommt anders. Kampflos ziehen die Franzosen in die Stadt. Vom 15. September an residiert Napoleon im Kreml. Beeindruckt schildert er seiner Frau Marie-Louise den Luxus der Moskauer Adelspaläste.

Verwüstet wird die Stadt nicht durch Kämpfe, sondern durch ein gewaltiges Feuer. Beim Brand von Moskau, der mehrere Tage lang wütet, gehen 6500 Holzhäuser und 8200 Geschäfte in Flammen auf. Franzosen und Russen beschuldigen sich gegenseitig, das Feuer gelegt zu haben. Der Anblick ihrer brennenden Stadt stürzt die Einheimischen zunächst in tiefe Niedergeschlagenheit, die aber in Wut und Rachedurst umschlägt. Die Eroberer bekommen das zu spüren. Bauern werden zu Partisanen, die Hinterhalte legen und Nachschublinien zerstören. Die Armee nutzt die Atempause zur Erholung. Kommandeur Kutusow erlaubt den Regimentern sogar, im großen Lager vor Moskau »Banjas«, die typisch russischen Dampfbäder, zu errichten. Napoleon sitzt im Kreml wie in einem goldenen Käfig. Nach gut einem Monat wird ihm klar, dass es so nicht weitergeht. Am 19. Oktober beginnt er den Rückmarsch. Schwer bepackt mit Beutegut wälzt sich seine immer noch stattliche »Grande Armée« nach Westen. Russische Attacken und der Mangel an Nachschub bewirken aber, dass die Kampfkraft seiner Truppe rapide verfällt. Allein beim legendären Übergang über die Beresina Ende November verliert der Imperator 25 000 bis 40 000 Mann und fast seine gesamte Artillerie.

Oder ist es der bittere russische Winter, der die Franzosen bezwingt? Dieses Bild hat Napoleon später selbst gern gezeich-

NAPOLEON AN SEINE EHEFRAU MARIE-LOUISE

Moskau, den 16. September 1812

Meine Freundin!

Aus Moskau schrieb ich Dir bereits. Ich hatte von dieser Stadt gar keine Vorstellung. Sie besaß 500 Paläste von gleicher Schönheit wie das Palais de l'Elysée Napoléon, auf französische Art mit unglaublichem Luxus möbliert, mehrere kaiserliche Paläste, Kasernen, großartige Spitäler. Alles ist verschwunden, denn seit vier Tagen verzehrt das Feuer die Stadt. Da alle kleinen Häuser des Bürgerstandes aus Holz gebaut sind, fangen sie Feuer wie Zündhölzer. Aus Zorn über die erlittene Niederlage haben der Gouverneur und die Russen diese schöne Stadt in Brand gesteckt. 200 000 Einwohner sind in Verzweiflung auf der Straße und im Elend. Für die Armee ist immerhin noch genug übrig geblieben; sie findet viele Reichtümer aller Art, denn in dieser Unordnung gibt sich alles mit Plündern ab. Dieser Verlust ist für Russland ungeheuer groß; der russische Handel wird dadurch aufs Schwerste erschüttert. Diese Elenden sind in ihrem Vorsatz so weit gegangen, dass sie die Pumpen der Feuerwehr weggeschafft oder zerstört haben. Mein Schnupfen ist vorbei, meine Gesundheit ist gut. Adieu, meine Freundin.

Ganz der Deinige
Nap.

net, und es hat sich in den Köpfen festgesetzt. Nach seinen Recherchen kommt der britische Historiker Lieven aber zu einem anderen Ergebnis: »Erst im Dezember, als der größte Teil der französischen Streitmacht bereits nicht mehr existierte, wurde der Winter ungewöhnlich kalt und hart.« Napoleon selbst erlebt das kaum noch. Am 5. Dezember verlässt er den kläglichen Rest seiner Armee und reitet nach Paris. Alexander feiert seinen Sieg mit einem Feuerwerk in Wilna, dort, wo er sieben Monate zuvor den Feind erwartet hatte. Mit großer Beharrlichkeit führt der Zar nun seinen Gegenschlag, der ihn bis zum Triumph auf den Champs-Elysées führt.

Wieder muss er einige Widerstände in den eigenen Reihen überwinden. Kommandeur Kutusow zum Beispiel sieht nicht ein, warum es nötig sein sollte, Napoleon immer weiter nachzusetzen. Einem Vertrauten gesteht er allerdings, wie die Gespräche mit seinem Kaiser verlaufen: »Wenn er gegen meine Argumente nichts mehr vorbringen kann, umarmt und küsst er mich. Ich fange an zu weinen und stimme ihm zu.« Der Ruhm, den sich Alexander I. als Bezwinger Napoleons erwirbt, ist nicht von Dauer. Schon auf dem Wiener Kongress, der die alte europäische Ordnung festigt, fällt er mehr durch seine Amouren als durch politische Klugheit auf. Der überaus fromme Monarch nutzt seine Machtposition vor allem, um die reaktionäre Idee einer »Heiligen Allianz« der christlichen Herrscher zu propagieren. Man spottet über ihn. Heute ist Alexander I. nur ein Zar unter vielen. Den Namen seines französischen Gegenspielers kennt noch immer die ganze Welt.

TEIL III
VERHINDERTE REFORMEN

Der furchtsame Despot

Aus Angst vor Rebellion regierte Zar Nikolai I.
wie ein Absolutist – und isolierte sich damit nicht nur
von Europa, sondern auch von seinem Volk.

Von Carmen Eller

Nikolais erster Tag als Zar soll gleich schon der letzte sein. So hoffen zumindest die Rebellen, die sich am 26. Dezember 1825 auf dem Senatsplatz von St. Petersburg versammeln. Sie wollen ein Machtvakuum nutzen, um die russische Autokratie zu stürzen. Nach dem Tod von Alexander I. hat sein Bruder Konstantin die Krone abgelehnt, widerwillig tritt nun der jüngere Bruder Nikolai die Nachfolge an. Der 29-jährige Großfürst erfährt vorab von der geplanten Rebellion – und rechnet mit dem Schlimmsten: »Vielleicht wird heute Abend niemand von uns mehr unter den Lebenden weilen, aber wir werden zumindest in Erfüllung unserer Pflicht sterben«, sagt er am Tag des Aufstands zu General Alexander von Benckendorff, seinem Freund und Adjutanten, einem Baltendeutschen. Gleich am frühen Morgen dieses 26. Dezember hat Nikolai den Generälen der kaiserlichen Garden befohlen, ihm den Treueid zu leisten. Noch im Winterpalast warnt er: »Nunmehr haften Sie mir mit Ihrem Kopf für die Ruhe in der Hauptstadt. Was mich angeht, werde ich mich der Ehre würdig erweisen, und sollte ich nur für eine Stunde Zar sein.«

Anführer der Revolte waren Abkömmlinge angesehener Adelsfamilien. Junge Offiziere, die nach dem russischen Wort für Dezember (»dekabr«) als Dekabristen in die Geschichte eingingen. Sie träumten von einer Verfassung für Russland und kritisierten die staatliche Willkür, das Fehlen unabhängiger Gerichte, die korrupte Bürokratie. Als einflussreichster Denker der Bewegung galt der deutschstämmige Revolutionär und Republikaner Pawel Pestel. Diese gebildete und mit westlichen Ideen vertraute Elite setzte sich zusammen aus Männern, die nicht nur in russischen, sondern auch in anderen europäischen Salons leidenschaftlich über Politik diskutierten. Doch gegen die Artillerie des Zaren waren sie machtlos – die Rebellion endete im Blutbad. Nikolai ließ Geschütze in die Menge feuern, dann eilte er zurück in den Winterpalast und schrieb an seinen Bruder Konstantin: »Ich bin Zar, aber – mein Gott – um welchen Preis! Um den Preis des Blutes meiner Untertanen.« 50 Männer starben nach offiziellen Angaben; Augenzeugen sprachen von 250 Toten.

Die verurteilten Dekabristen erhielten harte Strafen. Fünf Aufständische, darunter auch Pestel, wurden hingerichtet, die übrigen Männer zu Zwangsarbeit verurteilt und nach Sibirien verbannt. Es sei seine Pflicht, »Russland und Europa diese Lektion zu erteilen«, betonte Nikolai gegenüber dem französischen Botschafter. Der Kaiser führte die Verschwörung auf europäische Einflüsse zurück, wusste aber, dass die Kritik der Dekabristen berechtigt war. Nicht zuletzt, um Neues über den Zustand seines Reichs zu erfahren, ließ er die Rebellen vor der Verurteilung ausgiebig verhören. Der Band mit ihren Aussagen lag in den folgenden drei Jahrzehnten stets auf Nikolais Schreibtisch.

Wie kein anderes Ereignis sollte der blutige Auftakt seine Regentschaft prägen. Bereits Nikolais Vater Paul I. war 1801 von adeligen Offizieren ermordet worden. Lebenslang würde der Zar nichts so sehr fürchten wie eine Rebellion. Noch

*Porträt des Kaisers Nikolai I., 1796 bis 1855
(Gemälde von Franz Krüger, 1847)*

vor seiner Krönung gründete er im Juli 1826 seine geheime Staatspolizei, die sogenannte Dritte Abteilung. An die Spitze setzte er seinen Freund General Benckendorff. Der Auftrag: »Informationen über alle Geschehnisse – und zwar ohne Ausnahme – sammeln« und »gefährliche Personen« verhaften. Tatsächlich sicherte der Überwachungsapparat vor allem die Macht des Kaisers. Kritische Köpfe ließ Nikolai kurzerhand für geisteskrank erklären, Schulen und Universitäten seines Reichs wurden autoritär geführt. Einen Studenten, der seinen Akademiedirektor geohrfeigt hatte, verurteilte der Zar zu Spießrutenlauf und Strafbataillon.

Militärischer Drill bestimmt von Anfang an das Leben des Nikolai Pawlowitsch, der am 6. Juli 1796 als dritter Sohn von Zar Paul I. und Zarin Marija Fjodorowna in Zarskoje Selo geboren wird. Er ist kaum mehr als vier Monate alt, da überträgt ihm der Vater pro forma sein erstes militärisches Kommando: als Oberst der kaiserlichen berittenen Garde. Noch vor dem dritten Geburtstag steckt das Kind in seiner ersten Uniform. Der Vater bewundert den preußischen Militarismus. Maßgeblichen Einfluss auf Nikolais Erziehung hat ab dem vierten Lebensjahr der baltendeutsche General Graf Lambsdorff – ein Mann von geringer Bildung, der auf militärische Disziplin setzt und Nikolai, wie er später selbst berichtet, »häufig während der Unterrichtsstunden auf schmerzhafte Weise mit dem Stock züchtigte«. Auf die Aufgaben eines Zaren wird er nicht vorbereitet. So wie sich Nikolai für alles Militärische begeistert, so langweilt er sich in Logik und Wissenschaft und zeichnet lieber Karikaturen seiner Hauslehrer. Nur das Studium militärischer Dinge habe ihn »leidenschaftlich beschäftigt«, sagte Nikolai rückblickend. »Nur darin fand ich Trost und eine meinen geistigen Neigungen entsprechende Betätigung.« Aus dem Militär leitet er sein

Motto ab: »Für mich ist alles menschliche Leben nichts weiter als Dienst, denn jeder muss dienen.«

Nikolais enge Weltsicht sollte Russland zum Verhängnis werden – ebenso wie sein mangelndes Verständnis für die Probleme der Zeit. Der Monarch, der seine Macht für gottgegeben hielt, verstand sich als Vater des Volkes. Tatsächlich war er oberster Befehlshaber eines geschlossenen Systems. »Nicht durch kühne und ungestüme Träume, die stets destruktiv sind, sondern nach und nach, von oben her, werden Gesetze gemacht, Unzulänglichkeiten beseitigt und Missbrauch wieder gutgemacht«, schrieb er in einem Manifest von 1826. Der Polizeistaat sicherte dem Land nach den Unruhen der Napoleonischen Kriege zwar eine Phase der Stabilität, bedeutete aber auch Stagnation. Während sich Europa technisch entwickelte und die Eisenbahnlinien zügig ausgebaut wurden, ging es im Zarenreich nur langsam vorwärts.

Das veraltete Wirtschaftssystem basierte weiterhin auf dem Elend der Leibeigenen. Russland war Europas Schlusslicht. Als ein Erfolg seiner Regentschaft erwies sich allerdings die »Gesetzessammlung des Russischen Reiches« vom Januar 1833, die mit wenigen Auslassungen die Gesetze erstmals systematisch erfasste. Das Sammelwerk galt, wie der amerikanische Historiker W. Bruce Lincoln betont, fast das gesamte 19. Jahrhundert hindurch als eine der wichtigsten Errungenschaften vor den großen Reformen seines Nachfolgers Alexander II.

Obwohl Nikolai mehr als jeder andere Herrscher vor ihm durch sein Reich reiste, hatte er ein unrealistisches Bild von der russischen Wirklichkeit. Alle wichtigen Beamten wussten, dass der Landesvater am liebsten positive Nachrichten hörte. Die wichtigen Debatten der Zeit fanden im Untergrund statt. Allein die Auseinandersetzung zwischen Westlern und Slawophilen zeugte vom enormen Diskussionsbedarf, dem Nikolais

Polizeistaat keine Plattform bot – nicht zuletzt deshalb, weil
er die Intelligenzija zeitlebens mit den Dekabristen in Verbindung brachte. Auf verantwortliche Posten hob Nikolai Männer, die sich nicht durch Kompetenz auszeichneten, sondern
durch militärische Erfolge und unbedingte Loyalität. Eng verbunden fühlte er sich seiner Gattin Alexandra Fjodorowna,
geborene Charlotte von Preußen. Die Tochter von König
Friedrich Wilhelm III., mit der Nikolai sieben Kinder hatte,
teilte die Begeisterung ihres Mannes für militärische Paraden.

Orthodoxie, Autokratie und Volkstümlichkeit lauteten die
Maximen seiner Staatsideologie, die Nikolais Minister für
Volksaufklärung, Sergej Uwarow, 1833 zur »Dreieinigkeit«
erhob. Während in Europa die industrielle Entwicklung vor-
anschritt und sich bürgerliche Kultur herausbildete, verharrte
Russland in einem absolutistischen System. Außenpolitisch
erwarb sich der Kaiser den Ruf eines Gendarmen Europas,
indem er etwa 1831 den Aufstand in Polen niederschlug oder
den Habsburgern 1849 im Ungarn-Feldzug mit seinen Truppen zur Hilfe kam. Doch im Gegensatz zu seiner Großmutter
Katharina II. und seinem Bruder Alexander I., die Russland
als Teil Europas betrachteten, hielt Nikolai sein Reich für
einzigartig und dem Westen überlegen. Um jeden Preis wollte
er es vom übrigen Europa abschirmen, das ihm nach wie vor
als Brutstätte für staatsgefährdende Revolten galt.

1848 begann für Nikolai das schwerste Jahr seit Beginn
seiner Regentschaft: Im Innern wüteten Cholera-Epidemie
und Hungersnot, im Ausland die Revolutionen. Aufstände in
Russlands westlichen Grenzgebieten konnte Nikolai erfolgreich unterdrücken, im Zarenreich bestand keine Gefahr eines
Umsturzes. Trotzdem fürchtete der reaktionäre Herrscher das
Gespenst der Revolution nun mehr denn je. Aus Angst terro-
risierte er sein eigenes Volk. Von einem »wahren Hexensabbat

der Reaktion« schrieb der Russland-Kenner und erste tsche-
choslowakische Staatspräsident Tomáš G. Masaryk. Symptomatisch für das tyrannische Gebaren des Zaren war seine
Reaktion auf einen Ministerbericht, der mit dem Wort Fortschritt endete: »Fortschritt? Was für ein Fortschritt? Dieses
Wort aus der offiziellen Sprache ausmerzen.«

Seine letzten sieben Jahre auf dem Thron waren düster. Die
Staatspolizei verstärkte die Überwachung, der Zensurterror
erreichte absurde Ausmaße. Tabu waren jetzt nicht nur die
Werke von Platon und Tacitus, sondern auch die Briefe sei-
ner Großmutter Katharina an den Aufklärer Voltaire. In diese
Zeit fiel auch die Zerschlagung des Petraschweskij-Kreises
kritischer Intellektueller. Nikolai ließ 21 junge Männer zum
Tode verurteilen, unter ihnen auch den Schriftsteller Fjodor
Dostojewski, und inszenierte eine Hinrichtung, um sie in
letzter Minute zu begnadigen.

Als 1848 zwischen den ungarischen Aufständischen und
den Habsburgern der Krieg ausbrach, erbat der österreichische Kaiser Franz Joseph seine Hilfe. Der Zar spielte noch
einmal den Gendarmen Europas, schickte seine Truppen nach
Ungarn und rettete die Habsburger Monarchie. Den wankenden Vielvölkerstaat sollte Russland sich schon wenige Jahrzehnte später unter der Flagge des Panslawismus zum Feind
machen. Auch wenn der Ungarn-Feldzug angesichts der
Überzahl russischer Soldaten erfolgreich verlief, offenbarte
er die veraltete militärische Ausrüstung. Im Wettbewerb mit
dem Westen hatte Nikolai nie auf Wirtschaft und Technologie
gesetzt. Auch in der Industrie und Logistik konnte Russland
nicht Schritt halten. Dieses Versäumnis sollte sich im Krim-
Krieg rächen. Es war der letzte Akt einer Regentschaft, in
der reaktionäre Entwicklungen den Boden bereiteten für die
Revolutionen von 1905 und 1917.

Der Krim-Krieg entzündete sich 1853 an religiösen Konflikten. Seine Ursachen aber lagen im Zerfall des Osmanischen Reiches und in Russlands Wunsch, sein Einflussgebiet auszuweiten. Der Konflikt mit Türken, Briten und Franzosen endete 1856 nach Nikolais Tod. Veraltete Waffen, verpasste Reformen und fehlende Transportmittel führten zur russischen Niederlage. Zwar konnte die Marine noch 1853 die osmanische Flotte bei Sinope besiegen, aber mit dem Eintritt der anglofranzösischen Seestreitkräfte wendete sich das Blatt. Die Alliierten verfügten über mehr dampfgetriebene Kriegsschiffe, die russische Flotte bestand hingegen zum großen Teil noch aus Holzschiffen und war nicht hochseetüchtig. Während in Europa bereits schneller feuernde Infanteriewaffen im Einsatz waren, kämpfte die russische Armee noch mit Steinschlossmusketen aus den Napoleonischen Kriegen. Verheerend war die schwache Logistik. Um 1850 hatte Russland nur etwa 800 Kilometer an Eisenbahnstrecken, verglichen mit 13 600 in den Vereinigten Staaten. Da es südlich von Moskau kein Schienennetz gab, mussten Pferde Nachschubwagen Hunderte von Kilometern durch Steppenlandschaften ziehen, »die während des Tauwetters im Frühjahr und des Regens im Herbst Matschseen waren«, schreibt der britische Historiker Paul Kennedy.

Etwa 480 000 Russen fielen im Krieg, ein immenser Verlust an Menschen. »Wir können uns nicht länger betrügen«, erklärte einer von Nikolais Söhnen, Großfürst Konstantin, »wir sind sowohl schwächer als auch ärmer als die erstrangigen Mächte, nicht nur an materiellen, sondern auch an geistigen Ressourcen.« Diese Erkenntnis wird den Weg für Reformen öffnen. Nikolai erlebt dies nicht mehr. Am 2. März 1855 stirbt er nach 30 Jahren Alleinherrschaft. Seinem Thronfolger Alexander II. hinterlässt er ein rückständiges Reich und einen verlorenen Krieg. »Ich werde in den Himmel auffahren, um für Russland zu beten. Diene du Russland!«, hat er angeblich seinem Sohn auf dem Sterbebett gesagt. Bis zum Schluss hielt Nikolai an seinem Credo fest. Blind für die geistigen Bedürfnisse seiner Zeit schuf er, wohl ohne es zu ahnen, die Voraussetzungen für künftige Revolutionen. Die sollten über das, was die Dekabristen 1825 versucht hatten, weit hinausgehen.

Die Ehre des Poeten

Russlands größter Dichter Alexander Puschkin liebte
und verfocht die Freiheit als romantischer Bohemien.

Von Johannes Saltzwedel

Nicht einmal umkleiden durfte er sich. Sofort nach der Ankunft
in Moskau, müde und zerschlagen von tagelanger Eilreise, sollte
Alexander Puschkin vor seinen neuen obersten Dienstherrn treten. Momentan residierte Zar Nikolai I. im geräumigen Tschu-
dow-Kloster innerhalb des Kreml. Dorthin brachte ein Feldjäger
den erschöpften Vers-Virtuosen, und bald stand er dem Herrscher gegenüber. Unterschiedlicher hätten die beiden Männer
kaum sein können: hier der erst 30-jährige, vorsichtig-wohl-
wollende, penibel ordentliche Monarch, souverän vorwiegend
auf dem Papier; dort der 27-jährige Feuerkopf, der nach sechs
unfreiwillig in der Ferne verbrachten Jahren endlich wieder seine
Geburtsstadt betreten durfte. Hier ein von kulturellen Feinheiten
wenig berührter Bürokrat, Erbe und Bewahrer absoluter Macht;
dort ein Bohemien und Freigeist, der mit umstürzlerisch tönen-
den Reden oder Spottversen auf Vorgesetzte immer wieder die
Obrigkeit gereizt hatte.

Für Puschkin war die Audienz zunächst ein Lichtblick. Schon
hoffte er für sich und seine Heimat auf die Lockerung der stren-
gen Überwachung. »Dumm und unberechenbar« seien die Zen-
soren, selbst »die unschuldigsten Sachen« beargwöhnten sie,
klagte aus leidvoller Erfahrung der Verfasser von »Ruslan und
Ljudmila«, »Die Zigeuner« und der auf der Krim spielenden tra-
gischen Romanze »Die Fontäne von Bachtschissarai«. »Gut, dann
werde ich dich von der allgemeinen Zensur befreien. Schicke

mir alles, was du schreibst. Ich werde selbst dein Zensor sein«, soll Nikolai erwidert haben. Wie ernst der Zar es meinte, belegt sein Fazit, er habe gerade »mit dem intelligentesten Menschen Russlands« geredet. Doch das wahre Ergebnis der Begegnung fiel weit trüber aus als erhofft. Für kurze Zeit kostete Puschkin in Moskau nun seinen Ruhm voll aus. Begeisterte Literaturfreunde, schmachtende Schönheiten der feinen Gesellschaft und von deutscher Philosophie inspirierte junge Männer der Intelligenz, alle suchten die Nähe des Wortmagiers. Aber schon nach der ersten halböffentlichen Lesung seiner Tragödie »Boris Godunow« mit ihren heiklen Anspielungen auf das Zarenregiment kam eine höfliche Verwarnung, die den Dichter zum Katzbuckeln nötigte.

»In diesem Ton« habe sich Puschkin »von nun an immer wieder rechtfertigen müssen«, schreibt sein Biograf Rolf-Dietrich Keil. Und die Zensur durch den Zaren persönlich lief nur darauf hinaus, dass Druckgenehmigungen noch länger ausblieben als zuvor. Immerhin konnte Puschkin seinen früheren Lebenswandel einigermaßen wieder aufnehmen. Der eher kleine Mann mit Winkelprofil, lebhaften Augen, dunklem Teint, angenehmer Stimme, aber krallenartig langen Fingernägeln pflegte den Tagesrhythmus eines Bonvivants: Bis zum Mittag im Bett bei Freunden oder im Hotel, später oft am Spieltisch, dann in Salons und auf Festen, fortwährend in Liebschaften verstrickt, zwischendrin eilig Werke aufs Papier werfend. Für die engsten Freunde nahm er damit fast wieder seinen vertrauten Platz ein. Etliche kannten ihn schon aus dem Reformgymnasium der Sommerresidenzstadt Zarskoje Selo (die heute nach ihm Puschkin heißt). Dort hatte er die modernste Erziehung für angehende Staatsdiener genossen und sich mit gewagter Freigeisterei, Streichen und genialischen Versen hervorgetan.

Sohn eines zum Jähzorn neigenden Ex-Gardeoffiziers und einer Mutter, die vom legendären Hannibal, dem »Hofmohren« Peters des Großen, abstammte, wurde Puschkin nach dem

Schulabschluss als »Kollegiensekretär« im Außenministerium von Sankt Petersburg angestellt. Der Draufgänger, den seine Mitschüler als »Mischung aus Tiger und Affe« bezeichnet hatten, brauchte für sein leidliches Jahresgehalt von 700 Rubeln nicht viel zu arbeiten. Selbst dieses Auskommen setzte er mit gewagten Reden und Gedichten über die Freiheit mehrfach aufs Spiel. Behördliche Vorwürfe, eine nur mit Glück überstandene Hausdurchsuchung, endlich 1820 die amtliche Versetzung in den Süden sollten den ungebärdigen Salonlöwen zähmen.

Doch die nahezu luxuriöse Verbannung ins moldauische Kischinjow und nach Odessa weckte erst recht sein Rebellentum. Reisen bis in den Kaukasus und auf die Krim inspirierten ihn, und wachsender literarischer Erfolg machte ihn immer stolzer. Kein Wunder, dass Puschkin vom rasch gescheiterten Aufstand der Dekabristen tief getroffen wurde – mehrere seiner Freunde endeten 1826 am Galgen. Kein Wunder aber auch, dass er nun allzu offenherzige Papiere vernichtete und fast demütig versuchte, die Milde des neuen Zaren zu erlangen. Umsonst: Der Staatsmacht blieb er suspekt. Am wenigsten beäugt fühlte er sich fortan auf einem Gütchen seiner Familie, Michailowskoje bei Pskow in Nordwestrussland. Dort fand er so viel Inspiration, dass ihn 1830 in Moskau und Petersburg ein wahrer Schaffensrausch erfasste. In kurzer Zeit entstanden mehrere große Erzählungen, Gedichte und Schlusspartien seines genialen Versromans »Eugen Onegin«.

Ausgerechnet seine Heirat aber zerrte den Poeten dann wieder vor das Auge der Obrigkeit: Die für ihre Schönheit berühmte

Alexander Puschkin
(Porträt von
Orest Kiprenski, 1827)

junge Natalja Gontscharowa, erst nach mühsamer Werbung von den Eltern freigegeben, machte auch auf den Zaren selbst erheblichen Eindruck. Unablässige Geldnot – die skeptische Schwiegermutter hatte anfangs allein für die Hochzeitsfeier 30 000 Rubel verlangt – und das Bewusstsein, kein unzensiertes Wort verbreiten zu können, nahmen dem ohnehin rastlosen Dichter fast jeden Gleichmut. Durch die nie beendete Auftragsarbeit einer »Geschichte Peters des Großen« und seine eher demütigende Ernennung zum Kammerjunker geriet der ungestüme Poet in quälende Abhängigkeit vom Hof. 1835 musste der nahezu hoffnungslos verschuldete Puschkin 30 000 Rubel aus der Privatschatulle des Zaren annehmen. Mit der materiellen Freiheit schien er auch die geistige Unabhängigkeit zu opfern.

Immer lauter wurden nun Gerüchte, die bildschöne Natalja sei in Wahrheit eine Geliebte des Zaren. Ehemals von Puschkin verspottete Adlige witterten Gelegenheit zur Revanche. Mehrfach wollte der wütende Poet sich mit angeblichen Verleumdern duellieren, was sich zum Glück verhindern ließ. Obendrein brachte ihn das ehrgeizige Projekt einer literarischen Zeitschrift in Rage: »Die russische Literatur zu säubern heißt Toiletten putzen und von der Polizei abhängig sein... Der Teufel hat mir einfallen lassen, in Russland geboren zu werden mit einer Seele und mit Talent!« Wenigstens wollte er seine Ehre retten. Als Anfang November 1836 ein anonymer Brief eintraf, der ihn als Gehörnten bloßzustellen drohte, glaubte Puschkin den Urheber zu kennen. Trotz aller Versuche, ein Duell zu verhindern, eskalierten die Beleidigungen. Am Spätnachmittag des 8. Februar 1837 richteten die beiden Widersacher ihre Pistolen aufeinander; schon der erste Schuss traf den Dichter so schwer, dass er nach zwei Tagen Todesqual starb. Wer wirklich hinter der Intrige steckte, darüber rätseln Forscher noch immer – gerade weil Puschkins erstaunliche Sprachkunst längst allen Zarenglanz überstrahlt hat.

Träume von einer besseren Welt

Zensur und drohende Strafen hinderten
Dichter und politische Denker nicht daran, die
despotische Zarenherrschaft anzuprangern.

Von Rainer Traub

Z wei Ereignisse, deren Echo lang nachhallte, prägten das russische Reich im frühen 19. Jahrhundert. Das erste war der Triumph über Napoleon. Als der bis dahin für unbesiegbar gehaltene Imperator sich im Winter 1812 mit dem erbärmlichen Rest seiner Grande Armée aus Russland rettete, blickte Europa mit einem Gemisch aus Bewunderung und Schrecken auf den bärenstarken Koloss im Osten: Unübersehbar hatte sich das Zarenreich als Bollwerk des Ancien Régime etabliert. Das zweite Ereignis war der Aufstand der Dekabristen, größtenteils adlige Offiziere, im Dezember 1825. Teils Republikaner, teils konstitutionelle Monarchisten, erhoben sie sich gegen Autokratie und Zensur und prangerten die Versklavung und Leibeigenschaft der bäuerlichen Bevölkerung an. Erstmals waren Angehörige des gebildeten, privilegierten Standes, in dem das Regime seine Stütze sah, der Kontrolle entglitten: ein unerhörter Vorgang.

Der Umsturzversuch war schnell niedergeschlagen und wurde drakonisch bestraft. Doch die Empörung gegen Tyrannei, Ungeist und Menschenverachtung wirkte auf Russlands Dichter und Denker wie ein Fanfarenstoß; über viele Generationen blieb er im Gedächtnis. Zu den Verschwörern zählten junge Dichter wie Kondratij Rylejew, der für seine Ideale am

Galgen bezahlte, und der deutschstämmige Wilhelm Küchel-becker, dessen Todesurteil in Festungshaft umgewandelt wurde. Beide waren mit Russlands großem Poeten Alexander Puschkin befreundet. Wenngleich der quecksilbrige Genius, bei allem Zorn über Despotie und Zensur, zum Verschwörer nicht taugte, standen Schriftsteller nun prinzipiell unter Sub-versionsverdacht.

Auf scheinbar paradoxe Weise hatte gerade der nationale Triumph über Napoleon zur Rebellion der russischen Elite geführt. Auf den Spuren des fliehenden Feindes waren Zar Alexander I. und seine Truppen 1814 bis nach Paris gelangt; das adlige Offizierskorps traf auf eine lebendige Zivilisation mit Volksrechten, wie sie Russland nicht kannte. Hier bro-delten neue Ideen wie die frühsozialistischen Projekte des Grafen Henri de Saint-Simon, während auf dem Zarenreich bleischwer der Stillstand lastete. Vielen der Sieger ging jetzt ein Licht über die heimischen Zustände auf. Aus Debatten-runden wurden allmählich Geheimbünde. Gut ein Jahrzehnt lang schwelte die Unzufriedenheit – 1825 explodierte sie im Aufstand. Die nun erst recht freiheits- und geistfeindliche Herrschaft von Alexanders Bruder und Nachfolger Nikolai I. war vom Dekabristen-Trauma des Regimes geprägt. Russ-land wurde 1826 in sieben Gendarmerie-Kreise mit je einem Gendarmerie-General an der Spitze eingeteilt. Nachrichten aus Westeuropa durften nur mit Erlaubnis der zuständigen Zensurbehörde veröffentlicht werden. Ein Spitzelnetz durch-zog das Land.

Nikolais Minister für Volksaufklärung Sergej Uwarow erklärte Absolutismus und Leibeigenschaft zu Dogmen der offiziellen »politischen Religion«. Er werde erst »ruhig schla-fen« können, verkündete Uwarow, wenn die russische Literatur überhaupt aufhöre zu existieren. Sogar ein erzkonservativer

Denker wie Joseph de Maistre, der als royalistisch-katholischer Feind der Französischen Revolution Zuflucht in St. Petersburg gefunden hatte, gruselte sich: »Russland ist wie eine gefrorene Leiche, die furchtbar stinken wird, wenn sie auftaut.«

Zwei spektakuläre Kulturereignisse signalisierten im Jahr 1836, dass dieser Prozess einzusetzen begann. Das eine war die Komödie »Der Revisor« von Nikolai Gogol (1809 bis 1852). Der Autor entstammte, wie so viele russische Schriftsteller des 19. Jahrhunderts, einer Gutsbesitzerfamilie. In jungen Jahren war er aus seiner ukrainischen Heimat nach St. Petersburg gekommen. Schnell machte er sich, gefördert vom zehn Jahre älteren Puschkin, einen literarischen Namen. Mit einer Mischung aus Realismus und Groteske schuf Gogol einen Stil, der die Wirklichkeit unter Nikolai I. auf unwiderstehliche Art dem Gelächter preisgab. Der Revisor ist ein durchreisender Zufallsgast in einem Provinznest, der irrtümlich für einen verdeckt recherchierenden Inspektor aus der Hauptstadt gehalten und deshalb von allen Seiten hofiert und bestochen wird. Gogol stellte, auch wenn er nicht die Monarchie direkt angriff, Korruption und Zensur, Servilität nach oben und Brutalität nach unten mit unwiderstehlicher Komik bloß. Selbstverständlich verbot der Theaterzensor die Aufführung umgehend. Aber Gogol hatte einflussreiche Fürsprecher und glänzte im literarischen Milieu der Hauptstadt als Vorleser der Komödie, was die Neugier des Zaren weckte. Bei Russlands damals berühmtesten Dichtern Puschkin und Gogol drückte er

Nikolai Gogol
(Gemälde von
Fjodor Moller, 1841)

schon mal ein Auge zu. Ein Graf wurde mit der Rezitation des
»Revisor« im Winterpalast beauftragt. Nikolai amüsierte sich
köstlich – er befahl die Aufhebung des Zensururteils und die
Inszenierung des Stücks. Im Hochgefühl
unantastbarer Macht ließ er sich vom
Dramatiker vorführen: »Alle haben
etwas abgekriegt und ich am meisten«, lobte er die Premiere. Das höfische Publikum dagegen sah sich
und seinesgleichen bloßgestellt
und schäumte vor Wut. Auch für
Nikolai war der Spaß vorbei, als
ihm kurz darauf ein Essay unter
die Augen kam, der seinem Russland
in der Zeitschrift »Teleskop« ein ver-
nichtendes Zeugnis ausstellte – ein Zen-
surversagen ohnegleichen. Der »Erste
Philosophische Brief« des Pjotr Tschaadajew (1794 bis 1856) beschrieb »toten
Stillstand«. Im Gegensatz zu Europas

*Leo Tolstoi
(Porträtaufnahme,
um 1901)*

katholischen Ländern habe das »von diesen Völkern tiefverach-
tete Byzanz« das »verhängnisvolle Schicksal« Russlands geprägt.
Das Zarenreich habe »durch nichts an dem Fortschritt der
menschlichen Vernunft mitgewirkt, kein nützlicher Gedanke
ist dem unfruchtbaren Boden unserer Heimat entsprossen. In
unserem Blut ist etwas, das jedem wahren Fortschritt feind ist«.

Eine größere Provokation war für den Herrscher aller Reußen nicht denkbar. Autor Tschaadajew wurde für wahnsinnig
erklärt. Der unglückliche Rektor der Moskauer Universität,
der als Zensor den Skandaltext hatte passieren lassen, wurde
ohne Pension in Schimpf und Schande entlassen, der »Teleskop« verboten, dessen Herausgeber verbannt. Tschaadajew

war als junger Offizier mit den russischen Truppen nach Paris gelangt. Er wurde früh Freimaurer und hatte sich unter dem Einfluss von de Maistre einer katholisch-christlichen Einheitsidee verschrieben. Mit seiner antizaristischen Lobrede auf das fortgeschrittene Abendland erzürnte er nicht nur die sture Obrigkeit: Er elektrisierte und polarisierte die klügeren Köpfe.

Hier nahm eine geistesgeschichtliche Debatte ihren Ausgang, die Russlands literarische und philosophische Elite noch im 20. Jahrhundert in zwei Lager spalten sollte: westlich orientierte Reformanhänger gegen nationalfromme Traditionalisten. Den »Westlern«, die im Gefolge Tschaadajews dem alten Russland jede Reformfähigkeit absprachen, traten wenig später die »Slawophilen« entgegen: Statt Kritizismus und Rationalismus propagierten sie die geoffenbarte Wahrheit des orthodoxen Glaubens, statt eines westlichen Individualismus die russisch-patriarchalische Ordnung. »Dort Unruhe des Parteigeistes – hier Unerschütterlichkeit der Grundüberzeugung«, erwiderte der Slawophile Iwan Kirejewski dem Westler Tschaadajew.

Die denkenden Zeitgenossen riss Tschaadajews philosophisch-politische Fundamentalkritik aus der verordneten Starre wie »ein Schuss in finsterer Nacht«. Der Ausdruck stammt von Alexander Herzen (1812 bis 1870), einem der bedeutendsten literarisch-politischen Schriftsteller des Reichs. Als Sohn eines russischen Aristokraten und einer deutschen Mutter wuchs Herzen mehrsprachig auf und wurde früh ein unersättlicher Leser. Er entdeckte seine Leidenschaft für Schillers Freiheitspathos zu ebenjener Zeit, in der die Dekabristen-Führer gehängt wurden. In seiner mehrbändigen Autobiografie »Erlebtes und Gedachtes« – einem der russischen Literaturmonumente des 19. Jahrhunderts – erzählte Herzen später, wie er als Heranwachsender angesichts der

Hinrichtung der russischen Empörer eine Art Rütli-Schwur ablegte, sein Leben dem Kampf gegen die Autokratie und für die Freiheit zu widmen.

Als Herzen in den dreißiger Jahren an der Moskauer Universität studierte, brodelten dort unter Studenten und Professoren intensive Debatten. Zwar war Philosophie als Universitätsdisziplin nach dem Dekabristen-Aufstand ebenso abgeschafft worden wie das Fach Logik an den Gymnasien. Doch Studenten und Professoren ignorierten die Denkverbote, indem sie etwa heikle Fragen im Fach Physik diskutierten und sich in Geheimzirkeln gegen zaristische Spitzel zu schützen suchten. Wer konnte, entfloh der offiziellen Geistfeindschaft zum Studium nach Preußen: Dort lehrten Hegel und später Schelling – zwei idealistische Philosophen, deren Denken vom Enthusiasmus über die Französische Revolution geprägt war.

Nikolai I. lag gründlich daneben, wenn er glaubte, russische Studenten seien in Preußen, anders als in Frankreich, subversiven Gedanken nicht ausgesetzt. Es half nichts, dass in Berlin nacheinander der Schwiegervater und der Schwager des Zaren herrschten – Friedrich Wilhelm III. und Friedrich Wilhelm IV. Denn just in jenen Jahren feierte Hegels dialektische Philosophie an deutschen Universitäten ihre größten Triumphe. Und die verkündete die unaufhörliche Bewegung des Geistes und die stete Umwälzung alles Bestehenden. Ausgerechnet diese »Algebra der Revolution« (Herzen) zog Russlands Elite in ihren Bann, während das Zarenregime den Gang der Geschichte mit allen Mitteln aufzuhalten suchte. Zu den Studenten, die westwärts die Quellen wahren Wissens suchten, gehörte ab 1838 der Gutsbesitzersohn Iwan Turgenjew (1818 bis 1883), der bald als Schriftsteller berühmt werden sollte. In Berlin, dem Mekka des spekulativen Denkens, stritten russische Studenten leidenschaftlich über Tschaadajew und seine slawophilen Kritiker.

Hier wurde Turgenjew zum entschiedenen Westler – und hier teilte er im Winter 1840/41 seine Studentenbude mit einem anderen russischen Gutsbesitzersohn und flammenden Hegelianer: Michail Bakunin (1814 bis 1876). Der künftige Anarchist sprach vorzüglich Deutsch; neben Hegel hatte er Teile von Goethes Korrespondenz mit Bettina von Arnim (»Briefwechsel mit einem Kinde«) ins Russische übersetzt und tauschte selber romantische Briefe mit Bettina. In den frühen vierziger Jahren hatte sich in Russland ein Milieu entwickelt, das schon etwas reicher an geistigem Sauerstoff war als in den ersten Jahren von Nikolais Herrschaft. Die Zensur war laxer geworden. Nach wie vor aber stand die intellektuelle Elite des riesigen Landes als winzige, isolierte Minderheit einem rabiat denk- und fortschrittsfeindlichen Regime auf der einen und Millionen versklavter, analphabetischer Bauern auf der anderen Seite gegenüber.

Was es für Leibeigene bedeutete, ihren Herren mit Haut und Haaren ausgeliefert zu sein, das hat Fürst Pjotr Kropotkin (1842 bis 1921) in Kindheitserinnerungen eindringlich geschildert. Der spätere Anarchist wuchs als Sohn eines reichen Gutsbesitzers auf. Obgleich sein Vater, so Kropotkin, zu den eher milden Vertretern der Art gehört habe, sei die Züchtigung des Personals an der Tagesordnung gewesen. Wenn der Hausherr gerade keine Zeit hatte, gehörte die Auspeitschung Leibeigener in Russland zu den festen Aufgaben von Polizei und Feuerwehr. Willkürlich ordneten Grundbesitzer Ehen zwischen Leibeigenen an, auch wenn die Ausersehenen sich sträubten. Bauern, die gegen eine Zwangsehe aufbegehrten, wurden in Ketten deportiert und auf 25 Jahre in die Armee gepresst, wo Offiziere geringste Vergehen wiederum durch

Auspeitschen ahndeten. Beim Spießrutenlauf prügelten 1000 Soldaten so lange auf Delinquenten ein, bis denen die Haut in Fetzen vom Körper hing; ein Unteroffizier trug Sorge, dass mit voller Kraft zugeschlagen wurde. »Starb der Unglückliche bei der Geißelung«, so Kropotkin, »wurden die fehlenden Streiche dem Leichnam versetzt.«

Bevor es so weit kam, legten viele lieber selbst Hand an sich. Andere richteten die Äxte, mit denen Russlands Bauern seit je den Wäldern ihre Existenz abtrotzten, in verzweifeltem Hass gegen die Peiniger. So verlor auch einer von Russlands großen Romanciers, Fjodor Dostojewski (1821 bis 1881), im Alter von 17 Jahren seinen Vater. Der war ein Wüstling und Trunkenbold und misshandelte seine Leibeigenen derart brutal, dass die sich eines Tages grausam rächten.

Der Sohn des Erschlagenen erhoffte sich als junger Westler eine gerechtere Welt von den revolutionären Utopien des Frühsozialismus. Nach der Verbannung wandelte er sich dann zum konservativen Slawophilen. Keinem der beiden Lager ist der berühmteste Graf der russischen

Fjodor Dostojewski (Gemälde von 1872)

Literatur, Leo Tolstoi (1828 bis 1910), zuzuordnen. Der wollte, weil zu seiner näheren und weiteren Verwandtschaft mehrere Dekabristen gehörten, einen Roman über die Adelsrevolutionäre schreiben. Das Projekt blieb Bruchstück, denn Tolstoi kam zu dem Schluss, der Ursprung der Revolte liege im Krieg gegen Napoleon. So machte er sich an sein Meisterwerk »Krieg und Frieden«, das die russische Gesellschaft und die Feldzüge der Jahre 1805 bis 1812 beschreibt. Aber auch die Fragmente des Dekabristen-Projekts haben es in sich, darunter ein höchst realistisch erzählter Bauernaufruhr. So wird verständlich, was später Lenin – ein Literaturkenner radikalen Schlages – über Leo Tolstoi sagte: »Bevor dieser Graf zu schreiben begann, gab es in der russischen Literatur keine echten Bauern.«

Und doch hatte die Herrenwelt der Gutsbesitzer Tolstoi so geprägt, dass er nicht nur mit Axinja, der Frau eines seiner Leibeigenen, einen Sohn zeugte, sondern diesen auch als Dorfjungen aufwachsen ließ – später wurde der Kutscher bei einem seiner legitimen Söhne. Der geniale Graf war auf besonders extreme Weise innerlich zerrissen. Aber gerade darin zeigt sich Tolstoi als typischer Vertreter der russischen Bildungselite: Eine Art von Bewusstseinsspaltung und ein kollektives Schuldgefühl waren das Erbe der gesamten »Intelligenzija«. Der Begriff erscheint, gemünzt auf die Petersburger Adelsgesellschaft um den umschwärmten Puschkin, wohl erstmals 1836 in den Tagebüchern des Dichters und herausragenden Übersetzers Wassilij Schukowski (1783 bis 1852). Warum die »Intelligenzija« nicht mit dem westlichen Begriff der »Intellektuellen« zu verwechseln ist, zeigt ein Blick auf ihre historischen Wurzeln: Sie liegen in den radikalen Reformen Peters des Großen, der das mittelalterliche Russland in die europäische Moderne katapultieren wollte. Dazu schuf er eine neue Elite im Ausland ausgebildeter Spezialisten.

Bei ihrer Heimkehr war die winzige Führungsschicht von der Masse ihrer Landsleute durch mentale und soziale Abgründe getrennt. So viel diese Intelligenzija von ihren materiellen und ideellen Privilegien profitierte, so sehr litt sie am fortdauernden Kontrast zwischen der westeuropäischen Zivilisation und der russischen Barbarei. Der unerwartete Triumph im »Vaterländischen Krieg« gegen Napoleon verschärfte diesen inneren Konflikt noch weiter. Gerade weil der Sieg von einer Woge nationalen Einheitsgefühls begleitet wurde, spürte die Intelligenzija nun erst recht Rückständigkeit und Schmutz, Brutalität und Gemeinheit, Elend und Ineffizienz der russischen Wirklichkeit – und ein wachsendes Mitgefühl für das einfache Volk.

Aber mit all ihren Talenten und Reformideen war die geistige Elite zu politischer Passivität verdammt. Das Gefühl der Nutzlosigkeit quälte sie. Nicht zufällig haben Russlands große Erzähler eine unvergessliche literarische Genealogie von »überflüssigen Menschen« (Turgenjew) geschaffen. Stammvater ist der zynische Petersburger Salonlöwe und Müßiggänger Jewgenij Onegin – der Held von Puschkins gleichnamigem Versroman. Dieses Buch lasen die Zeitgenossen als »Enzyklopädie des russischen Lebens«. Den Ausdruck prägte der Literaturkritiker Wissarion Belinski (1811 bis 1848), eine der meistverehrten Gestalten der Intelligenzija. Der soziale und moralische Einfluss Belinskis ging über seine Rolle als Literaturkritiker weit hinaus. Im Brief an einen Freund formulierte er 1847 das Dilemma der russischen Intelligenzija: »Das Volk spürt, dass es Kartoffeln braucht, aber es braucht keine wie auch immer geartete Konstitution – die wollen nur gebildete Leute, die praktisch machtlos sind.«

Als Sohn eines Militärarztes war Belinski einer jener Nichtadligen kleinbürgerlicher Herkunft (»Rasnotschinzy«), die ab Beginn der vierziger Jahre in der Intelligenzija zahlreicher wurden; ein Teil von ihnen sollte sich bald politisch radikalisieren. Der ausgezehrte, in Armut lebende Belinski war 1832 wegen eines Dramas, das die Leibeigenschaft kritisierte, von der Moskauer Universität relegiert worden. In den 16 Jahren, die ihm blieben, wuchs er zur überragenden Instanz der Intelligenzija heran. Mit seiner ästhetisch-moralischen Autorität machte er vor, wie Literatur und Kritik praktische Alltagswerkzeuge zur Verbesserung der Gesellschaft werden sollten.

Doch die europäischen Revolutionen des Jahres 1848 führten in Russland zu einer erneuten Verschärfung der inzwischen nachlässiger gewordenen Literaturüberwachung. Als Belinski mitten in jenem Jahr seiner Tuberkulose erlag, war

WIDERSPRÜCHE EINES ERZÄHLGENIES

»Die Toten Seelen« und Nikolai Gogol

Der berühmte Roman knüpft direkt an eine Eigentümlichkeit des zaristischen Leibeigenschaftsregimes an: Grundherren waren verpflichtet, für jede der bäuerlichen »Seelen«, die sie besaßen, eine Kopfsteuer an den Staat zu entrichten. Das Verzeichnis derjenigen, für die diese Abgabe zu zahlen war, erneuerte eine träge Bürokratie jedoch nur alle zehn Jahre – für zwischenzeitlich Verstorbene musste zum Verdruss ihrer Besitzer bis zur jeweils nächsten Revision des Registers weiterbezahlt werden. Da man leibeigene Bauern tatsächlich wie Grundeigentum bei der Landwirtschaftsbank verpfänden und beleihen konnte, verfällt Gogols hochstaplerischer Romanheld Tschitschikow auf die Idee, verschiedenen Grundbesitzern ihre teuren »toten Seelen« zu Spottpreisen abzukaufen. Die im Register Fortlebenden hinterlegt er urkundlich als Sicherheit für Darlehen, die er bei der Agrarbank aufnimmt – der Handel gedeiht prächtig.

So grotesk und abgründig die Komik des Romans auf heutige Leser wirken mag, so realistisch beschwört sie eine Sklaverei von barbarischer Roheit. Paradoxerweise hatte Gogol keines-

der Haftbefehl für ihn bereits unterzeichnet. Das Regime fürchtete den toten Kritiker kaum weniger als den lebenden – bis 1856 blieb der Presse jede Erwähnung seiner Person verboten. Anders als in Westeuropa existierte nicht einmal im Ansatz eine Mittelklasse, die liberale Reformen hätte fordern können. Die Opposition gegen den Zarismus beschränkte sich auf kleine Zirkel von Gebildeten wie jenen, dem sich

wegs eine politische Satire im Sinn: Er besaß selbst Leibeigene und war konservativ eingestellt – ja Thron und Altar fast mystisch ergeben. Erschrocken über das Gesellschaftsporträt, das ihm unterlaufen war, versuchte er, in einem zweiten Romanteil dem ersten ein ideales, erhabenes Russland mit patriarchalisch wohltätigen Gutsbesitzern entgegenzusetzen. Weil er als realistischer Künstler an dieser selbstgestellten Aufgabe scheitern musste, versank er in moralischen Selbstanklagen: Er bezichtigte sich, unfähig zu einem adäquaten Bild des heiligen Russland zu sein. In dieser Stimmung veröffentlichte er 1847 »Ausgewählte Stellen aus dem Briefwechsel mit Freunden« – ein wie von religiösem Wahn diktiertes Buch, das die blinde Unterwerfung unter die orthodoxe Kirche und den absoluten Verzicht auf Freiheit forderte und die Leibeigenschaft als göttliche Institution verherrlichte. Auf das vom Regime gefeierte Werk antwortete der Kritiker Wissarion Belinski, der Gogols realistische Kunst stets gerühmt hatte, mit einem fulminanten Brief – er wurde in Russland legendär.

Rainer Traub

der junge Dostojewski in St. Petersburg anschloss und den ein Polizeispitzel 1849 auffliegen ließ.

Eine Sonderstellung nahm Alexander Herzen ein, der sich den Repressionen 1847 durch Emigration entzogen hatte. In Paris desillusionierten ihn die Niederlage der Revolution von 1848 und die Geldherrschaft eines neuen Großbürgertums, das Herzens altem Westler-Ideal von Volksfreiheit gar nicht ähnlich sah. Er folgerte, eine soziale Revolution in Russland müsse ganz anders ablaufen und sich auf die kollektiven Ansätze der russischen Dorfgemeinschaft stützen. Herzen begründete damit eine revolutionäre Variante slawophilen Denkens, die eine neue Generation prägte. Die setzte ihre Hoffnungen weniger auf westliche Ideen als auf die von ihr idealisierte Bauernschaft. Dass Reformen überfällig waren, hatte 1856 das Krim-Krieg-Debakel gegen die Westmächte bewiesen. »Alle wollten bessern, das Bestehende zerstören, verändern«, schrieb danach Leo Tolstoi, »alle Russen befanden sich in einem Zustand unbeschreiblicher Begeisterung.«

Die Euphorie hielt nicht lange an: Die ökonomische Lage für die große Masse der Bauern besserte sich auch nach der zunächst begeistert begrüßten Aufhebung der Leibeigenschaft (1861) durch Zar Alexander II. nicht. Und die soziale Tyrannei in den Fabriken, die sich nun vermehrten, war keine verlockende Alternative. Die ersten Rebellen kamen zu dem Schluss, jetzt helfe nur noch Gewalt. 1866 leitet ein Anschlag auf Alexander II. die Ära des sozialrevolutionären Terrorismus ein. Derweil beginnt ein kleiner Teil der Intelligenzija, sich für das Werk eines deutschen Gelehrten zu interessieren, der im Londoner Exil 1864 eine »Internationale Arbeiter-Assoziation« mitgegründet hat. Das wirtschaftskritische Hauptwerk des radikalen Linkshegelianers, der zum Studium von Russlands ökonomischer Entwicklung eigens Russisch lernte, gilt als Geheimtipp.

Ein Presse-Reformgesetz von 1865 beschränkt die Präventivzensur auf Broschüren: Die sind wegen ihres geringen Umfangs regimekritischer und potentiell massenwirksamer Agitation besonders verdächtig. Im Interesse des wissenschaftlichen Fortschritts dürfen aber Werke, deren Umfang 160 Seiten übersteigt, fortan zensurfrei gedruckt werden. Bei Übersetzungen aus Fremdsprachen, die freiheitliche Infektion argwöhnen lassen, winkt Zensurbefreiung erst ab 320 Seiten. Doch die Sprengkraft des Wälzers tarnt sich mit einem weit größeren Umfang. So erlebt »Das Kapital« von Karl Marx seinen ersten fremdsprachigen Auftritt 1872 ausgerechnet im despotischen Russland. In diesem Jahr feiert die Familie eines geachteten Pädagogen in der Wolgastadt Simbirsk den zweiten Geburtstag des kleinen Sohnes Wladimir Iljitsch. Als Student zählt er einige Jahre später zu den gründlichsten Marx-Lesern. Die Welt wird noch von ihm hören.

»Russland zerfällt in zwei Teile«

Tagebuchaufzeichnungen von Helmuth von Moltke d. Ä.,
preußischer General und späterer Feldmarschall,
über einen Besuch im Zarenreich 1856

28. AUGUST 1856

Man hat gesagt, dass bei zunehmender Bevölkerung das uner-
messliche Reich in sich zerfallen müsste. Aber kein Teil desselben kann ohne den anderen bestehen, der waldreiche Norden
nicht ohne den kornreichen Süden, die industrielle Mitte nicht
ohne beide, das Binnenland nicht ohne die Küste, nicht ohne die
große gemeinsame Wasserstraße der vierhundert Meilen schiff-
baren Wolga. Mehr noch als dies hält aber das Gemeingefühl
aller auch die entferntesten Teile zusammen.

Und für dieses Gefühl ist Moskau der Mittelpunkt nicht nur
des europäischen Kaisertums, sondern des alten, heiligen
Zarenreiches, in welchem die geschichtlichen Erinnerungen des
Volkes wurzeln, und aus welchem, trotz einer zweihundertjäh-
rigen Abschweifung*, vielleicht doch noch seine Zukunft her-
vorgehen wird.

5. SEPTEMBER 1856

Die väterliche Gewalt ist die Basis aller Rechtszustände in Russland. Ein Vater kann ungerecht und hart sein, aber das hebt sein
göttliches Recht nicht auf. Der Russe muss durchaus einen Herrn
haben, er sucht ihn sich, wenn er ihm fehlt.

---

* Gemeint ist die mongolische Fremdherrschaft von 1237 bis 1480.

Infolge der höchst eigentümlichen Gemeindeeinrichtung, in welcher Kommunismus und Sozialismus seit Jahrhunderten faktisch bestehen, wo das Privateigentum und das Erbrecht nicht gelten, konnten zwar arme Gemeinden, aber keine ganz armen Individuen vorkommen.

7. SEPTEMBER 1856

In keines sterblichen Menschen Hand ist eine solche Machtfülle gelegt, wie in die des unumschränkten Beherrschers des zehnten Teils aller Erdbewohner, dessen Zepter sich über vier Weltteile erstreckt, und der über Christen und Juden, Muselmänner und Heiden gebietet. Wie sollte man nicht aufrichtig Gott bitten, mit seiner Gnade den Mann zu erleuchten, dessen Wille Gesetz ist für sechzig Millionen Menschen, dessen Wort von der chinesischen Mauer bis zur Weichsel, vom Polarmeer bis zum Ararat gebietet, auf dessen Ruf eine halbe Millionen gehorsamer Krieger warten, und der Europa eben erst den Frieden geschenkt hat!

Die russische Gemeinde verwaltet ihre eigenen Angelegenheiten durch selbstgewählte Obere, die Starosten, denen sie unbedingt gehorcht. Die kaiserlichen Beamten sind leider oft von notorischer Unzuverlässigkeit und Bestechlichkeit. Der junge Kaiser hat hier schon mit kräftiger Hand eingegriffen, aber das Übel wurzelt tief. Auf einem Unterschleif ertappt zu werden, ist ein Unglück, nicht wie bei uns eine Schande. Zu viele sind bei den Missbräuchen interessiert. Je weniger solcher Beamter, desto besser. Kein Adel entspricht überhaupt weniger als der russische seinem eigentlichen Zweck, auf eigenen Füßen zu stehen und selbständig das Recht gegen unten und oben zu wahren. In allen übrigen Ländern wird der Adel erteilt nach der Willkür des Monarchen, in Russland streng nach dem Gesetz. Jeder, welcher die fünfte Rangklasse erreicht, erlangt dadurch den erblichen Adel; die Kinder des Obersten und des Kollegienrates werden Edelleute; und noch mehr: Der älteste Erbadel geht verloren, sobald der Besitzer in drei Generationen nicht im Staatsdienst einen Tschin** oder Rang erhalten hat. Dadurch ist der Adel ganz und gar abhängig von der Regierung, und es kann ihm nicht leicht einfallen, irgend gegen diese Opposition zu machen.

Ebenso wenig gibt es hier einen Bürgerstand. Die erste Klasse der Kaufleute tritt in den Tschin des Adels; die kleineren sind Muschiks***, obwohl oft Millionäre, und stehen auf derselben Bildungsstufe wie der Bauer, dem sie in Tracht und Sitte gleich bleiben. Auch die Fabriktätigkeit ist ganz in den Händen des grundbesitzenden Adels. Russland zerfällt sonach eigentlich nur in zwei sehr ungleiche Teile, die Klasse der Gebildeten und »die schwarze Brut«, tschorni narod, erstere zählt höchstens eine halbe, letztere sechzig Millionen Menschen.

Die plötzlich und gewaltsam eingeführte, westeuropäische Zivilisation ist nirgends in die unteren Schichten der Gesellschaft eingedrungen. Eine kleine Zahl französisch erzogener, im Luxus aufgewachsener, elegant gebildeter, uniformierter und besternter Russen tritt ohne jede Vermittlung neben der an Zahl hundertfach überlegenen Masse der bärtigen, unwissenden, kräftigen, frommen und dabei gelehrigen Bevölkerung auf. In Russland stehen die Unterschiede schroff nebeneinander: Paläste neben Hütten, prachtvolle Städte in öder Gegend, eine hundert Meilen lange Eisenbahn, die zwischen Anfang und Endpunkt keine Stadt berührt.

Man muss gestehen, dass die russischen Kaiser Unglaubliches geleistet haben. Eine der prachtvollsten Hauptstädte erhebt

** Tschin – Rangstufe im russischen Beamtenwesen.
*** Muschik – Mann, hier im Sinne eines einfachen Mannes vom Lande.

sich über dem Sumpf der Newa, obwohl die Fluten derselben sie zu ertränken drohen, mächtige Flotten in Meeren, die sieben Monate lang zugefroren sind, ein vortreffliches Heer geschaffen, wo jeder Mann ein zinstragendes Kapital seines Herrn ist, Museen mit den Meisterwerken aller Länder, wo das Volk hundert Meilen umher nur die schwarzen Heiligenbilder schätzt, parkettierte Fußböden, aber halsbrechendes Straßenpflaster, kurz bis ins Detail schroffe Gegensätze ohne Vermittlung.

Die Russen werden auch noch lange nicht ohne die Hilfe der Fremden fertig werden, namentlich nicht ohne die Beständigkeit, das Geschick und die Pflichttreue der Deutschen, denn nur langjährige und eiserne Strenge wird redliche, russische Beamte schaffen können. Vor allem muss erst der Klerus für die Aufklärung des Volkes gewonnen und selbst erzogen werden. Plötzlich und gewaltsam ist hier nichts zu machen, aber das Bestreben eines Jahrhunderts wäre wohl kein zu geringer Preis für eine wirklich nationale, russische Entwicklung.

Bombe vor die Beine

Mit verspäteten und halbherzigen Reformen
wie der Aufhebung der Leibeigenschaft versuchte
Alexander II., sein Reich zu modernisieren.
Dann geriet er ins Visier von Terroristen.

Von Christoph Gunkel

ls sich der Rauch der Explosion gelegt hat, will der
Zar dem Mann in die Augen sehen, der ihn soeben
umbringen wollte. Alexander II. steigt aus seiner Kutsche, deren Fenster zersplittert sind. Stapft an zwei Leibgardisten und Pferden vorbei, die im Schnee verbluten. Ignoriert
seine Soldaten, die ihm zurufen, der Zar solle lieber fliehen,
schnell, schnell, so schnell es nur gehe. Dann steht der mächtigste Mann Russlands vor dem Attentäter, den die verbliebenen Leibgardisten überwältigt haben, und wirkt ziemlich
machtlos, als er mit kindlich-naivem Zorn fragt: »Hast du die
Bombe geworfen? Das ist ja wirklich unglaublich!«

Ratlos blickt der Zar auf einen unscheinbaren Mann mit
Fellmütze und grober Stoffjacke. Woher kommt dieser Hass,
der gerade ihn trifft, der sein Land modernisiert hat wie kaum
ein anderer Herrscher? Warum wird er, der Bauern und Studenten ein weit freieres und erträglicheres Leben ermöglicht
hat, nun im Namen dieser Leute verfolgt? Alexander II. findet keine Antwort, wieder einmal. Der Bombenwurf vom
13. März 1881 war bereits der siebte Mordanschlag auf Alexander. Über Jahrhunderte hatte es niemand aus dem Volk
gewagt, einem von Gott gesandten Zaren nach dem Leben zu

trachten. Doch jetzt schossen einfache Bürger auf ihren Kaiser, sprengten einen Teil seines Winterpalais in die Luft, zündeten Minen auf Bahnstrecken, die er befuhr. Zum ersten Mal war in Russland der Herrscher der Gejagte. Dabei hatte Alexander selbst jenen, die nun seinen Tod herbeisehnten, lange als Hoffnungsträger gegolten.

Als er 1855 die Zarennachfolge antrat, übernahm er eine tief verunsicherte Großmacht. Das Imperium hatte im Krim-Krieg verheerende Niederlagen erlitten und hinkte den europäischen Staaten wirtschaftlich und sozial hinterher. Während die Leibeigenschaft weiter westlich seit rund einem halben Jahrhundert abgeschafft war, ackerten in Russland noch 50 Millionen Menschen in Unfreiheit – unter ihnen Wladimir Putins Urgroßvater Iwan. Der humanistisch erzogene Alexander II. wollte sein Reich aus dieser Rückständigkeit führen und vom Stigma der Barbarei befreien. Mutig beschloss er, zuerst mit dem größten Übel aufzuräumen: der Leibeigenschaft. Die Zeit drängte. Allein zwischen 1850 und 1854 hatte es 140 Bauernaufstände gegeben.

Der Kaiser wusste, dass er sich mit seinem Vorhaben unerbittliche Feinde machen würde. Der erzkonservative Landadel war nicht gewillt, die lukrative Ausbeutung kampflos aufzugeben, schließlich lag der Kaufpreis für Leibeigene oft unter dem eines guten Hundes. Vorsichtig versuchte Alexander, seinen Reformplan in Watte zu packen. »Sie werden sicher selbst verstehen, dass das jetzige System leibeigener Seelen nicht unverändert bleiben kann«, sagte er im Frühjahr 1856 gegenüber Adelsvertretern. Dann legte er seinen Köder: »Es ist jedoch besser, es von oben abzuschaffen, als auf den Augenblick zu warten, in dem es von unten abgeschafft wird.« Die Angst vor einer Bauernrevolution sollte den Adel dazu bewegen, über seine Enteignung nachzudenken. Denn selbst die kompromissbereiten Gutsherren ahnten, dass die Bauern nicht befreit werden konnten, ohne ihnen Land zuzuteilen.

Das Kalkül ging nicht auf. Zwar waren Grundbesitzer in den industrialisierten und weniger fruchtbaren Provinzen des Nordens bereit, Land an Leibeigene zu veräußern. Insgeheim hofften sie, bei der Gelegenheit ihre sandigen und moorigen Böden zu einem guten Preis loszuwerden. Doch die Eigentümer der fruchtbaren Regionen im Süden blieben widerspenstig. Sie arbeiteten nur deshalb in den Reformkomitees mit, um die Pläne zu verschleppen und liberale Kräfte auszubremsen. Eine Bauernbefreiung, klagten sie, werde den Adel ruinieren und das Land in die Anarchie stürzen. Manchmal packte den Zaren angesichts dieses Widerstands die Wut. »Wenn diese Herren sich einbilden, sie könnten mich durch ihre Haltung erschrecken«, schrieb er einem Vertrauten erbost, »dann täuschen sie sich.« Alexander erhöhte den Druck, indem er die Presse in seine Pläne einweihte – so viel Offenheit hatte noch nie jemand gewagt.

Dennoch mussten die Reformer viele Kompromisse eingehen. Zermürbt von jahrelangen Diskussionen, sprach der Zar Anfang 1861 ein Machtwort: »Ich wünsche, ich fordere und befehle, dass alles bis zum 15. Februar abgeschlossen ist« – und erinnerte den Adel kühl an die »Macht des autonomen Herrschers«. Der Befehl schien zu wirken. Wenige Tage später wurde in Gesetze gefasst, was Alexander in einer bewegenden Rede zur »Überlebensfrage« seines Landes erhoben hatte: Nach mehr als drei Jahrhunderten hatte das Zarenreich die Leibeigenschaft abgeschafft. Nur: Der aufrichtige Wunsch des Zaren nach einer Verbesserung »nicht nur in Worten und auf dem Papier, sondern tatsächlich« erfüllte sich nicht. Während Alexander im Ausland sogar von exilierten radikalen Demokraten wie Alexander Herzen gefeiert wurde, während die Bildungsbürger das Ende der Barbarei beklatschten und 20 000 Menschen dem Herrscher vor seinem Schloss zujubelten, blieben die meisten Bauern stumm und misstrauisch.

Zu oft waren sie betrogen worden, um an Wunder zu glauben. Und das 400-seitige Gesetzeswerk, dessen Bestimmungen ihnen nun in den Kirchen verlesen wurden, weckte mit seiner geschwollen Bürokratensprache und den unzähligen Ausnahmeregeln wenig Vertrauen. Viele Klauseln mussten argwöhnisch machen: Da erhielten die Bauern sofort das freie Bürgerrecht, mussten aber in einer Übergangszeit von zwei Jahren weiterhin für ihre Grundherren arbeiten und ihnen Abgaben zahlen. Und da wurde den einstigen Leibeigenen sofort der Besitz ihres Hauses zugesprochen, doch das Land, das sie bisher beackert hatten, mussten sie erst selbst erwerben. Weil sie kein Eigenkapital besaßen, lieh ihnen der Staat für maximal 49 Jahre das Geld, verlangte es aber vollständig zurück – zuzüglich satter sechs Prozent Zinsen.

Die Grundbesitzer und von ihnen selbst ernannte spezielle Schlichter handelten mit den Dorfgemeinden den Kaufpreis für das Land aus. Eine Einladung zum Betrug, denn transparente Marktpreise gab es nicht. Historiker wie Alexander Aiwasow rechneten später nach, dass die kaufmännisch unerfahrenen Bauern oft das »Dreifache der Summe des Bodenwerts« zahlten. Viele blieben zudem für Jahrzehnte faktisch unfrei, denn solange das Land nicht abbezahlt war, konnten sie es auch nicht verlassen. Dazu kam eine weitere, überaus tückische Sonderregelung, die der Adel in letzter Minute durchgesetzt hatte: Verzichteten die Bauern freiwillig auf drei Viertel der ihnen zugesprochenen Landfläche, erhielten sie das restliche Viertel sofort und kostenlos. Zehntausende schluckten diesen Köder und endeten in Armut. Denn ihre kleinen Parzellen warfen zu wenig Ertrag ab.

Alexander II. ließ sich davon nicht entmutigen. Er hatte zwar solche Entwicklungen weder gewollt noch vorhergesehen. Aber trotz der Konstruktionsmängel seiner Bauernbefreiung glaubte er, Historisches geleistet zu haben – und trieb mit Hochdruck weitere Reformen voran. Alles kam auf den Prüfstand: Justiz, Verwaltung, Bildungswesen. Jedes Mal war es ein zähes Ringen, doch am Ende hatte sich Russland ein wenig dem Standard Europas angenähert. Zum ersten Mal gab es Anwälte und öffentliche Gerichtsverhandlungen. Das Vertrauen in die Justiz wuchs, die Verwaltung wurde dezentralisiert und effizienter, die Prügelstrafe abgeschafft. Das Militär bekam seine allgemeine Wehrpflicht, die Universitäten ihre volle Autonomie, und das Schienennetz wurde um das 20-Fache ausgebaut.

Doch wieder erntete der Zar wenig Dankbarkeit von denen, die von den Änderungen profitierten. Womöglich kam seine Reform-Rosskur zu spät. Auch war er dem konservativen Adel, immer noch Stütze des Regimes, weit entgegengekommen. Studenten und sozialistische Gruppierungen empfanden den Umbau des Staates jedenfalls als nicht schnell und weitgehend genug. Der Zar hatte eine Veränderung angestoßen, deren Eigendynamik er bald nicht mehr kontrollierte. Der Trend ging nicht mehr zur Reform, sondern zur Revolution.

An den Universitäten und in geheimen politischen Zirkeln träumten junge Russen längst von einer Zeit nach dem Zarentum. Wahlweise forderten sie ein Parlament, eine Verfassung, Demokratie oder gar Sozialismus. Die Moderaten wären mit einer konstitutionellen Monarchie zufrieden gewesen, doch die Radikalen kämpften für die völlige Zerstörung des Systems. Es erschien ihnen zu krank, als dass es noch zu reformieren wäre – die Revolution von 1917 warf ihre Schatten voraus.

Überall im Land wurden heimlich sozialrevolutionäre Pamphlete gedruckt – und der Zar las dank seiner Agenten ungläubig mit. Unschlüssig, was er tun sollte, schwankte er zwischen autokratischer Härte und weiteren Zugeständnissen. Seine Ministerien besetzte er abwechselnd mit Hardlinern und Reformern. Alexander wurde »angst vor der eigenen Kühnheit«, schrieb eine Freundin der kaiserlichen Familie, »er macht sich zum Verteidiger der Ordnung, die er selbst erschüttert hatte«. Resigniert stattete der Zar 1880 seinen Innenminister Michail Loris-Melikow, Sohn eines armenischen Kaufmanns, mit umfassenden Vollmachten aus. Alexander beauftragte ihn mit einer »Diktatur der Herzen«: Jeder, der die Autokratie in Frage stellte, wurde unerbittlich verfolgt – und doch sollte gleichzeitig über eine Verfassung und ein Parlament nachgedacht werden.

Das Wüten der Geheimpolizei stärkte jene Kräfte, die ohnehin überzeugt waren, die Verhältnisse schneller mit Bomben als mit Worten verändern zu können. 1879 gründete sich das Terrornetzwerk »Der Volkswille«. Dessen junge Fanatiker ermordeten im ganzen Land Adlige, Polizeichefs und hohe Beamte. Zu den Terroristen gehörten Söhne und Töchter aus der Oberschicht. Auch der Zar stand auf der Todesliste. Vier Anschläge hatte der »Volkswille« bereits auf ihn verübt (zwei weitere gingen auf andere Täter zurück); dann kam jener 13. März 1881, an dem der Student Nicolai Ryssakow eine Bombe unter Alexanders Kutsche warf. Wenige Sekunden nachdem der Kaiser dem gefassten Terroristen Ryssakow in die Augen geblickt hatte, näherte sich ihm ein zweiter Mann – und der warf ihm eine Bombe direkt vor die Beine. Die Detonation riss Alexanders linken Fuß ab; wenige Stunden später erlag er seinen Verwundungen. St. Petersburg erstarrte im Schock.

Für den »Volkswillen« hatte sich dagegen ein Traum erfüllt. »Ich weinte, ebenso die anderen«, erinnerte sich die beteiligte Terroristin Wera Figner. Das Blut des Zaren habe die Grausamkeiten des Regimes gerächt und das Land befreit. »Eine schwere Last fiel von unseren Schultern«, schrieb Figner, »die Reaktion (so schien es uns) musste nun endlich der Arbeit zur Erneuerung Russlands weichen.« Sie täuschte sich. Gegen fünf enttarnte Verschwörer erging das Todesurteil. Die Explosion hatte zwar Alexanders Körper zerrissen, verpuffte ansonsten aber wirkungslos. Sie entflammte keinen Volksaufstand. Still trauerten die Bürger um ihren Zaren, dessen Nachfolger sich weit weniger reformfreudig zeigen sollten. Nach Alexander II. folgten Jahrzehnte des Stillstands. Dann war das Reich so morsch, dass es in sich zusammenfiel.

Absturz in Roulettenburg

Spielschulden und saurer Wein:
Fjodor Dostojewski in Deutschland.

Von Carmen Eller

Wiesbaden im August 1865. Aus der Kurstadt schreibt Fjodor M.
Dostojewski an seine Geliebte nach Paris: »Liebe Polja, meine
Situation hat sich unwahrscheinlich verschlechtert. Kurz nachdem Du weggefahren warst, tags darauf, erklärte man mir am
frühen Morgen im Hotel, man habe Anweisung, mir weder Mittagessen noch Tee oder Kaffee zu servieren.« Der Grund: »Der
dicke deutsche Wirt sagt, Mittagessen verdiente ich nicht.«
Der Brief an Polina Suslowa endet mit der Bitte um 150 Gulden,
damit »ich diese Schweine bezahlen« kann. Der Schriftsteller
steckt tief in Spielschulden. Seit seinem ersten Besuch in Wiesbaden 1862 ist der Russe dem Roulette verfallen, fast ein Jahrzehnt lang hat ihn die Spielsucht im Griff. Mehrfach reist er nach
Deutschland und hockt tage- und nächtelang in den Casinos von
Wiesbaden, Bad Homburg oder Baden-Baden.

Hauptgrund der Reisen ist allerdings seine angeschlagene
Gesundheit. In den renommierten Kurorten erhofft sich der
Epileptiker Genesung durch heilende Quellen. Nach ärztlicher
Anweisung badet, trinkt und gurgelt er – und quält sich häufig.
Heimweh und die in seinen Augen russenfeindlichen Deutschen
machen ihm zu schaffen. Das Leben im Ausland sei schlimmer
als Zwangsarbeit, schreibt er in einem Brief. Aus der »Hölle
Baden-Baden« berichtet er, die Deutschen seien »alle ohne
Ausnahme Wucherer, Schurken und Betrüger!« Aus Bad Ems
schimpft er über den »miserablen« Kaffee und den einheimi-

schen Wein, »dieses hochgradig saure Zeug«. Selbst in Dresden, wo er in der Gemäldegalerie auf einen Stuhl steigt, um die Sixtinische Madonna zu bewundern, klagt er über das »dumme deutsche Theater«.

Freilich bemühte sich Dostojewski kaum um Kontakt mit den Deutschen, wie die Slawistin Karla Hielscher in ihrer Studie »Dostojewski in Deutschland« betont. Seine zerstörerische Passion für das Casino aber verarbeitete er in seinem 1867 erschienenen Roman »Der Spieler«. Schauplatz ist eine fiktive deutsche Stadt: Roulettenburg. Die weibliche Hauptfigur, vor der sich der Erzähler in masochistischer Lust erniedrigt, heißt nach ihrem autobiografischen Vorbild Polina. Weil Dostojewski in Wiesbaden einen Vorschuss seines Verlegers verspielt hatte, dem er nun einen neuen Roman schuldig war, entstand »Der Spieler« unter Hochdruck – in nur 24 Tagen. Doch die Zeitnot erwies sich als Segen. Dostojewski bekam Hilfe von der jungen Stenografin Anna Snitkina. Die beiden verliebten sich und heirateten noch im gleichen Jahr. Dostojewskis erste Frau war 1864 gestorben. Anna lebte zeitweise mit ihrem spielsüchtigen Mann in Deutschland und ließ ihn nicht einmal fallen, als er die Eheringe ins Pfandhaus trug.

Es ist nicht bekannt, wie viel Geld Dostojewski in Deutschland verloren hat. Gewonnen hat er jedenfalls manche Erkenntnis. Etwa über den vermeintlichen Nationalcharakter der Deutschen. In einem bissigen Feuilleton spricht er von einer »allen Deutschen im Falle eines Erfolgs eigenen grenzenlosen Prahlsucht«. Dies gelte auch für literarische Figuren. So hält sich der Deutsche in Dostojewskis Satire »Das Krokodil« für besonders klug. Als seine schuppige Jahrmarktsattraktion einen russischen Hofrat verschlingt, weigert sich der deutsche Besitzer, dem Reptil den Bauch zu öffnen. Der Russe lebt also im Krokodilsmagen weiter, der Deutsche kassiert das Publikum ab.

Leben im Totenhaus

Weit über eine Million Menschen schickte
das zaristische Russland nach Sibirien. Für viele war
die Verbannung ein qualvoller Weg in den Tod,
für einige eine Reise in ein erträgliches Exil.

Von Joachim Mohr

Das erste Opfer der Verbannung im zaristischen Russland soll kein Mensch gewesen sein, sondern die Glocke eines Klosters. Am 15. Mai 1591 kam der jüngste Sohn Iwans IV., genannt »der Schreckliche«, in der zentralrussischen Stadt Uglitsch ums Leben. Viele Menschen glaubten, der damalige Reichsverweser und spätere Zar Boris Godunow habe den achtjährigen Jungen kaltblütig ermorden lassen, um die eigenen Herrschaftsansprüche abzusichern. Einige aufmüpfige Einwohner läuteten nach dem Tod des Kindes erzürnt und wagemutig die Glocke des örtlichen Klosters, um so einen Aufstand anzuzetteln. Die Rebellion wurde allerdings ruck, zuck niedergeschlagen. Zur Strafe hieben zarentreue Untertanen der Glocke die Henkel ab, als wären es Ohren, und rissen ihr den Klöppel heraus, als wäre er eine Zunge. Anschließend wurde die Glocke nach Tobolsk in Sibirien verbannt. Auch die Meuterer, die das Metall zum Tönen gebracht hatten, mussten zwangsweise gen Osten ziehen.

Von Beginn des 17. Jahrhunderts an lernten die russischen Zaren die Verbannung als nützliches Herrschaftsinstrument schätzen: Die Monarchen konnten so missliebige Zeitgenossen loswerden und, genauso wichtig, die gewaltige Weite

Sibiriens besiedeln. In die Ferne gejagt wurden Räuber und Diebe, Kriegsgefangene, meuternde Soldaten, Kinderschänder, widerspenstige Bauern, Menschen mit dem falschen Glauben oder einer störenden politischen Einstellung. Später kamen, mehr oder weniger wahllos, Meineidige, Verleumder und zahllose Männer und Frauen hinzu, die gegen irgendein Verbot verstoßen hatten, war es auch nur das des Tabakrauchens. Auch wer keine Steuern zahlte oder als Leibeigener ohne Erlaubnis einen Baum fällte, musste mit Verbannung rechnen.

Doch nicht nur echte oder angebliche Bösewichte wurden deportiert, die Zaren schoben auch zahlreiche Menschen nationaler Minderheiten wie Tataren, Juden oder Kaukasier nach Sibirien ab. Russland stand mit dieser Strafpraxis nicht allein: Großbritannien verschiffte missliebige Untertanen nach Australien, Frankreich schickte sie in sein Übersee-Departement Guayana. Bis zu seinem Ende 1917 wurden im Zarenreich wohl weit über eine Million Menschen in den weiten und kalten Osten des Reiches vertrieben, exakte Zahlen gibt es nicht. Unter den Geächteten waren Geistliche wie der hochgestellte Pope und Führer der sogenannten Altgläubigen Awwakum Petrow, berühmte Schriftsteller wie Fjodor Dostojewski, Revolutionäre wie Michail Bakunin und Leo Trotzki, ebenso Wladimir Iljitsch Lenin, der Führer der Bolschewiki, und der spätere sowjetische Diktator Josef Stalin.

Im zaristischen Russland wurde Sibirien oft als das »größte Zuchthaus der Welt« bezeichnet, der Direktor der russischen Gefängnisverwaltung nannte es Ende des 19. Jahrhunderts »ein riesiges Gefängnis ohne Dach«. Viele der Verbannten mussten unter unmenschlichen Umständen Zwangsarbeit leisten, für Abertausende endete die erzwungene Reise in einem elendigen Tod. Dostojewski schilderte seine Erfahrungen während knapp vier Jahren Verbannung in einem Buch mit dem

Namen »Aufzeichnungen aus einem Totenhaus«. Der russische Zugriff auf Sibirien begann Mitte des 16. Jahrhunderts. Das Gebiet ist riesig: Es erstreckt sich in westöstlicher Richtung über rund 7000 Kilometer vom Ural bis zum Pazifik; noch einmal mehr als 3000 Kilometer sind es vom Nordpolarmeer bis nach China, der Mongolei und Kasachstan. Die Fläche umfasst heute drei Viertel des russischen Staatsgebiets.

In den meisten Regionen herrscht ein menschenfeindliches Kontinentalklima: Auf heiße Sommer mit bis zu 40 Grad folgen extrem kalte Winter, vereinzelt mit bis zu minus 70 Grad. Bis zu neun Monate ist das Land von Schnee bedeckt. Freiwillig fanden sich deshalb nie genügend russische Siedler, um diese gigantische Fläche zu erschließen. Verbannte mussten her, verdammt, in Richtung Osten zu ziehen. Im Jahr 1649 wird die Deportation im Strafgesetzbuch des Russischen Reichs verankert. Unterschieden wird zwischen der »Katorga«, der Zwangsarbeit, und der »Ssylka«, der einfachen Verbannung.

In der ersten Hälfte des 18. Jahrhunderts deportierte die Regierung nach Schätzungen im Durchschnitt rund 2000 Verurteilte pro Jahr. Nach 1753, als die Todesstrafe weitgehend abgeschafft und in lebenslange Zwangsarbeit umgewandelt wurde, stieg die Zahl der Verbannten auf bis zu 10 000 jährlich. Seit dieser Zeit durften auch Dorfgemeinschaften sogenannte verderbte Personen nach Sibirien schicken, später konnten Gutsbesitzer widerspenstige Leibeigene deportieren oder Manufakturbesitzer unbotmäßige Arbeiter.

Damit regierte die Willkür. Oft reichte ein Verwaltungsakt, um einen Menschen nach Sibirien zu zwingen. Schwerverbrecher konnten mit wenigen Jahren einfacher Verbannung davonkommen, während Menschen, die nur ihren Ausweis verloren oder Vorgesetzten Widerworte gegeben hatten, bis an ihr Lebensende Zwangsarbeit leisten mussten. Vor ihrer langjährigen Sträflingsarbeit wurden die Verurteilten häufig ausgepeitscht und ihre Nasenflügel aufgeschlitzt. Zahlreiche Delinquenten erhielten ein Brandmal, oft auch im Gesicht. Als Tortur erlebten viele Gefangene bereits den Weg nach Osten. Von Moskau aus waren sie sechs oder mehr Monate unterwegs, teils mit Eisenfesseln aneinandergekettet, unter oft katastrophalen Verhältnissen in Etappengefängnissen untergebracht.

Zwischen 1823 und 1887 lebten genau 772 979 Verbannte in Sibirien, so hielten es jedenfalls Staatsbeamte penibel fest. Etwa jeder siebte Gefangene in den ersten Jahrzehnten des 19. Jahrhunderts war zu Zwangsarbeit verurteilt. Viele der Sträflinge mussten in Eisenhütten, Silberminen oder Salzbergwerken schuften, Verkehrswege bauen, Wälder roden oder Sümpfe trockenlegen. Für Tausende bedeutete die Plackerei den Tod.

Der amerikanische Autor George Kennan besichtigte 1885 verschiedene Straflager Sibiriens. Nach seinen Angaben lag die Sterberate unter den Zwangsarbeitern bei 30 bis 40 Prozent. In Zellen mit zwölf Insassen lagen Gesunde neben Kranken mit Typhus oder Tuberkulose. Der Schriftsteller Anton Tschechow inspizierte im Sommer 1890 drei Monate lang die Strafkolonien auf der russischen Insel Sachalin nördlich von Japan. Seine Eindrücke beschreibt er anschließend als »die wahre Hölle«: »Von den Arbeiten, die häufig bei schlechtem Wetter ausgeführt werden, kommt der Zuchthäusler mit nasser Kleidung und schmutzigem Schuhwerk zum Übernachten ins Gefängnis zurück; er kann sich nirgends trocknen. Sein Bauernpelz riecht nach Schaf, das Schuhwerk nach Leder und Teer. Die Wäsche, von den Hautausdünstungen durchtränkt, ist feucht und lange nicht gewaschen, die Fußlappen riechen erstickend nach Schweiß, und er selbst, der seit langem nicht gebadet hat, ist voller Läuse«.

Im Rahmen eines neuen Strafgesetzbuchs wurden 1845 verschiedene Grade der Zwangsverschickung festgelegt: Verbannung zu befristeter oder unbefristeter Sträflingsarbeit, zur Ansiedlung an bestimmten Orten mit Verlust aller bürgerlichen Rechte, zeitweilige Verbannung mit geringfügigen Einschränkungen der Freiheit. Das zaristische Regime versuchte damit, soziale und politische Probleme im europäischen Russland zu lösen, verschob sie aber nur nach Osten. In den Weiten Sibiriens, außerhalb der wenigen größeren Städte, herrschte praktisch Gesetzlosigkeit. Die Verbannung war eine Brutstätte für Kriminalität.

THE ART ARCHIVE

Arzt, Dichter,
Humanist:
Anton Tschechow
(Foto ca. 1890)

Eine von der Moskauer Reichsregierung eingesetzte Kommission stellte 1898 fest, dass im letzten Viertel des 19. Jahrhunderts jeder dritte Sträfling aus den sibirischen Gefängnissen und Lagern geflohen war. Überall trieben Banditen und Landstreicher ihr Unwesen, Räuberbanden überfielen Reisende und terrorisierten Dörfer. Dorfbewohner wiederum übten Lynchjustiz, wenn sie Verbrecher ergriffen, da Polizei nicht vorhanden oder korrupt war. Die Justiz setzte ein Kopfgeld auf jeden entflohenen Sträfling aus, unter Bauern und Jägern hieß es, »dass die Haut eines Sträflings mehr wert ist als das Fell eines Tieres«.

Auch politisch Verfolgte waren unter den Flüchtlingen. So gelang dem Anarchisten Michail Bakunin, 1857 verbannt, eine abenteuerliche Flucht über Japan und die Vereinigten Staaten bis nach London. Insgesamt machten die »Politischen« jedoch nur einen kleinen Teil der Deportierten aus, im Jahr 1898 gerade einmal ein Prozent. Zu ihnen gehörten die Dekabristen, revoltierende Offiziere der kaiserlichen Armee, deren Umsturzversuch im Dezember 1825 schnell in sich zusammengebrochen war. Fünf der Verschwörer wurden gehängt, viele nach Sibirien geschickt, teils für 30 Jahre, teils zu Zwangsarbeit verurteilt. Die Ehefrauen von einem Dutzend Dekabristen folgten ihren Männern freiwillig und verloren ebenfalls ihre Bürgerrechte.

Alexander Puschkin, schon damals ein berühmter Dichter und ein Sympathisant der Aufrührer, schrieb 1827 sein »Sendschreiben nach Sibirien«. In dem unter späteren russischen Revolutionären beliebten Gedicht heißt es: »Harrt aus! Sibiriens Bergwerksnacht darf euren Stolz nicht niederzwingen! Was ihr erstrebt, so kühn gedacht, wofür ihr büßt, wird einst gelingen!« Für seinen Dichterkollegen Dostojewski sollten die Verse zwei Jahrzehnte später eine ganz persönliche Bedeutung erlangen. Im Jahr 1849 wird der Schriftsteller, nur weil er einem freiheitlichen Gesprächskreis angehörte, erst zum Tode durch Erschießen verurteilt, dann zu vier Jahren Verbannung begnadigt. Die Zeit im Gefängnis von Omsk, einer Stadt im Südwesten Sibiriens, bedeutet für ihn ein Leben im »Totenhaus«.

Er und die anderen Häftlinge werden in baufälligen Bretterbuden zusammengepfercht, im Winter ist es eisig kalt, im Sommer glühend heiß. Tags muss er arbeiten, die Festung ausbauen, Schnee schaufeln. Nachts liegen die Gefangenen auf verdreckten Betten »wie die Heringe in einem Fass«. Viele sind krank, alle werden von Ungeziefer geplagt, kaum einer gewöhnt sich an die Schaben in der Suppe. Seine Mitgefangenen sind Mörder und Räuber, »rohe, gereizte und erbitterte Menschen«, die stinken »wie die Schweine«. Dostojewski zittert vor sadistischen Wärtern, die im Rausch haltlos auf Häftlinge einprügeln. Diese traumatischen Erfahrungen tragen sicherlich dazu bei, zu erklären, warum sich der anfangs liberale Dichter später in einem nationalen Patrioten verwandelte.

Im letzten Viertel des 19. Jahrhunderts steigt die Zahl der politischen Verbannten, bedingt durch Attentate von Revolutionären und Anarchisten und die aufgeheizte gesellschaftliche Lage, vor allem nach der Ermordung des Zaren Alexander II. 1881. Auch nach den Streiks und Unruhen zwischen 1905 und 1907 lässt Zar Nikolai II. Tausende politische Gegner nach Sibirien verfrachten. Viele dieser Abgeschobenen mussten allerdings weder im Gefängnis sitzen noch Zwangsarbeit leisten. Weit entfernt von ihrer Heimat arbeiteten manche sogar in ihren erlernten Berufen als Buchhalter, Ärzte, Apotheker, Juristen. Oder sie versuchten, sich als Bauern oder Handwerker durchzuschlagen. Diese noch humanen Umstände mindern nicht das Grauen, das Hunderttausende in Sibirien erleiden mussten. Jedoch ist die Verbannung zur Zarenzeit nicht mit dem Gulag der stalinistischen Sowjetunion gleichzusetzen, dem mörderischen Lagersystem mit seinen Millionen von Toten.

Für viele politisch Verfolgte war allein die Abgeschiedenheit eine schlimme Strafe. Wladimir Sensinow, ein studierter Ökonom und Sozialrevolutionär, wurde 1912 das dritte Mal verbannt – in ein ostsibirisches Kaff namens Russkoje Ustje, in dem gerade einmal 22 Menschen wohnten. »Ich zweifelte daran, dass es einen Fleck auf der Erde gab, der weiter von der Zivilisation entfernt war«, schreibt er in einem Aufsatz, der 1924 in der US-Zeitschrift »National Geographic« erschien. »Es gab nicht einen Menschen, der lesen oder schreiben konnte. Antwort auf meine Korrespondenz kam nach frühestens eineinhalb Jahren, und das auch nur über spezielle Boten. So weit das Auge reichte, gab es nur Schnee, Schnee, Schnee.«

Ein angenehmeres Leben konnten hingegen die Verbannten genießen, die über Geld verfügten. Zu ihnen zählte unter anderem Lenin, der, weil er die illegale Zeitung »Sache der Arbeiter« verbreitet hatte, 1897 für drei Jahre nach Schuschenskoje in Südsibirien geschickt worden war. In einem Brief berichtet er: »Ich lebe hier nicht schlecht, widme mich eifrig der Jagd.« Außerdem verwende er »neben der Jagd und dem Baden einen großen Teil der Zeit für Spaziergänge«. Seine Frau und Mitstreiterin Nadeschda Krupskaja, die er in der Verbannung heiratete, schreibt in ihren Erinnerungen: »Sonntags hielt er (Lenin) juristische Beratungsstunden bei sich ab. Bauern und Bäuerinnen kamen und brachten ihre Anliegen vor. Faktisch bestand überhaupt keine Aufsicht.« Sie und Lenin »mieteten für vier Rubel ein halbes Haus mit Gemüsegarten und Hof. Hier führten wir einen regelrechten Familienhaushalt.« Für einen Tag notiert sie: »Nach dem Mittagessen schrieben wir beide etwa zwei Stunden lang die ›Entwicklung des Kapitalismus in Russland‹ ins Reine.« So ging der Kampf für den Sturz der zaristischen Herrschaft auch in der Verbannung weiter.

»Millionen Menschen verfaulen«

Der Schriftsteller Anton Tschechow
reist 1890 auf die Gefängnisinsel Sachalin und
schreibt einen erschütternden Bericht.

Von Christine von Brühl

Mitte Mai ist es, und Anton Pawlowitsch Tschechow, der russlandweit bekannte Schriftsteller und Arzt, steht verlassen am Ufer des Tom, unweit dem heutigen Nowo Sibirsk, und wartet auf das Fährboot. Die Frühjahrsschmelze hat begonnen, die sibirischen Flüsse sind über die Ufer getreten, und niemand, schon gar nicht der Kutscher, der Tschechow an diese Stelle gebracht hat, weiß, wo die Fähre genau anlegen wird. Der Reisende nimmt es hin. Seine Filzstiefel triefen vor Nässe, weder Halbpelz noch Ledermantel schützen ihn hinreichend vor der Kälte, seine Haut brennt, und er leidet an Verstopfung, doch er möchte nur eines: auf die Insel Sachalin gelangen. Sie liegt im äußersten Osten des Reiches, rund 10 000 Kilometer über Land von Moskau entfernt, und beherbergt eine Strafkolonie. Immerhin die Hälfte des Weges hat Tschechow schon geschafft.

Was er auf Sachalin will, das versteht kein Mensch. Die Familie des 30-Jährigen, seine Lieblingsschwester Mascha, sein Verleger Alexej Sergejewitsch Suworin – alle haben ihm davon abgeraten. Seine Gesundheit sei schließlich nicht die beste, die weite Reise beschwerlich, dazu der Aufenthalt unter den Häftlingen sicher auch gefährlich. Diese Insel interessiere doch niemanden. Zornig hatte sich Tschechow zur Wehr gesetzt: »Sachalin nicht brauchen und uninteressant finden, kann nur eine Gesellschaft, die die Menschen nicht zu Tausenden dorthin verbannt und die nicht Millionen dafür ausgibt«, schrieb er Suworin vor seiner Abreise. »Aus den Büchern, die ich gelesen habe und lese, geht hervor, dass wir in den Gefängnissen Millionen Menschen haben verfaulen lassen, umsonst verfaulen, ziellos, barbarisch; wir haben die Menschen in Ketten Zehntausende Werst durch die Kälte getrieben, sie mit Syphilis angesteckt, demoralisiert, Verbrecher vermehrt – und all das auf die rotnasigen Gefängnisaufseher abgewälzt. Heute weiß das gesamte gebildete Europa, dass nicht die Aufseher schuld sind, sondern wir alle.«

Drei Monate verbringt Tschechow schließlich auf der Insel, von Juli bis Oktober 1890. Er besucht jede Ortschaft, jedes Haus, jede Hütte, jeden einzelnen Häftling und macht sich Notizen über Notizen. Er schaut sich die Gefängnisse und die Siedlungen an, die Dunkel-, Einzel- und Gruppenzellen, besichtigt Kettenhäuser und Latrinen, sieht bei der Essensverteilung zu und leistet Hilfe in der gänzlich unterversorgten Krankenstation. Er findet Quartiere vor, die so voller Wanzen sind, dass sich die Zimmerdecke zu bewegen scheint, und spricht mit Häftlingen, die in den Kohlebergwerken arbeiten müssen, in Stollen, so niedrig, dass sie sich darin nur auf Händen und Knien fortbewegen können. Katorga heißt ihre Strafe, Zwangsarbeit.

Geduldig lässt er sich von Gefangenen, die zur Strafe an grobe Holzkarren gekettet worden sind, beschreiben, wie sie mit dieser Einschränkung nachts überhaupt schlafen können. Sie müssten jeweils am Rand der Gemeinschaftspritsche liegen, erklären sie ihm, damit sie ihren Karren während der Nacht unter die Liege schieben könnten.

Tschechow schreibt alles auf: »Weiter leben in der Hütte selbst etwa fünf Männer, von denen sich jeder anders bezeichnet: dieser als Mieter, jener als Arbeiter und mancher als Hausgenosse. Der eine steht neben dem Ofen und lötet irgendetwas, wobei er die Wangen aufbläst und die Augen aufreißt; ein zweiter, offenbar ein Spaßmacher mit gemacht dummer Physiognomie, murmelt etwas, und die anderen lachen hinter der vorgehaltenen Hand. Auf dem Bett sitzt die Babylonische Hure, die Hausfrau selbst, Lukerja Nepomnjaschtschaja, zerzaust, hager und sommersprossig; sie bemüht sich, meine Fragen möglichst komisch zu beantworten, und baumelt dabei mit den Beinen.«

Zutritt zu den Sträflingen verschaffte Tschechow ein Schreiben des Inselkommandanten Wladimir Ossipowitsch Kononowitsch, dem der Schriftsteller erklärt hatte, er wolle eine Bevölkerungszählung durchführen. Dazu hatte sich Tschechow eigens Karteikarten mit Fragen zu Alter, Herkunft, Familienstand der Strafkolonisten und Ähnlichem drucken lassen. Der Kommandant hatte ihm die Untersuchung in aller Freundlichkeit genehmigt, nicht ohne zeitgleich einen geheimen Erlass an seine Untergebenen in Alexandrowsk und Tymowsk zu schicken: Sie sollten die Aktivitäten des Schriftstellers präzise überwachen.

Tschechow fiel sein Forschungsprojekt nicht leicht. Die Auspeitschung, der er beiwohnte, konnte er kaum aushalten. Mehrfach verließ er das Zimmer, in den darauffolgenden Nächten fand er kaum Schlaf. An einer Hinrichtung teilzunehmen, traute er sich gar nicht erst zu. Doch am Schluss schätzte er sich glücklich, jeden einzelnen der über zehntausend Katorga-Häftlingen in seine Karteikarten aufgenommen zu haben. Seinem Verleger schreibt er am 11. September 1890: »Mit anderen Worten, es gibt auf Sachalin keinen

Sträfling oder Strafkolonisten, der nicht mit mir gesprochen hätte.«

Seine Ergebnisse publiziert Tschechow in dem Buch »Die Insel Sachalin«, das zuerst, weil zensiert durch die Hauptgefängnisverwaltung, nur in einzelnen Kapiteln in der liberalen Monatszeitschrift »Russkaja mysl« (»Russisches Denken«) erscheint, doch schließlich 1895 komplett. Dabei bemüht sich Tschechow, seine Beschreibung bewusst lakonisch und sachlich zu halten. Selbstkritisch hat er alle Aperçus aus dem Manuskript gestrichen, die von Anteilnahme oder Unmut zeugen.

Das Buch ist eines der umfangreichsten, die Tschechow geschrieben hat, und es enthält eine Fülle an Daten, Fakten und Beobachtungen. Man erfährt, wie das Prinzip der Katorga funktioniert, wie aus Häftlingen erst Strafkolonialisten werden, dann Deportationsbauern und schließlich Freie, warum den Sträflingen die halbe Kopfhaut rasiert wird, dass die Ehefrauen ihren verbannten Gatten folgen dürfen und dass es viele Kinder, ja sogar Schulen auf der Insel gibt: »Die Kinder auf Sachalin sind blass, mager und schwächlich; sie tragen abgerissene Kleidung, haben ständig Hunger und sterben fast ausschließlich an Erkrankungen der Verdauungswege.« Diese Kleinen haben es Tschechow besonders angetan. Nach seiner Rückkehr sammelt er, paralysiert geradezu von ihrem Elend, bei Freunden und öffentlichen Stellen wie dem Alphabetisierungskomitee, Hunderte Lehr- und Lesebücher und lässt sie nach Sachalin schicken.

Die Geschichten, die Tschechow in seinem Buch erzählt, sind von tiefer Tragik und zugleich von gewisser Komik. Dadurch treffen sie mitten ins Herz. So berichtet er von dem Bauern Wukol Popow, der zu Zwangsarbeit verurteilt wurde, weil er seine Ehefrau mit seinem Vater im Bett überrascht und den

Vater im Affekt erschlagen hatte. Auf Sachalin nun verliebte sich Popow abermals, doch seine Frau, die in der Heimat zurückgeblieben war, willigte nicht in die Scheidung ein. Daraufhin verlobte sich Popows neue Liebe mit einem anderen. Als er davon erfuhr, vergiftete er sich mit Eisenhut. Zwei Wochen vor seinem Tod soll Popow noch geklagt haben: »Wegen eines Weibes bin ich in die Katorga gekommen, und hier muss ich wahrscheinlich wegen eines Weibes Schluss machen.«

Tschechow zeigt, dass die Katorga inhuman und sinnlos ist. Wer Menschen in die Verbannung schickt und sie mit Dunkelhaft und Prügel bestraft, so der Dichter, wird niemals Reue erwirken oder gar den Wunsch nach Besserung, sondern höchstens Scham und mangelnde Selbstachtung. Sein Buch hinterließ bei seinen zeitgenössischen Lesern starke Wirkung, ist allerdings heute eines seiner weniger bekannten Werke. Die Lage der Strafgefangenen vermochte er nicht zu ändern. Zwar begab sich Michail Nikolajewitsch Galkin-Wraskij, Chef der Hauptgefängnisverwaltung, 1894 zur Inspektion auf die Insel und bestätigte einige Beobachtungen Tschechows. Grundsätzlich aber fand er das System in Ordnung.

Anschluss verpasst

Die Eisenbahn kam mit Verspätung.
Das Schienennetz wurde vor allem unter
militärstrategischen Aspekten ausgebaut – aber
als Kriege ausbrachen, waren die
entscheidenden Strecken noch nicht fertig.

Von Norbert F. Pötzl

Voller Tatendrang reiste der österreichische Ingenieur Franz Anton Ritter von Gerstner 1834 nach Russland. Der 38-Jährige, der seine Wiener Professur für praktische Geometrie zehn Jahre zuvor aufgegeben hatte, um den Bau der ersten kontinentaleuropäischen Eisenbahn zwischen Linz und Budweis zu leiten, präsentierte Zar Nikolai I. einen ehrgeizigen Plan: die Weiten Russlands durch ein mehrere tausend Kilometer umfassendes Schienennetz zu erschließen. Das neue Transportmittel werde vor allem der Entwicklung der Landwirtschaft und des Verkehrs zugutekommen, sagte Gerstner. Doch die Bedenkenträger bei Hofe bremsten. Finanzminister Georg Kankrin, ein deutsch-russischer Nationalökonom, argumentierte, eine Eisenbahn trage nicht zur Wohlfahrt des Volkes bei. Immerhin durfte Gerstner eine 23 Kilometer lange Versuchsstrecke zwischen der Hauptstadt St. Petersburg und der Sommerresidenz des Zaren in Zarskoje Selo bauen. Damit sollte getestet werden, ob Eisenbahnen den starken Temperaturschwankungen standhalten könnten. Wenige Jahre zuvor hatte eine Regierungskommission nach »eingehenden Beratungen« noch apodiktisch behauptet, »dass die klimatischen Verhältnisse Russlands die Anlage von Eisenbahnen unmöglich machen«.

Am 30. Oktober 1837 wurde die Bahnverbindung offiziell eröffnet. Gerstner selbst steuerte die englische Dampflokomotive; der aus acht Waggons bestehende Zug mit Ehrengästen erreichte sein Ziel in 35 Minuten. Nach einem Lunch zeigte Gerstner den Passagieren auf dem Heimweg laut einem Zeitungsbericht, »welcher Leistung die Eisenbahn fähig sey, indem er den Train in 28 Minuten zurückführte«. Im Sommer des folgenden Jahres wurde eine vier Kilometer lange Erweiterung nach Pawlowsk eingeweiht. Der Ort entwickelte sich rasch zu einem beliebten Ziel von Ausflüglern aus der Hauptstadt. Der Endbahnhof war zugleich Kursaal und Konzertgebäude, wo berühmte Musiker wie Johann Strauß (Sohn), Franz Liszt und Robert Schumann auftraten. Finanzminister Kankrin lästerte, die erste Bahn Russlands führe in ein Vergnügungsviertel, während sie in allen anderen Ländern industrielle Zentren erschließe. Die Höflinge belächelten die »Wirtshausbahn«, die sie auch »Gerstners Spielzeug« nannten.

Den Klimatest bestand die Bahn jedenfalls. Obwohl es rund um St. Petersburg »nichts Seltenes« sei, dass es »in einem Tage einen Temperaturunterschied von 20 Réaumur« (25 Grad Celsius) und »im Winter zeitweise die heftigsten Schneegestöber« gebe, habe die Bahn »diesen Elementen nun schon während zwei Wintern und einem Sommer getrotzt«, notierte Gerstner 1838. Die beharrenden Kräfte am Zarenhof widersetzten sich weiter dem Zug der Zeit. Beim Güterverkehr baute man traditionell auf die Flussschifffahrt – auch wenn das Getreide, das auf der Wolga aus dem Süden transportiert wurde, erst im Jahr nach der Ernte in der Hauptstadt ankam, da die Kähne winters im Eis einfroren. Die Beförderung von Menschen mit der Eisenbahn schien aufgrund der dünnen

Besiedlung des Landes allenfalls im Umkreis größerer Städte rentabel.

Doch wirtschaftliche Gründe wogen für den Zaren ohnehin nicht so schwer wie machtstrategische: Auf Schienen, erkannte Nikolai I., würde man das Kaspische Meer von St. Petersburg aus in zwei Wochen erreichen. Die Eisenbahn, kalkulierte er, würde Russland gegenüber Großbritannien einen Vorteil beim Zugang zum Persischen Golf verschaffen. Dennoch genehmigte der Zar 1839 zunächst die Verbindung zwischen Warschau, das damals zu seinem Imperium gehörte, und der österreichisch-ungarischen Grenze. Eine ihrer ersten

Schienenwege
Russische Bahntrassen

—— 1851 —— 1870 ········ 1890 ▪▪▪▪▪ ab 1891:
Bau der Transsibirischen Eisenbahn

Aufgaben war die Beförderung russischer Truppen, um den ungarischen Aufstand 1848 niederzuschlagen.

Am 1. Februar 1842 ordnete der Zar den Bau einer Verbindung von St. Petersburg nach Moskau an, die später nach ihm »Nikolaibahn« genannt wurde. Im Sommer 1843 begannen die Bauarbeiten. 1851 war die 650 Kilometer lange Strecke fertig. Die Trasse hatte der Legende nach der Zar persönlich mit einem Lineal gezogen. Nur an vier Stellen wich die Streckenführung von der schnurgeraden Linie ab – angeblich, weil hier die Finger des Zaren das Lineal hielten. Nowgorod, jahrhundertelang das wichtigste Handelszentrum Russlands, wurde nicht an die Bahnlinie angeschlossen, weil dies einen Umweg von 37 Kilometern erfordert hätte. Dass die Stadt ohne Bahnanschluss bleiben sollte, werde deren Situation nicht verschlechtern, sagte der Zar, dem vor allem an einer schnellen Verbindung gelegen war. Tatsächlich setzte mit dem Bau der Eisenbahn der Niedergang Nowgorods ein.

Der erste Reisezug, der im November 1851 von St. Petersburg nach Moskau fuhr, benötigte 21 Stunden und 45 Minuten. Eine Heizung war nicht installiert, stattdessen wurden Metallkisten mit heißen Ziegelsteinen neben die Füße der Passagiere gestellt. Der Ingenieur Pawel Melnikow, der schon den Bau des nördlichen Teils der Nikolaibahn geleitet hatte, plante gleich die Fortsetzung der Strecke von Moskau zur Krim, 3000 Kilometer lang. Doch die Regierung beschloss, erst die Verbindung von St. Petersburg nach Warschau zu bauen. Auch die erfüllte bald ihren militärischen Zweck: Bei der Unterdrückung des polnischen Aufstands 1863 ermöglichte der Schienenweg eine rasche Verlegung russischer Truppen.

Dass die Westbahn der südlichen Verlängerung vorgezogen worden war, rächte sich im Krim-Krieg (1853 bis 1856). Als sich Russland Teile des zerfallenden Osmanischen Reiches

einverleiben wollte, auf dessen Seite Großbritannien und
Frankreich in den Konflikt eingriffen, konnten Soldaten und
Material nicht schnell genug ins Kriegsgebiet transportiert
werden. Das Debakel förderte die Einsicht am Zarenhof, dass
die Verkehrsverhältnisse dringend verbessert werden mussten.
Doch der Krieg hatte die Staatsfinanzen dermaßen zerrüttet,
dass man sich den Bau der gewünschten Bahnen nun nicht
leisten konnte. Also brauchte man private Investoren, die mit
üppigen Zinsgarantien des russischen Staates angelockt wurden.

So entstand ein zersplittertes System von Privatbahnen.
Beispielsweise konnten sich die Betreiber der Nikolaibahn
sowie der Strecken nach Jaroslawl und Rjasan nicht auf
einen gemeinsamen Moskauer Bahnhof einigen – mit der
Folge, dass am heutigen Komsomolskajaplatz jede Gesellschaft
ihren eigenen Bahnhof baute. Es herrschte zudem ein Durcheinander unterschiedlicher Spurweiten. Gerstner hatte die
Zarskoje-Selo-Bahn mit 1829 Millimeter Spurweite angelegt,
die Warschau-Wien-Bahn wurde der sich allmählich durch-
setzenden mitteleuropäischen Norm von 1435 Millimetern
angepasst, die Nikolaibahn fuhr auf 1524 Millimeter breiten
Gleisen – was in Russland dann die gängige Spurweite wurde.

Technisch bot die breitere Spur keine nennenswerten Vorteile. Die Waggons fassten kaum mehr Passagiere, und die
Begründung, die Züge könnten schneller fahren, wirkte vor-
geschützt – bei einem Reisetempo um die 30 Kilometer pro
Stunde fiel das kaum ins Gewicht. Tatsächlich gaben wieder
militärische Aspekte den Ausschlag: Die Russen fürchteten
sich vor Angreifern. Feinde aus einem Normalspurland, so die
Annahme, könnten bei einem Einfall in Russland schwerlich
neun Zentimeter breitere Achsen in die Radaufhängungen
ihrer Waggons einbauen; sollten hingegen russische Züge
auf westlicher Normalspur rollen, würde sich ein Austausch

gegen Achsen mit geringerem Radabstand leichter bewerkstelligen lassen. Da unterlief den Strategen jedoch ein Denkfehler. Denn es war, wie der britische Eisenbahnhistoriker John Norton Westwood feststellte, »für einen Eindringling viel leichter, eine Schiene des russischen Breitspurgleises nach innen zu verschieben, als umgekehrt für die Russen, in besetzten Gebieten die Normalspur zu erweitern«.

Jahrzehntelang dominierte beim Eisenbahnbau die militärische Funktion. Erst 1876 beauftragte Zar Alexander II. eine Kommission, »das Eisenbahnwesen Russlands gründlich zu erforschen« und »zu ermitteln, ob die Eisenbahn dem Handel und der Industrie den erwarteten Nutzen« bringe. Zu dieser Zeit waren anderswo Zweifel an den ökonomischen Vorteilen des Verkehrsmittels längst ausgeräumt. Dennoch prüfte die Kommission neun Jahre lang.

Russland hatte den Anschluss an die Moderne verpasst. Bis 1880 waren im europäischen Teil knapp 24 000 Gleiskilometer in Betrieb – das entsprach gerade mal zwei Dritteln des deutschen Schienennetzes oder einem Sechstel des US-amerikanischen. Nun sollte auch der ferne Osten des Imperiums an das russische Machtzentrum angeschlossen werden. Die Transsibirische Eisenbahn war (und ist bis heute) mit 9288 Kilometer Länge von Moskau bis Wladiwostok das größte Eisenbahnprojekt der Welt. Um dessen Bedeutung zu unterstreichen, beauftragte Alexander III. den Kronprinzen, seinen späteren Nachfolger Nikolai II., im Mai 1891 in Wladiwostok den ersten Spatenstich vorzunehmen. Im selben Jahr veranlasste eine große Hungersnot viele russische Bauernfamilien, in die fruchtbaren Regionen jenseits des Ural auszuwandern. Die meisten Siedler ließen sich in Westsibirien nieder. Dort konnten Getreide und Milchprodukte für die Märkte im europäischen Teil Russlands und im Ausland billig erzeugt werden. Eine Eisenbahn nach Sibirien erschien daher unter wirtschaftlichen und sozialen Gesichtspunkten sinnvoll.

Für die Gebiete östlich von Omsk galt dies freilich nicht. Der Fischfang an der pazifischen Küste war die einzige Industrie, für deren Waren sich die hohen Transportkosten rechneten. Erneut waren es strategische Gründe, die den Eisenbahnbau forcierten. Japan war nach dem Sieg über China 1895 auf das ostasiatische Festland vorgestoßen. Nun wollte auch Russland die Schwäche Chinas ausnutzen und seinen Einfluss in der Region verstärken. Hastig wurde die Arbeit an der Transsibirischen Eisenbahn vorangetrieben. Doch das oft gebirgige Gelände, der Permafrostboden und der Baikalsee, der anfangs mit Fähren und im Winter mit Gleisen auf dem Eis überquert wurde, erwiesen sich als zeitraubende Hindernisse. Im Juli 1903 war die Strecke fertiggestellt und ermöglichte einen durchgehenden Verkehr von St. Petersburg bis Wladiwostok.

Japan sah sich durch die Expansion des Zarenreiches provoziert. Als dieses sich weigerte, einvernehmlich die Interessensphären abzugrenzen, überfiel die japanische Flotte am 8. Februar 1904 Port Arthur, den einzigen ganzjährig eisfreien Hafen in der von Russland besetzten Mandschurei. Zwei Tage später erklärte das asiatische Inselreich der europäischen Großmacht den Krieg. Nach eineinhalb Jahren musste sich Russland dem unterschätzten Gegner geschlagen geben – nicht zuletzt deshalb, weil es auf der nur einspurigen Transsibirischen Eisenbahn zu lange dauerte, genug Soldaten heranzukarren. Unverblümt machte Oberbefehlshaber Alexej Kuropatkin das Verkehrsministerium für die Niederlage verantwortlich. Die Eisenbahnplaner hätten es, entgegen ihrer Ankündigung, nicht geschafft, zwölf Züge pro Tag auf die Reise zu schicken.

Für eine Handvoll Dollar

Der Verkauf Alaskas empörte erst Amerikaner,
dann Russen.

Von Uwe Klußmann

Mit 42 Salutschüssen endet am 18. Oktober 1867 in Nowo Archangelsk, der Hauptstadt Alaskas, eine Ära. In der kleinen Hafenstadt am Pazifik wird die russische Flagge eingeholt, vor wei-
nenden Bewohnern. Am selben Mast hissen Amerikaner sogleich
das Sternenbanner. Alaska mit seinen 1,5 Millionen Quadratkilometer Land wechselt den Besitzer, Russland hat seine östlichste
Provinz an die Vereinigten Staaten verhökert. Das einstige Nowo
Archangelsk heißt heute Sitka. Nur noch ein indianischer Totem-
pfahl mit eingekerbtem russischem Doppeladler und die orthodoxe Kathedrale mit dem Namen des Erzengels Michail erinnern
daran, dass die Kleinstadt einmal zu Russland gehörte.

1732 hatten die ersten russischen Forscher Alaska betreten.
Ihnen folgten Kolonialisten und 1794 eine zehnköpfige Delegation orthodoxer Mönche. Die brachten den Eingeborenen Ikonen
und Evangelienbücher. Im Auftrag der Zarin Katharina II. sollten
sie Fremdgläubige zum Christentum bekehren: eine Mission, die
sich als nachhaltig erweisen sollte. Noch heute bekennt sich
ein Drittel der etwa 85 000 Ureinwohner Alaskas – überwiegend
Aleuten und Inuit – zur russisch-orthodoxen Kirche. Doch die
unwirtliche Gegend lockte neben frommen Geistlichen auch
raue Gesellen an. So fanden außer dem rechten Glauben auch
Tripper und Trunksucht bald weite Verbreitung.

Ab 1799 sorgte die mit Unterstützung von Zar Paul I. gegründete Russisch-Amerikanische Kompanie für die wirtschaftliche

Erschließung der gebirgigen Beuteprovinz. Doch das Unternehmen traf ein in Russland häufiges Schicksal: Es geriet in die Fänge von Staatsangestellten mit mäßigen Managementfähigkeiten. Das russische Alaska, in dem Siedler, Seeotter-Jäger und Abenteurer mit Inuit-Mädchen dem Zaren neue Untertanen zeugten, galt in St. Petersburg bald als unrentables Problemrevier. Zudem bezweifelten Strategen, ob Russland seine entlegene Besitzung im Ernstfall verteidigen könnte. Denn die russische Flotte war 1853 bis 1856 im Krim-Krieg arg dezimiert worden. Und was sich nicht halten lässt, so die Beamtenlogik im Umkreis des Zaren Alexander II., sollte man lieber abstoßen, gegen Bares.

Auf einer Geheimsitzung von Spitzenbeamten unter Vorsitz des Zaren im Dezember 1866 beschließt die russische Führung den Verkauf Alaskas an die USA, mit denen man gerade gute Beziehungen pflegt. Nach delikaten Verhandlungen wird der Kaufvertrag am 30. März 1867 in Washington unterzeichnet. Für 7,2 Millionen US-Dollar wechselt die gewaltige Küstenprovinz die Hoheit. Kritik an dem Deal kommt zunächst aus Amerika. Dort werfen politische Gegner dem Präsidenten Andrew Johnson vor, er habe sich von den Russen ein wertloses »Eisbärengehege« andrehen lassen. Mehr als ein Jahrhundert später wechselt der Klageruf die Seiten. Im heutigen Russland monieren vaterländische Blätter wie »Sowerschenno sekretno« (»Streng geheim«), mit dem »Verkauf seines Territoriums« habe Russland 1867 für eine Handvoll Dollar einen »Akt der nationalen Schande« unterzeichnet.

Meister der Seele

Der Maler Ilja Repin war der
überragende Protagonist der sozialkritischen
Künstlergruppe »Wanderer«. Er porträtierte
das Russland seiner Zeit.

Von Annette Bruhns

Schon sein Frühwerk gilt als genial. Die ersten Skizzen
der Männer, die am Ufer der Wolga Frachtkähne ziehen, zeichnete der 26-Jährige bei einer Studienreise
1870. »Mein Gott«, schrieb der Maler später, »warum waren
sie so schmutzig, so zerlumpt? Die Oberkörper, die sich in
den Gurt legen, sind wund gerieben, haben sich entblößt
und sind verbrannt von der Sonnenglut. Die Gesichter sind
finster.« Ihm brachte das Werk internationale Anerkennung.
Auf der Weltausstellung in Wien 1873 gewann sein Bild »Die
Wolgatreidler« eine Bronzemedaille. Wie besessen hatte Ilja
Repin an dem Ölgemälde gearbeitet; jeder abgebildete
Kopf war ein naturgetreues Porträt, zu dem er die Lebens-
geschichte kannte.

Zeitgleich zu den »Wolgatreidlern« malte er als Abschluss-
werk seines Studiums das Historienbild »Die Auferweckung
der Tochter des Jairus«. Das detailverliebte, souverän mit Licht
und Schatten spielende Gemälde wurde als bestes Wettbe-
werbsbild in der Geschichte der Petersburger Akademie der
Künste gefeiert. Mit nicht einmal 30 Jahren stand dem Kosa-
kenabkömmling die Welt offen. Repin kam aus bescheidenen
Verhältnissen, der Vater war Militärsiedler im ukrainischen

Tschugujew, die Mutter brachte sich selbst und den Kindern das Lesen bei. Den Umzug nach St. Petersburg hatte sich das Ausnahmetalent mit Ikonenmalerei verdient.

Die Akademie belohnte ihren neuen Star mit einem Auslandsstipendium. In Frankreich lernte Repin die Impressionisten kennen, Frau und Töchter malte er bald in Sommeridyllen à la Edouard Manet, den er auch persönlich kennenlernte. Doch sein Gemälde der urbanen Boheme, »Pariser Café«, fiel 1875 im Pariser Salon durch. Erst kürzlich, im Juni 2011, gelangte das Bild zu Ruhm: Mit über fünf Millionen Euro erzielte es das Höchstgebot aller Russland-Auktionen des Londoner Traditionshauses Christie's. Für Russland erwies sich Repins Rückschlag als Glücksfall. Tief enttäuscht kehrte der Künstler aus Paris zurück und verzog sich für ein Jahr in seine Heimatprovinz in der Ukraine. Unter dem Einfluss seines Freundes Wladimir Stassow, einem einflussreichen Kunstkritiker, fand er dort Motive, die dem Zeitgeist entsprachen: die Momentaufnahme eines politischen Häftlings auf seinem Weg in die Verbannung (»Unter Bewachung«) oder den Dorftanz nach getaner Arbeit (»Bis zum Morgen«).

1878 trat Repin den »Peredwischniki« bei, den »Wanderern« von der »Genossenschaft für Wanderausstellungen«. Kunst sollte nicht mehr nur von Spezialisten beurteilt werden, sondern vom Volk. »Der Richter ist jetzt der Bauer, und deshalb muss man seine Interessen gestalten«, formulierte Repin das Credo der »Wanderer«. Er avancierte zum bedeutendsten Vertreter der Realisten, die sich mehr der Wahrheit als der Ästhetik verpflichtet fühlten.

Repin gab nicht einmal den ästhetischen Wünschen seines Gönners, Pawel Tretjakow, nach. Der Sammler hatte ihn um Verschönerung der allzu menschlichen Gesichter der »Kreuzprozession im Gouvernement Kursk« (1883) gebeten.

»Schauen Sie in die Masse, gleich wohin«, hielt Repin ihm entgegen, »wie viele schöne Gesichter sehen Sie?« Und so blieb sogar die abgebildete Ikonenträgerin feist und bigott. Für die »vielleicht stärkste Seite seiner Kunst« hält heute eine Kuratorin der Moskauer Tretjakow-Galerie, Galina Tschurak, Repins Porträts. Fast alle Großen seiner Zeit saßen Ilja Jefimowitsch Modell: Tolstoi, Gorki, Mussorgski, sogar ausländische Stars wie Eleonora Duse. Er malte auch Adlige wie die Baronin Warwara Ixkul von Hildenbandt: hochgewachsen, elegant, mit hartem Blick. »Sie ist leer, ungeachtet des angenehmen Äußeren«, vertraute der Maler seinem Freund Tolstoi an.

Es sei »wirklich schrecklich«, unter Repins »Pinsel zu kommen«, spottete der Philosoph Wassili Rosanow – nicht ohne Hochachtung. »Wen er ›abgetastet‹ hat, der kann seine Seele nicht verbergen. Seine Bilder sind großartige Oper und geheime Untersuchung darüber, was in Russland war und ist.« Je älter Repin wurde, desto mehr emanzipierte er sich von seinen Weggefährten. Sein Ruhm schützte ihn vor den Folgen seiner Alleingänge: 1890 verglich der Dramatiker Anton Tschechow Repins Stellung in der Malerei sogar mit der des großen Leo Tolstoi in der Literatur.

1891 verließ Repin die »Wanderer«. Als er 1897 wieder der Vereinigung beitrat, war er Professor der Akademie der Künste: der Institution, die seine Künstlerfreunde ablehnten. Ein Jahr später wurde er sogar zum Rektor befördert – mit ausdrücklicher Billigung des Zaren Alexander III., der mit dem »Wanderer« an der Spitze der Akademie seine Russifizierungspolitik stärken wollte.

»Repin saß zwischen allen Stühlen«, urteilt die Bamberger Kunsthistorikerin Ada Raev. Den Vorwurf des Opportunismus hält sie jedoch für falsch. Von Anfang an stand der

Maler zwischen den Polen: zwischen russischem Kollekti-
vismus und westlichem Individualismus, Gebundenheit und
Freiheit. Repins Zerrissenheit zeigte sich exemplarisch in
seiner Beziehung zu Leo Tolstoi, mit dem er 30 Jahre lang
befreundet war. Repin bekannte später, dass er dem Älteren
in dessen hypnotisierender Gegenwart nicht zu widerspre-
chen wagte. Erst hinterher, im Geiste, habe er Dispute mit
ihm geführt.

»Mal denke ich, dass ich recht habe, mal scheint es mir,
dass seine Thesen unvergleichlich tiefer sind. Vor allem«,
räsonierte Repin, »kann ich mich nicht mit seiner Vernei-
nung der Kultur anfreunden.« Der Schriftsteller erschien
ihm »erbärmlich«, wenn dieser sich am Hakenpflug abplagte.
So wie Tolstoi in die tristen Hütten der Bauern hinabzu-
steigen und zu verkünden: »Ich bin mit euch«, hielt Repin
gar für »Heuchelei«. Trotzdem schloss sich der sensible Vega-
ner 1908 Tolstois Protest gegen die Todesstrafe an. Drei Jahre
zuvor hatten ihn die Geschehnisse am »Blutigen Sonntag«
tief entsetzt. Repin bannte auf Leinwand, wie die Demonstranten in St. Petersburg im Januar 1905 auf dem Weg zum
Zaren erschossen wurden.

Zur Ironie seines Lebens gehört, dass der »tief nationale«
Künstler (Stassow) 1930 als Bürger Finnlands starb. 1918
schlossen die Bolschewiki die Grenze zwischen Russland und
dem gerade unabhängig gewordenen Nachbarland. Westlich
dieser Linie, in Kuokkala, stand sein Landhaus mit seinem
Atelier. Repin litt unter der Isolation. Sein letztes großes Werk,
»Golgatha«, zeigt streunende Hunde am Fuße der Gekreuzig-
ten, die sich gegenseitig ihr Fressen abjagen. Sie drücken die
Not des Hunger- und Bürgerkriegsjahres 1920 aus.

Trotz seines unfreiwilligen Exilantendaseins wehrte er sich
standhaft gegen die von Stalin unterstützten Lockrufe der

»Künstler des revolutionären Russlands«, er möge doch heim-
kehren. Zwar konnte er nicht verhindern, dass die Sowjets
ihn für ihre Ideologie in Anspruch nahmen – als Vorboten
des Sozialistischen Realismus. Doch Repin blieb sich treu.
»Ich liebe die Kunst mehr als alle Tugenden«, gestand er einmal, »mehr als die Menschen, die Freunde und alles Glück.
Ich liebe sie insgeheim, eifersüchtig wie ein alter Säufer,
unheilbar.«

Wehmütige Klangkunst

Der Charakter des Komponisten Peter Tschaikowski
war schwer durchschaubar, seine Musik aber
geht umso mehr ans Herz.

Von Johannes Saltzwedel

Wie russisch war er überhaupt? Haben skeptische Zeitgenossen
recht, etwa das »Mächtige Häuflein« von fünf Komponisten um
Milij Balakirew, das Peter Tschaikowskis Stil als traurig verwest-
licht bekrittelte? Oder war er mit seiner eingängigen Verbindung
von mitteleuropäischen Formen – Oper, Symphonie, Sonate,
Variation – und heimischem Liedgut im Gegenteil »von uns allen
der russischste«, wie der spätere Stil-Jongleur Igor Strawinski
ihn rühmte? Schon zu Lebzeiten von Peter Iljitsch Tschaikowski
(1840 bis 1893) haben Kritiker seine melodiöse Tonsprache ein-
zuordnen versucht. Seither stehen sich zwei Lager gegenüber:
Während etliche die verblüffende Phantasie loben, monieren
die anderen mangelnde Architektur und eine Gefühligkeit, die
den einflussreichen Kritiker und Brahms-Freund Eduard Hans-
lick gar auf die »schauerliche Idee« brachte, »ob es nicht auch
Musikstücke geben könne, die man stinken hört«.

Dass sogar Fachleute derart uneins sind, ist nicht bloß
Geschmackssache, sondern geradezu symptomatisch für das
Zwitterwesen russischen Kunstwollens im 19. Jahrhundert – eine
zuweilen prekäre Mischung, wie sie auch die Existenz Tschaikowskis geprägt hat. Der Sohn eines Bergbauingenieurs und
Eisenhüttendirektors hört schon früh italienische Opernwei-
sen, freilich nur aus einem »Orchestrion« genannten Musik-
automaten. Dass der äußerst sensible, bisweilen depressive

kleine Peter das Klavier für sich entdeckt, macht seiner Erzie-
herin Angst. Die musikalische Mutter stirbt, als er gerade 14 ist.
Da weiterer Ansporn fehlt, wird der Sohn brav Jurist und 1859
Beamter im Justizministerium.

Allerdings lernt der junge Tschaikowski, dem die zaristische
Bürokratie kein großes Dienstpensum auferlegt, in St. Petersburg auch das flotte Leben genießen. Der Mozart-Liebhaber
nimmt Klavierstunden, lässt sich von einem Italiener die Regeln
des Kunstgesangs beibringen und besucht fleißig Theater und
Oper. Allmählich wird sein Hang zur Musik übermächtig. Im
Herbst 1862 beginnt er am Petersburger Konservatorium zu
studieren; 1866 ist er selbst Dozent für Theorie an der eben
gegründeten Moskauer Musikhochschule. Seine erste Symphonie (»Winterträume«), die damals entsteht, zeigt schon fast alle
Merkmale späterer Werke: Die Sätze liefern Stimmungsbilder,
in den eingängigen Melodien klingt Folklore durch, aber das
Instrumentarium bleibt mitteleuropäisch-klassisch. Stark inspi-
riert von den Werken des russischen Musik-Patriarchen Michail
Glinka, etwa dessen volkstümelnder Oper »Ein Leben für den
Zaren« (1836), sucht Tschaikowski nach natürlich-gefälliger
Eigenständigkeit.

Ins Rampenlicht treten mag der scheue, verwöhnte Klang-
erfinder allerdings kaum: So gern er Feste besucht und mit
Freunden scherzt, die Öffentlichkeit ist ihm nicht geheuer. Seit
einem misslungenen Dirigierversuch meidet er das Pult. Seine
Homosexualität muss hinter der Maske des eleganten Gentle-
man abgeschirmt bleiben. Als er 1877 doch Verlobung und Heirat
mit einer Verehrerin arrangiert, scheitert die Verbindung nach
katastrophalen drei Monaten. Nervenanfälle werfen den Komponisten eine Weile aus der Bahn. Die ist bisher erfreulich gerad-
linig verlaufen: Gute Kontakte zu Gönnern, einem Verleger und
einem wichtigen Kritiker haben Tschaikowski und seine Werke

bekannt gemacht; nebenher schreibt er Musikkritiken. So fährt er 1876 zur ersten Gesamtaufführung von Richard Wagners »Ring des Nibelungen« nach Bayreuth, den er halb achtungsvoll rezensiert, privat indessen als Qual-Orgie erlebt: Eine »unendliche, langweilige Faselei« sei das, bei »Abwesenheit jeglicher Poesie«. Energische Modernität bleibt ihm zuwider, so selbstkritisch er die eigenen Versuche im Opernfach – damals schon vier – beurteilt.

Ende 1876 hat sich ereignet, was bis heute als mäzenatisches Wunder gilt: Die reiche Nadeschda von Meck, Witwe eines baltendeutschen Eisenbahnmagnaten, bietet ihre finanzielle Hilfe an. Bald wird daraus eine Jahresrente von stattlichen 6000 Rubeln, die dem Komponisten ein bequemes, ja luxuriöses Leben erlaubt. Spürbar befreit komponiert Tschaikowski in neun Monaten seine bis heute erfolgreichste Oper: »Eugen Onegin«, ein tragisches Sittenbild in »lyrischen Szenen« nach dem Versroman Alexander Puschkins.

Wie viele seiner Künstlerkollegen ist er gern und ausgiebig in Westeuropa unterwegs, nun noch häufiger als zuvor. Der bedeutende Dirigent Hans von Bülow macht sich für seine Werke stark. Mit einer bombastischen, sogar von Kanonendonner untermalten Festouvertüre »1812«, die er 1880 zur Einweihung der Moskauer Christ-Erlöser-Kathedrale schreibt, huldigt Tschaikowski dem patriotischen Stolz: Die Niederlage Napoleons spiegelt sich darin, dass die Marseillaise von russischen Hymnen und Chorälen überstrahlt wird, wie einst Beethoven den Sieg Wellingtons bei Waterloo als Klangschlacht feierte. Zaristisch kann man die Inszenierung dennoch kaum nennen. Wohl gewährt Alexander III. dem Komponisten 1888 eine Pension auf Lebenszeit, aber die gilt hauptsächlich dem jetzt europaweit anerkannten Tonpoeten, der sich auch als Organisator und Dirigent erfolgreich engagiert. Tschaikowskis spätere Werke dagegen klingen oft eher versonnen; vor allem seine Kammermusik zeigt neben tänzerisch-volkstümlichen Motiven fast immer einen Hauch von Wehmut.

Nahe der Kreisstadt Klin, 90 Kilometer nordwestlich von Moskau, ist er nun ansässig – der letzte seiner dortigen Wohnsitze beherbergt seit 1894 ein Museum. Von hier aus reist Tschaikowski weniger häufig, dafür mitunter weit: 1891 zum Beispiel auf Kurztournee in die USA. Dass seine Gönnerin und Briefvertraute Nadeschda von Meck, die er aus Ängstlichkeit nie gesprochen, nur einmal kurz gesehen hat, ihm 1890 in einem Anfall von Verarmungswahn die Unterstützung streicht, kann der mittlerweile Gutsituierte verschmerzen.

Längst sind seine Orchesterwerke weltweit gefragt und seine Ballette »Schwanensee«, »Dornröschen« und »Der Nußknacker« sichere Erfolge. Er selbst jedoch, der den Weg zum Ruhm nur durch schwere Depressionsphasen gehen konnte, hat sich für das Ende ein Bekenntnis aufgespart. In seiner letzten, sechsten Symphonie, deren Uraufführung er keine zwei Wochen vor seinem Tod noch selbst leitet, erklingt ein Marschthema, das erst zart, dann immer wuchtiger instrumentiert ist. Aber so sehr es anfangs danach klingt, die Triumphhymne bildet nicht den Schluss des Werkes. Als letzter Satz erklingt Musik von so abgrundtiefer Resignation und unerfüllter Sehnsucht, dass sie wie der Gesang eines Unerlösten den lebenslangen Zwiespalt, das Versteckspiel des Menschen Tschaikowski hörbar macht. Mit immer tieferen, fahleren Streichernoten klingt so ein Komponistendasein aus, das bei aller privaten Eigenart doch bezeichnend war für sein Land, seine Epoche und für jene Abgründigkeit der Seele, die bis heute als Kennzeichen des russischen Gemüts gilt.

Verräter Ihrer Majestät

In der Zarenzeit entstand Russlands
erster Geheimdienst, der sich auf Spitzel und
Zuträger stützte. Einige Agenten arbeiteten
auch für die Revolution.

Von Benjamin Bidder

Zar Nikolai II. muss sich wie ein Gefangener im eigenen Reich fühlen, als er Anfang September 1911
Kiew erreicht. Die letzten Kilometer der Wegstrecke
sichern Armeeposten im Abstand von fünf Metern. In der
Stadt durchleuchten die Behörden seit Tagen Bewohner, die
nahe der Strecke wohnen, die der Zar mit seinem Gefolge
passieren soll. Die Sicherheitsabteilung, die Geheimpolizei
des Monarchen, fürchtet um Nikolais Leben.

Der Kaiser reist nach Kiew, um ein Denkmal für seinen
Großvater zu enthüllen. Alexander II., wegen der Abschaffung
der Leibeigenschaft auch »Befreier-Zar« genannt, war 1881 auf
dem Weg zum Petersburger Winterpalast von einer Bombe
der Untergrundorganisation »Narodnaja Wolja« (»Volkswille«) zerfetzt worden. 30 Jahre später trachten Terrorzellen
von Sozialisten und Anarchisten danach, auch seinen Enkel
Nikolai zu töten.

Vorbeugend verhaften die Geheimpolizisten in Kiew 33
mutmaßliche Mitglieder der Partei der Sozialrevolutionäre.
Die Sorge der Geheimpolizei, im Volksmund als »Ochrana«
bekannt, ist berechtigt. Am 8. September nehmen Polizisten
einen Verdächtigen fest. Der Mann zieht jedoch – obschon

bereits in Gewahrsam – einen Revolver und tötet sich selbst. Am Mittag versammeln sich die besorgten Polizeichefs der Stadt zum Essen. Dazu laden sie auch einen besonderen Gast: den Top-Agenten Dmitrij Bogrow, alias Alenskij.

Der junge Spross einer wohlhabenden jüdischen Familie hatte sich während seines Jurastudiums in Deutschland Anarchisten wie Pjotr Kropotkin und Max Stirner zugewandt. Wieder im Zarenreich aber diente sich Bogrow der Ochrana als Spitzel an. Für bis zu 150 Rubel im Monat lieferte er über Jahre Gesinnungsgenossen ans Messer und hasste doch das Zarenregime.

Seinen Führungsleuten aber blieb die Doppelbödigkeit ihres Konfidenten verborgen. Vor dem Zarenbesuch in Kiew warnte Bogrow sie vor zwei fiktiven Revolutionären. Dann bat er selbst um ein Ticket für die Theateraufführung, an der auch der Imperator und der wenige Tage zuvor zurückgetretene Premierminister Pjotr Stolypin teilnehmen sollten.

Stolypin hatte das Land mit eiserner Hand reformieren wollen. Um die öffentliche Ordnung wieder herzustellen, hatte er in einigen Provinzen das Kriegsrecht verhängt. Selbst als sich Hinweise mehrten, dass Ochrana-Agenten in Attentate auf Minister und hochrangige Beamte verwickelt sein könnten, deckte der in Dresden geborene Stolypin die Geheimpolizei.

Am 18. September 1911 gegen 22 Uhr nähert sich ihm in der Kiewer Oper ein junger Mann im Frack. Dmitrij Bogrow trägt, verdeckt unter einem Programmheft, eine Browning-Pistole. Er feuert zweimal. Ein Schuss trifft Stolypin in der Hand, der andere verletzt Herz und Leber. Der tödlich getroffene Premier sinkt auf einen Sitz und sagt: »Ich bin glücklich, für den Zaren zu sterben.«

Stolypins Tod steht symptomatisch für das Versagen der zaristischen Staatssicherheit. Die politische Polizei wurde im

19. Jahrhundert als Reaktion auf umstürzlerische Umtriebe in dem Riesenreich geschaffen. Sie begründete die Tradition der mächtigen, schwer zu kontrollierenden Unterdrückungsapparate, derer sich später auch die Sowjets bedienen sollten.

Der sowjetische Geheimdienst KGB legte in den siebziger Jahren sogar Lehrbücher über die Methoden der Ochrana auf, um Kadern auf seiner Hochschule in Minsk bewährte Kniffe beizubringen.

Die Ochrana stützte sich auf ein weitgestrecktes Netz von geschickt betreuten Zuträgern, Provokateuren und Spitzeln. V-Leuten ähnlich lieferten sie gegen Geld wertvolle Informationen aus der revolutionären Szene. Die Geheimen aber konnten nie ganz sicher sein, ob die Doppelagenten die Romanow-Dynastie schützen oder lieber stürzen wollten.

Ende des 19. Jahrhunderts ist das rückständige Zarenreich in Aufruhr. Teile der Bevölkerung und der Intelligenz sympathisieren mit dem bewaffneten Kampf. Spitzenbeamte sind bisweilen kaum in der Lage, sich selbst zu schützen.

Im Januar 1878 marschiert eine junge Frau schnurstracks in das Kabinett des Gouverneurs in St. Petersburg. Fjodor Trepow hat seinen Amtssitz in einer herrschaftlichen Villa. Auch die Staatssicherheit residiert in dem Anwesen. Doch sie kann nicht verhindern, dass die 28-jährige Revolutionärin Wera Sassulitsch, Kampfname »Tantchen«, General Trepow zweimal in die Brust schießt.

Trepow war verhasst. Er hatte die körperliche Züchtigung eines politischen Gefangenen angeordnet, obwohl dies in Russland zu dieser Zeit verboten war. Weil Sassulitsch angibt, sie habe den Gouverneur dafür gestraft, wird der Ruf nach Freiheit für die Attentäterin laut. Der Schriftsteller Fjodor Dostojewski, Zuschauer im Gerichtssaal, fordert ihre Freilassung. Als Sassulitsch von den Geschworenen freigesprochen wird, danach aber erneut verhaftet werden soll, wächst unter den Bürgern der Hauptstadt die Empörung.

Selbst die Rekrutierung des »Superagenten« Jewno Asef durch die Staatssicherheit erweist sich als zweifelhafter Erfolg. Wie Stolypin-Attentäter Bogrow hatte Asef, Sohn einer armen jüdischen Familie, in Deutschland studiert. Nach seiner Rückkehr schleuste ihn die Ochrana in die Sozialrevolutionäre Partei ein. Der Spitzel stieg bis in deren Zentralkomitee auf.

1903 verrät Asef den Chef des bewaffneten Arms der Partei, um selbst dessen Platz einzunehmen. Üppige Staatshonorare halten den angeblichen Revolutionär nicht davon ab, die Ermordung des Innenministers Wjatscheslaw Plehwe (1904) sowie des Moskauer Generalgouverneurs Großfürst Sergej Alexandrowitsch (1905), eines Onkels von Zar Nikolai II., zu organisieren.

Doch nicht nur Spitzel wie Asef trieben ein doppeltes Spiel. Mitunter pflegten Offiziere der Geheimpolizei ein zynisches Verhältnis zu Terroristen. »Wenn es keine Revolutionäre mehr gibt«, bangte etwa der Petersburger Ochrana-Chef Georgij Sudejkin, »dann sind auch keine Geheimpolizisten mehr nötig.« Sudejkin wollte Nachfolger von Innenminister Dmitrij Tolstoj werden. 1883 setzte er deshalb einen Agenten als Killer auf den Minister an. Der Plan wurde verraten. Am 28. Dezember 1883 starb Sudejkin in einer konspirativen Wohnung des Geheimdienstes, erschossen durch einen seiner Agenten.

Die Ochrana-Methoden führten zur Verflechtung der Polizei mit kriminellen Kreisen. Bisweilen war unklar, wer wen unterwandert hatte: die Ochrana die Terroristen oder doch die Revolutionäre die Geheimen – als Verräter Ihrer Kaiserlichen Majestät?

Das Problem ist Russlands Diensten bis heute nicht fremd. So gilt ein Oberstleutnant einer Fahndungseinheit der Moskauer Kriminalpolizei als Drahtzieher des Mordes an der Journalistin Anna Politkowskaja im Oktober 2006.

Gegen Ende der Zarenherrschaft erkannten Ochrana-Strategen die Grenzen ihrer Macht. Nikolai Maklakow, der selbst den Zaren als Innenminister diente, zog eine bittere Bilanz: »Sterben kann man mit diesem Mann, nur retten kann man ihn nicht.« Zwei Jahre später wurde die Ahnung wahr: Die Bolschewiki erschossen Maklakow knapp zwei Monate nach dem Mord am Zaren.

Die neuen roten Herrscher wissen um die Gefahren eines unkontrollierten Polizei- und Spitzelapparates. Während Felix Dserschinski, Gründervater des sowjetischen Geheimdienstes, 1917 die politische Polizei aufbaut, hat er die Erfahrung des alten Regimes stets vor Augen.

Seine Truppe, die berüchtigte Tscheka, bezieht zunächst das alte Ochrana-Quartier in der Petersburger Gorochowajastraße. Die Bolschewiki kennen die Villa gut: In den Zellen im Keller saßen einst hochrangige Revolutionäre ein, unter ihnen Lenin. Dessen Nachfolger Stalin schafft eine Geheimpolizei, die an Umfang und Macht die Zaren-Ochrana bald in den Schatten stellen wird.

TEIL IV

EXPANSION UND UNTERGANG

Eckstein des Reiches

In einem nahezu hundertjährigen Krieg
eroberte Russland ab Mitte des 18. Jahrhunderts den
Kaukasus. Befrieden konnte es die Bergregion nie.

Von Christian Neef

Fast klingt es, als hätte der General Mitleid: »Meine lieben Tschetschenen sind ziemlich in die Enge getrieben. Der größte Teil von ihnen lebt in den Wäldern. Im Winter sind Krankheiten ausgebrochen, irgendetwas wie Gelbfieber, es wirkt verheerend. Wegen Futtermangel stirbt das Vieh in großer Zahl. Jetzt werden Einheiten abgestellt, die Schneisen durch die tschetschenischen Gebiete schlagen – und die werden uns bis zu den letzten Schlupflöchern dieser Verbrecher bringen.« Diesen grimmigen Bericht schickt Alexej Jermolow, Generalgouverneur der transkaukasischen Provinzen Russlands und Oberbefehlshaber der dortigen Streitkräfte, 1827 an Zar Nikolai I. Wenn er von »Verbrechern« spricht, meint er damit ein Volk, das sich doch nur gegen die Besetzung seiner angestammten Siedlungsgebiete wehrt. Es ist die Zeit, da Tschetschenen die Georgische Heerstraße über den Kaukasus unsicher machen, während Jermolow die strategischen Pässe für seine Truppen freizuhalten versucht.

Der Mann, der viele Generationen später an einem sonnigen Septembertag den russischen General zitiert, ist klein, er trägt einen schwarzen Schnurrbart, seine Miene spiegelt Trotz und Triumph zugleich. »So haben es die Russen immer mit uns getrieben«, sagt Dschochar Dudajew: »Es ist beispiellos in der Weltgeschichte, dass ein zahlenmäßig kleines Volk so offen, so zynisch durch einen so großen Nachbarstaat terrorisiert wird.« Er meint nicht nur die Zeit Jermolows, sondern die Gegenwart, das Jahr 1994. Dschochar Dudajew, der zu Sowjetzeiten Kommandeur einer in Estland stationierten strategischen Bomberdivision war, ist in diesem Herbst fast drei Jahre Präsident der Tschetschenischen Republik, die im September 1991 ihre Unabhängigkeit ausgerufen hat. 50 Jahre ist er alt, ein kluger, ein tollkühner, ein fanatischer Mann.

Er hat das Zitat aus aktuellem Anlass bemüht. Von Moskau gesteuerte Dudajew-Gegner innerhalb Tschetscheniens versuchen seit Wochen, den Präsidenten zu stürzen – weil der die Aufforderung des russischen Staatschefs Boris Jelzin an die Teilrepubliken des früheren Sowjetrussland allzu wörtlich auffasste. »Nehmt euch so viel Souveränität, wie ihr schlucken könnt!«, hatte Jelzin gesagt, damals, während des Machtkampfes mit seinem Rivalen Michail Gorbatschow, vor vier Jahren war das. Jetzt, da Jelzin selbst im Kreml sitzt, will er davon nichts mehr wissen. An diesem Tag, an dem Dudajew im achten Stock seines mächtigen Präsidentenpalastes in Grosny den SPIEGEL empfängt, ahnt er noch nicht, dass russische Truppen dieses Haus in wenigen Monaten mit ihren Bomben von der Erde tilgen werden.

Dudajew hofft im September noch auf Verhandlungen mit Russland und einen Deal, bei dem die Tschetschenen ihre faktische Unabhängigkeit behalten und dafür künftig im Namen Moskaus die Südgrenze des Reiches sichern werden. Er erzählt von den engen Verbindungen, die es lange Zeit zwischen Tschetschenen und Russen gab, von den über 18 000 Landsleuten, die im Krieg gegen Hitler-Deutschland für die Sowjetunion starben, aber auch vom immer wiederkehrenden Verrat, den Russland an den Völkern des Kaukasus begangen habe. Nur wenige Wochen später, im Dezember 1994, gibt Moskau den Befehl zum Sturm auf Grosny – der nächste blutige Krieg am Kaukasus beginnt.

Die bergige Region im Süden Russlands, zwischen Schwarzem und Kaspischem Meer, hat nicht nur Präsidenten wie Boris Jelzin oder später Wladimir Putin beschäftigt, sondern lange davor viele der Romanow-Zaren: Peter den Großen, Katharina die Große, Alexander I. wie Alexander II. und auch Nikolai I. Der Kaukasus war ein zentraler Baustein bei der Stärkung ihres Imperiums und beim Versuch, die Herrschaft Moskaus auf immer neue Völker auszuweiten.

Finnland, Kongress-Polen, Bessarabien (heute: Moldau) – das alles verleibten die Zaren ihrer Machtsphäre ein. Der Sieg über die Völker des Kaukasus jedoch war strategisch gesehen

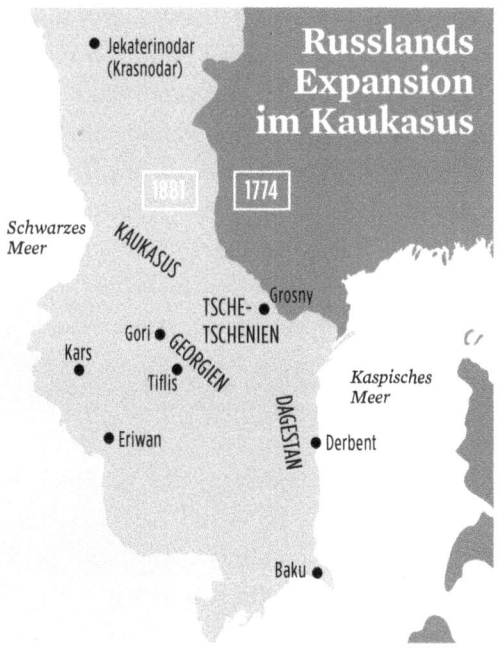

der größte Erfolg: Russland nutzte die Schwäche Persiens und
der Osmanen, um sich nicht nur die Gegend am Nordrand
des Gebirgszuges zu unterwerfen, sondern auch den Transkaukasus: Georgien, Armenien und Aserbaidschan. Und der
wiederum wurde zum Aufmarschplatz, um nach Zentralasien vorzustoßen und am »Großen Spiel« um die Kontrolle
Afghanistans und den Zugang nach Indien teilzunehmen.
Die Eroberung des Kaukasus durch die Russen ändere die
Machtbalance in Europa, schrieben westliche Diplomaten vor
170 Jahren.

Katharina die Große war es, die 1768 den ersten Marsch-
befehl zum Kaukasusgebirge gab. Es dauerte dann aber fast
hundert Jahre, bis Russlands Feldherren ihre Mission erfüllten.
Will man ermessen, was sich in diesen Jahren an der Südgrenze
des Kaiserreichs tat, sollte man einen Blick in den russischen
»Atlas der ethnopolitischen Geschichte des Kaukasus« werfen.
Es gibt dort eine Karte, die den Grenzverlauf im Jahre 1774
zeigt: Das Osmanische Reich zieht sich noch bis ins heutige
Abchasien hinauf, weiter die Schwarzmeerküste entlang bis
zum Kuban und fast bis nach Rostow am Don – die Türken
sind zu dieser Zeit nur gut tausend Kilometer von Moskau
entfernt. Georgien besteht in seinem westlichen Teil aus diver-
sen Fürstentümern und mehreren kleinen Zarenreichen, der
Osten gehört zu Persien, das Ländereien bis hoch ins heutige
Dagestan besitzt.

Diese Karte zeigt den Kaukasus noch als Pufferzone zwischen den drei großen Konkurrenten: Osmanen, Persern,
Russen. Schon im ersten Viertel des 19. Jahrhunderts bietet sich ein anderes Bild. Russland hat es in gut 50 Jahren
mit List und militärischer Gewalt geschafft, seine Rivalen
zurückzudrängen: Es kontrolliert nun fast alle Fürstentümer,
Zarenreiche und Khanate zwischen dem Schwarzen und

dem Kaspischen Meer – die Grenze des Imperiums verläuft von Batumi bis hinüber in die Gegend von Baku. Iran ist in seinem nördlichen Teil bereits auf sein heutiges Territorium zurückgeworfen. Lediglich Tscherkessien, Tschetschenien und der westliche Teil Dagestans sind noch weiße Flecken – eine Terra incognita für die russischen Zaren.

Geopolitische und strategische Erwägungen trieben Russlands Herrscher bei ihrem Vorstoß in den Kaukasus. Sie wollten die südlichen Grenzen festigen und suchten einen Zugang zu den warmen Meeren. Sie hatten aber auch weitergehende Ambitionen. Katharina die Große hätte sich gern das Osmanische Reich unterworfen, um es anschließend aufzuteilen, und sie wollte den persischen Einfluss zurückdrängen – Ziele, die immer wieder zu Kriegen mit den beiden Nachbarmächten führten. Schon zu Beginn des 18. Jahrhunderts gelangen Regimenter des Zaren ans Schwarze und Kaspische Meer. Sie finden nicht nur bestätigt, dass dort im Süden zahlreiche Bergvölker leben, die sogenannten »gorzy«, sondern auch, dass jenseits des Kaukasuskamms bereits christliche Staaten existieren: das ostgeorgische Königreich Kartli-Kacheti und das westgeorgische Imereti.

Die türkischen Bastionen, die es im Nordkaukasus gibt, fallen in den nächsten Jahrzehnten. Ab 1774 reißt Russland große Gebiete zwischen Kuban und Terek an sich. Jekaterinograd (heute: Krasnodar) und Stawropol kommen dazu. Auch den Persern nehmen sie den größten Teil ihrer kaukasischen Besitzungen mit den Städten Derbent und Baku ab – all das wird 1813 im Frieden von Gulistan festgeschrieben. Die Bezwingung Georgiens, das wie ein Sandwich zwischen den großen Mächten eingeklemmt ist, erweist sich als schwieriger. Sie gelingt schließlich, weil das Land durch persische Feldzüge schwer gelitten hat, allein Tiflis wurde auf 20 000 Einwohner dezimiert. Die in ihrer Existenz bedrohten Georgier hoffen auf Hilfe der christlichen Glaubensbrüder aus dem Norden.

1783 akzeptiert der ostgeorgische König Irakli II., der bis dahin unter persischer Aufsicht stand, einen Schutzvertrag. Russland garantiert ihm und seinen Nachfolgern die Königswürde und verspricht, das Reich vor Eroberern zu bewahren. Als der Vertrag unterzeichnet wird, feuert Irakli in seinem Palast 101 Salven zu Ehren von Zarin Katharina ab. Irakli wird damit zum russischen Vasallen. An ihre Versprechen halten sich die Zaren allerdings nicht: Sie leisten keine militärische Hilfe, als die Perser 1795 nochmals Tiflis überfallen und die Stadt bis auf die Grundmauern niederbrennen. Alexander I. liquidiert nach dem Tod von Irakli sogar dessen Königreich und erzwingt den Anschluss an Russland – »nicht wegen des Zuwaches an Macht, nicht wegen der Erweiterung der Grenzen«, wie er in seinem Manifest vom 12. September 1801 beteuert, sondern »um jedem in Georgien Rechtsschutz und Sicherheit zu geben«. Doch dass die vermeintlichen Retter zu Bedrängern wurden, zeigen bald ausbrechende Aufstände: Sie werden niedergeschlagen.

Iraklis westgeorgischer Kollege, Salomon II., verhält sich genau andersherum, aber auch er hat keine Chance. Er weigert sich von Anfang an, mit den Zaren zu verhandeln. Die Russen überziehen sein Königreich Imereti daraufhin mit einem sechsjährigen Krieg und zwingen Salomon zur Flucht. So fällt dem Imperium auch der Westen Georgiens in die Hand – mit Ausnahme des kleinen Fürstentums Abchasien, das 1810 in Russland eingefügt wird, aber Widerstand leistet – und 1864 doch von Russland annektiert wird. Im Gedächtnis der Völker hat sich vor allem der nahezu 50-jährige Kaukasuskrieg zwischen 1817 und 1864 eingebrannt: der Feldzug gegen Tschetschenen und Dagestaner, die »gorzy«. Was nützen den Russen die Eroberungen im Transkaukasus, wenn die Verbindungslinie nach Georgien allein über die sogenannte Georgische Heerstraße führt, das Gebiet östlich und westlich dieses Weges aber nicht erobert ist? Es ist ein schwer zugängliches Terrain und zudem von Muslimen bewohnt.

Die Zaren weisen ihre Generäle an, die Siedlungsgebiete der Bergvölker zu isolieren und dann gezielt gegen sie vorzugehen. Zu diesem Zweck legen die Militärs überall Festungen und einen Gürtel von Kosakensiedlungen an. Tschetscheniens heutige Hauptstadt Grosny entsteht so: General Alexej Jermolow gründet 1818 am Terek-Nebenfluss Sunscha die »Grosnaja krepost«, die furchtgebietende Festung, auch hier leben zunächst nur russische Kosaken. Schritt für Schritt tasten sich die russischen Truppen voran – zuerst erobern sie südliche Gebiete im heutigen Kabardino-Balkarien, später wenden sie sich Dagestan zu. Denn im Norden Dagestans hat sich der charismatische Imam Schamil mit 4000 Kämpfern festgesetzt und zum Befreiungskampf gegen die russischen Eindringlinge aufgerufen. Schamil ist der Sohn eines Landbesitzers. Er hat Grammatik, Logik und Arabisch studiert und gehört der Sufi-Bruderschaft der Nakschbandi an. Ihm und seinen Männern gelingt es, durch fanatischen Widerstand die russische Eroberung des Nordkaukasus um 25 Jahre zu verzögern. Und das, obwohl die Russen in den Jahren des Kaukasus-Krieges zeitweise 100 000 Mann vor Ort haben und hervorragende Feldherren, darunter den deutschen Armeeoberbefehlshaber Alexander von Neidhardt.

Immer wieder versuchen auch die Perser, vor allem aber die Türken, den Kaukasus zurückzuerobern, so während des Krim-Krieges ab 1853. Es ist die Zeit, in der Männer wie der Gutsbesitzersohn und spätere Romanautor Leo Tolstoi sich begeistert der russischen Kaukasusarmee anschließen, nach-

dem andere, wie der Dichter und Völkerpsychologe Michail
Lermontow, im Kaukasus bereits ihr Leben gelassen haben.

1864 vermeldet General Nikolai Jewdokimow das Ende
der fast hundertjährigen Kämpfe um die Gebirgsregion: »Von
jetzt an gibt es im Kaukasus keinen nichtunterworfenen
Stamm mehr.« Als Alexander II. das Gebiet bereist, schreibt
er an einen deutschen Vetter, dass seine Fahrt ein schöner,
Wahrheit gewordener Traum gewesen und dass das Land jetzt
vollständig befriedet sei. Es ist die zu dieser Zeit wohl reichste
und am dichtesten bevölkerte russische Kolonie. Aber der
Kaukasus bleibt für die Russen eine bittere Last. Warum fällt
ihnen bis heute der Umgang mit den ererbten Eroberungen
so schwer? Weil Russland die örtlichen Gegebenheiten von
Anfang an ignoriert, wie schon der deutsche Nationalökonom
August Franz von Haxthausen feststellen muss, als er 1843
auf Einladung von Zar Nikolai I. den Kaukasus bereist: Die
russischen Beamten »waren viel zu träge, den vorhandenen
Zustand zu studieren, sie verfuhren überall plump nach den
Gesetzen und Administrationsbegriffen, die sie kannten, also
den russischen, höchstens vermengt mit ein bisschen Willkür und gelegentlicher Raublust und Aussaugung. Es konnte
nicht fehlen, dass dadurch bitterer Groll gegen die Russen fast
bei allen kaukasischen Völkerschaften sich ausbildete.«

Auch eine neuere russische Studie kommt zu dem Schluss,
die Zaren hätten die kaukasischen Führer nie als gleichbe-
rechtigte Herrscher behandelt, sondern sie als neue russische
Untertanen gedemütigt. Sie hätten mit ihrer »ungeschick-
ten Religionspolitik« und ihrer Unkenntnis des Islam die
Bergvölker geradezu in Aufstände getrieben. Russlands Elite
hat den Kaukasus und dessen Völker unter machtpolitischen
Gesichtspunkten betrachtet, über die sozialen, politischen
oder mentalen Folgen ihrer Politik aber wenig nachgedacht.

Das hat zu jenem Missverhältnis geführt, das bis heute die Beziehungen zwischen Moskau und der Region belastet.

Die Georgier erlebten Moskaus Vorgehen als Russifizierung: Gleich nach dem Anschluss wurden in ihren Kirchen die Fresken übertüncht und Gottesdienste in georgischer Sprache verboten, Mingrelier gegen Georgier und Georgier gegen Abchasen aufgehetzt – worunter das Land bis heute zu leiden hat. »Heimtückisch« sei Moskaus Politik gewesen, sagt die georgische Schriftstellerin Naira Gelaschwili und zitiert aus einem Brief der russischen Regierung an den Feldherrn Eduard von Totleben: »Der Leib muss georgisch sein, die Seele aber russisch.« Die Russen zeigen sich angesichts solcher Vorwürfe tief beleidigt: Schließlich hätten sie die Georgier seinerzeit vor Persern, Arabern und Türken gerettet, ihr Anschluss ans russische Kaiserreich sei freiwillig erfolgt, und zu Sowjetzeiten hätte Moskau so viel Geld nach Tiflis transferiert, dass die Georgier weit besser als die Russen leben konnten.

Den Russen dankbar sind bis heute allein die Armenier, die jahrhundertelang besonders schwer unter Persern und Türken leiden mussten, bis hin zu den Pogromen am Ende des Osmanischen Reichs. Nachdem Russland die Peiniger vertrieben hatte, gewährte es den Armeniern viel politischen Freiraum. Dabei ging es weniger um Nächstenliebe als um eine Front gegen die Türkei. Aus Sicht der Armenier war die russische Herrschaft im Vergleich zur türkischen das kleinere Übel – so sind sie außer Abchasen und Südosseten die Einzigen im Südkaukasus, die den Russen noch immer einen militärischen Vorposten gewähren: Im armenischen Gjumri ist Moskaus 102. Militärbasis stationiert, nur einen Katzensprung von der türkischen Grenze entfernt.

Dass Russland den Kaukasus nie in den Griff bekommen werde, sahen kluge Männer früh voraus. Der Slawist Friedrich von Bodenstedt aus dem Städtchen Peine östlich von Hannover macht sich 1837 über St.Petersburg und Moskau auf den Weg in den Kaukasus, um später als Lehrer am Gymnasium in Tiflis zu arbeiten. In seinem Werk über die »Völker des Kaukasus« schreibt er 1848: »Die Russen mögen mit ihren Heerscharen alle Länder des Kaukasus überziehen, alle Festungen mögen sie schleifen und mit dem Feuer ihrer Geschütze selbst den Schnee der wolkenüberragenden Gletscher zerschmelzen. Ja, sie mögen der Gebirgsländer ganze Bevölkerung ausrotten mit Weib und Kind – das Kriegsfeuer wird fortlodern durch die Jahrhunderte. Die Bevölkerung des Kaukasus kann gewechselt werden, die von seinen Bergen wehende Freiheitsluft bleibt immer dieselbe.« Es ist eine verblüffende Weitsicht, die Bodenstedt da beweist. Dabei konnte er unmöglich voraussehen, was hundert Jahre später unter Stalin geschieht: die Deportation ganzer Kaukasus-Völker nach Sibirien oder Kasachstan oder – noch mal fünfzig Jahre später – die Feldzüge zweier russischer Präsidenten gegen Tschetschenien. Denen schließlich auch dessen Oberhaupt Dschochar Dudajew zum Opfer fällt – als ihn im April 1996 eine russische Rakete trifft.

Kampfname »Koba«

Auch der junge Stalin kämpfte gegen
die russische Vorherrschaft im Kaukasus – später
wütete er dort schlimmer als die Zaren.

Von Christian Neef

Mit der Schlagzeile »Bombenregen« erscheint am 27. Juni 1907
die englische Zeitung »Daily Mirror«. Der Titel steht über einem
Bericht aus der zu Russland gehörenden georgischen Landes-
hauptstadt Tiflis, in der Revolutionären am Vortag ein sensa-
tioneller Coup gelungen ist: »Rund zehn Bomben, eine nach
der anderen, wurden heute in das Menschengedränge auf dem
Platz im Stadtzentrum geworfen. Die Bomben explodierten mit
schrecklicher Kraft, viele Menschen wurden getötet.« An die
40 Personen sollen gestorben sein. Sie zahlten mit ihrem Leben,
weil örtliche Revolutionäre eine Kutsche mit Geldsäcken für die
Staatsbank überfielen. Die Beute: mindestens 250 000 Rubel,
nach heutigen Maßstäben 2,5 Millionen Euro.

Regisseur der blutigen Aktion war der 28-jährige Josef Wis-
sarionowitsch Dschugaschwili, der sich fünf Jahre später in
»Stalin« umbenennt. Er hat »die Ära des bewaffneten Raub-
überfalls eröffnet«, schreibt ein Freund, der mit von der Partie
gewesen ist. Von alldem ist in der Broschüre »Stalin. Lehrer,
Vorbild und Freund der Jugend« nicht die Rede, die 1949, im
Gründungsjahr der DDR, in Ost-Berlin erscheint. »Schon als
Achtzehnjähriger trat Stalin der Tifliser Organisation der Sozialdemokratischen Arbeiterpartei Russlands bei und trug den
wissenschaftlichen Sozialismus in die Fabriken und Werkstät-
ten«, und zwar »mit zu Herzen gehenden Worten«, so feiert ihn

das Heft. Stalin habe bereits 1896 als Student am Geistlichen Seminar von Tiflis mit seinen Kumpanen handschriftlich das »Kapital« von Marx kopiert, denn die Jugend Transkaukasiens sei für Freiheitsideen besonders aufgeschlossen gewesen. Legende oder Wahrheit? Der Schuhmachersohn Dschugaschwili, 1878 im georgischen Gori geboren, zeigte großes Selbstbewusstsein. Dass er in jungen Jahren schon Darwin gelesen habe, wie später behauptet wurde, dürfte ins Reich der Fabel gehören. Der Biograf Isaac Deutscher sagt ihm einen »romantischen georgischen Patriotismus« nach. Georgien war von der russischen Vorherrschaft geprägt, eine Form der Leibeigenschaft existierte bis 1912.

Bolschewistischer Revolutionär Josef Stalin, um 1918

Das Priesterseminar in Tiflis, so viel ist gewiss, war ein Hort der antirussischen Opposition. Stalin wurde dort zum Rebell, bis er 1899 von der Schule flog. Er tauchte unter, verschwand 1902 das erste Mal im Gefängnis und dann mehrfach in der Verbannung. Die folgenden Jahre, die er mit Frau Kato und Söhnchen Jakow verbrachte, waren »ein Leben des Banditentums, der Spionage, der Erpressung und Agitation«, wie der Schriftsteller Simon Sebag Montefiore resümiert. Der Kaukasus hat den Mann mit dem Kampfnamen »Koba«, der Unbeugsame, in den ersten zweieinhalb Jahrzehnten seines Lebens geprägt. Hier lernte er viele jener Berufsbolschewiki kennen, die später in Moskau zum Apparat der Macht gehören sollten.

Der Kaukasus wurde aber auch ihn nie mehr los. Schlimmer als andere Herrscher wütete Stalin später in seiner Heimat. Sein Freund Sergo Ordschonikidse schaltete nach der Machtergreifung 1917 die Parteiorganisationen von Armeniern, Georgiern und Aserbaidschanern gleich, schlug Aufstände im Kaukasus nieder, darunter 1924 einen im heimischen Georgien, und ließ ihre Organisatoren öffentlich hinrichten. Immer wieder veränderte Stalin Grenzen in der Region, im Zweiten Weltkrieg deportierte er ganze Völker des Nordkaukasus nach Zentralasien. Verschont blieben die Osseten. Und das wohl nur, weil Stalins Urgroßvater Ossete war.

Der letzte Kaiser

Nikolai II. war ein wankelmütiger Alleinherrscher.
Durch Zaudern, Inkompetenz und Sturheit
ruinierte er die Monarchie.

Von Michael Sontheimer

A m 13. März des Jahres 1881, einem Sonntag, vergnügt
sich Nicky, wie er in der Familie genannt wird, beim
Schlittschuhlaufen. Als der zwölf Jahre alte Junge
nach Hause zurückkehrt, herrscht im Winterpalais von
St. Petersburg blankes Entsetzen. Die Mutter zieht Nicky in
ein Zimmer, in dem sein Großvater liegt, Alexander II. Dessen
Beine sind zerfetzt, er röchelt im Todeskampf. Ein Anarchist
hat dem Zaren eine Bombe direkt vor die Füße geworfen.
»Totenblass in seinem marineblauen Anzug«, so ein Augenzeuge, beobachtet Nicky den qualvollen Tod seines Opas.
Die Herrschaft geht nun auf seinen Vater über, er selbst wird
zum Thronfolger, Zarewitsch genannt. Die Erinnerung an
den schrecklichen Tod seines Großvaters dürfte Nikolai sein
ganzes Leben lang verfolgt haben.

Er wurde der 18. Zar aus der Familie Romanow. Nikolai II.
fand ein anachronistisches System vor, doch er versuchte nicht
ernsthaft, die Monarchie durch Modernisierung zu retten. So
wurde er zum letzten Zaren. Seine Mutter Marija Fjodorowna, ursprünglich Dagmar von Dänemark, hatte Nikolai am
18. Mai 1868 zur Welt gebracht. Nach ihm kamen drei Brüder
und zwei Schwestern, mit denen er hinter den hohen Mauern der Zarenpaläste aufwuchs, fernab von den Untertanen.

»Nie setzt er mir Widerstand entgegen«, sagte ein Lehrer über ihn. »Diese Ausgeglichenheit, dieser spontane Gehorsam sind einfach erstaunlich.«

Als Nikolai mit 19 Jahren seinen Dienst beim Leibgarde-Regiment Seiner Majestät antrat, fand er das Milieu, in dem er sich wohlfühlte. Ihm behagte die Kameraderie, er genoss die endlosen Abendessen mit Champagner und Soldatenliedern. Unter den jungen Offizieren fiel er nicht weiter auf. Sein späterer Außenminister Wladimir Graf Lamsdorf schrieb über ihn in seinem Tagebuch: »Ein kleiner Husarenoffizier, nicht hässlich, aber unauffällig, unbedeutend.« Seinem Schicksal begegnete er das erste Mal bei einem Besuch in Japan, in der Stadt Otsu. Ein Japaner sprang auf den Thronfolger zu, schlug ihm mit einem Säbel auf den Kopf und rief: »Ich bin ein Samurai.« Nikolai behielt eine Narbe und eine Neigung zur Migräne.

Als Zarewitsch musste Nikolai eine Prinzessin aus dem europäischen Hochadel heiraten. Seine Wahl fiel, wie so häufig in seiner Familie, auf eine Deutsche, Alix von Hessen-Darmstadt, die Tochter des Großherzogs Ludwig IV. von Hessen. Da Alix erst sechs war, als ihre Mutter starb, war sie bei ihrer Großmutter Queen Victoria in England aufgewachsen. »Sie ist sehr britisch und spricht dauernd Englisch«, mokierte sich ein Minister über sie. Bevor sie den Zaren heiratete, musste Alix wie üblich zur orthodoxen Kirche konvertieren und bekam den Namen Alexandra Fjodorowna.

Nikolai war 26 Jahre alt, als sein Vater Alexander III. starb. Am 14. Mai 1896 nahm er in Moskau aus der Hand des Metropoliten die Zarenkrone entgegen und setzte sie sich aufs Haupt. Doch bei dem großen Volksfest anlässlich der Krönung, zu dem mehrere hunderttausend Menschen zusammengeströmt waren, kam es zu einer Panik. Die Masse trampelte

*Porträt des Kaisers Nikolai II. Alexandrowitsch
(Kolorierte Fotografie, um 1910)*

mehr als 1300 Menschen zu Tode: ein böses Omen für den frisch Gekrönten. Nikolai fühlte sich unwohl in seiner neuen Rolle. »Ich bin aufs Regieren nicht vorbereitet«, vertraute er einem Cousin an. »Ich verstehe nichts von Staatsgeschäften. Ich weiß nicht einmal, wie man mit Ministern redet. Ich wollte nie Zar werden.«

Als Fehlbesetzung nahmen ihn auch andere wahr. Als er Abgeordnete der regionalen Vertretungen empfing, kanzelte er alle Wünsche nach Partizipation als »unsinnige Träume« ab. Er erklärte, dass er »ebenso fest und unerschütterlich am Prinzip der Autokratie festhalte wie mein unvergesslicher Vater«. Anarchisten antworteten in einem offenen Brief: »Alles Verlangen der Nation, etwas anderes zu sein als Sklaven«, sei auf »brutale Ablehnung gestoßen«. Nikolais Widersacher warnten ihn: »Sie haben den Kampf begonnen; es wird nicht lange dauern, und Sie werden sich mitten im Getümmel befinden.« So kam es unvermeidlich.

Nikolai war absoluter Herrscher über den despotischsten und rückständigsten Staat des Kontinents. In Russland gab es weder ein Parlament noch eine Verfassung und auch keine Rechtssicherheit. Über vier Fünftel der Bevölkerung lebten auf dem Land. Die meisten von ihnen darbten in Dreck, Armut und Analphabetismus. Von den 142 Millionen Hektar Land in den Kommunen waren über 110 Millionen in Privateigentum, der größte Teil gehörte Adligen. Erst seit 1861 waren die Bauern keine Leibeigenen mehr, doch sie ächzten unter dem Joch der Ablösezahlungen und Zinsen für das von ihnen erworbene Land.

Die absolute Monarchie Russlands wirkte Anfang des 20. Jahrhunderts reichlich absurd. Der Kaiser beschäftigte rund 15 000 Bedienstete, und die Großfürsten, die Söhne und Enkel der Zaren, bekamen Apanagen, die sich auf 280 000 Rubel, rund 600 000 Goldmark, im Jahr summierten. Sie unterstanden keiner Gerichtsbarkeit. Viele Großfürsten waren korrupt; ihre Reichtümer verprassten sie in St. Petersburg, Berlin oder Paris. Wenn sie mit ihren Gattinnen die höfischen Bälle besuchten, waren deren Kleider mit Rubinen, Smaragden und Saphiren bestickt. Nikolai glaubte, seine Mission sei es, das Gottesgnadentum und die Autokratie zu erhalten. Doch er hatte, notierte der britische Botschafter Sir George Buchanan, »von seinem Vater weder den festen Charakter noch die Fähigkeit zu schnellen Entscheidungen geerbt, welche für einen absoluten Monarchen unverzichtbar sind«.

Der Zar war ein Zauderer. Meist erlag er dem Druck desjenigen, der als Letzter mit ihm gesprochen hatte. Und er war konfliktscheu: Seinen Ministern widersprach er nicht, sondern löste sie ab, wenn ihre Vorstellungen nicht seinen entsprachen. Gebildete, nachdenkliche Menschen waren ihm zuwider. »Intelligenzija. Wie ich dieses Wort hasse«, rief er einmal aus. »Am liebsten würde ich die Akademie zwingen, es aus dem russischen Wörterbuch zu streichen.«

1902 ernannte er den deutschstämmigen Wjatscheslaw von Plehwe, einen rücksichtslosen Reaktionär, zum Innenminister. Plehwe setzte auf Repression und Russifizierung, förderte den Antisemitismus und ließ Soldaten auf streikende Arbeiter schießen. Dem französischen Botschafter sagte er: »Ich habe mich auf den Kochtopf gesetzt. Ich werde mit ihm explodieren.« So kam es. Am 28. Juli 1904 tötete ihn die Bombe eines Terroristen. Der Innenminister hatte zuvor noch einen folgenreichen Vorschlag gemacht. »Um die Revolution aufzuhalten«, verriet Plehwe einem Vertrauten, »brauchen wir einen kleinen siegreichen Krieg.«

Den Krieg provozierte Russland im Fernen Osten, mit dem Kaiserreich Japan. Nikolai, der über Japaner als »Makaken« sprach, als Affen, war voll Zuversicht, doch der Waffengang entwickelte sich schnell zu einem Fiasko. Flaggschiffe wurden versenkt, Admiräle schwer verwundet, Zehntausende Soldaten gerieten in Kriegsgefangenschaft. Die patriotische Begeisterung erlahmte schnell. Im Januar 1905 begannen in St. Petersburg die Metallarbeiter zu streiken, bald waren 150 000 Arbeiter im Ausstand. Die Proletarier forderten den Achtstundentag und hygienische Arbeitsbedingungen in den Fabriken. Zwölfstündige Plackerei und auch Kinderarbeit waren üblich.

Ein orthodoxer Pope namens Georgij Gapon, mit der Polizei verbandelt, rief zu einem Marsch zum Winterpalais auf, um dem Zaren eine Petition zu überreichen. Nikolai, der in seiner Landresidenz in Zarskoje Selo weilte, dachte gar nicht daran zurückzukehren. Rund 10 000 Menschen sammelten sich am eisigen Morgen des 9. Januar: festlich gekleidete Arbeiter, Studenten, Bürger. Voran trugen sie ein großes Porträt des Zaren. Und ein Transparent »Soldaten, schießt nicht!« Ein frommer Wunsch. Nachdem am Narwa-Tor Soldaten die Menge vergebens aufgefordert hatten, sich zu zerstreuen, legten sie ihre Gewehre an, feuerten zwei Salven in die Luft und schossen los. Hunderte Menschen, darunter Frauen und Kinder, starben. Der Schnee färbte sich rot.

»Die Truppen waren gezwungen, in einigen Stadtvierteln zu schießen«, notierte Nikolai in seinem Tagebuch. »Ach Gott, wie schmerzlich und schwer ist es! Mama kam von der Stadt direkt zur Frühmesse. Wir lunchten mit allen.« Zur »Unterdrückung der Unruhen«, wie Nikolai das Ziel formuliert hatte, sprach seine reaktionäre Regierung nur die Sprache der Gewalt: Im polnischen, unter Oberhoheit des Zaren stehenden Lodz erschossen Soldaten mehr als 160 Demonstranten. Auf dem Kriegsschiff »Potjomkin« im Schwarzen Meer exekutierte ein Offizier am 27. Juni 1905 einen Matrosen, worauf die Seeleute alle Offiziere töteten und das Schiff unter ihre Kontrolle brachten. Der Zar schrieb in sein Tagebuch: »Dafür werde ich die Befehlshaber streng und die Rebellen grausam bestrafen müssen. Nach dem Frühstück ging ich spazieren und badete vor dem Tee im Meer.«

Nikolais Regierung sah sich schließlich gezwungen, den rebellischen Untertanen Zugeständnisse zu machen. Am 30. Oktober 1905 unterschrieb der Kaiser widerwillig ein Dekret, in dem er ankündigte, »der Bevölkerung eine solide bürgerliche Freiheit zu gewähren, die auf der Freiheit des Einzelnen, der Freiheit des Gewissens, der Freiheit der Versammlung beruht«. Zudem sollte die Regierung gesetzlicher Kontrolle unterworfen werden. Damit ein Gesetz in Kraft treten konnte, musste fortan die Duma zustimmen. Der Text des Dekrets stammte weitgehend von Sergej Witte, einem liberalen Ministerpräsidenten. Das im Dezember 1905 erlassene Wahlgesetz spiegelte jedoch vor allem die wirtschaftliche Ungleichheit wider: Die Stimme eines Grundbesitzers zählte 3-mal so viel wie die eines Bürgers, 15-mal so viel wie die eines Bauern und 45-mal so viel wie die eines Arbeiters. Frauen, Landarbeiter, Tagelöhner und Dienstboten durften gar nicht erst wählen. Der Zar blieb »Selbstherrscher« wie alle seine Vorgänger.

Wenige Tage später kam es in Moskau zum Aufstand. Die Revolutionäre errichteten Barrikaden, doch Soldaten schossen sie bald mit Artilleriegeschützen zusammen. Bei den Kämpfen starben Tausende Menschen. Nikolai notierte: »In Moskau wurde die Revolte Gott sei Dank mit Waffen niedergeschlagen.« Seiner Mutter erklärte er: »Terror muss man mit Terror beantworten.« Die auf den Moskauer Aufstand folgende Gegenrevolution war einfallslos und brutal: Die

Polizei verhaftete massenhaft Oppositionelle, die Regierung verbot sozialistische Organisationen. Im Jahr 1906 fielen dem Terror von Polizei und antisemitischen Nationalisten schätzungsweise 60 000 Menschen zum Opfer.

Die im Frühjahr 1906 gewählte Duma, in der die Liberalen die Mehrheit hatten, bestand nur bis Juli, dann löste Nikolai sie auf. Im Februar 1907 trat die zweite Duma zusammen, die der Kaiser nach vier Monaten abermals auseinanderjagte. Schließlich erließ seine Regierung ein neues Wahlgesetz, so dass die dritte Duma eine deutliche konservative Mehrheit hatte. Der berühmte deutsche Soziologe Max Weber bezeichnete das System als »Scheinkonstitutionalismus« und schrieb vom »erbärmlichen Regiment des Zaren«.

Nikolai hatte noch einmal Zeit gewonnen. Für ein paar Jahre herrschte Ruhe im Land, Grabesruhe. Er regierte leidenschaftslos, wirklich wohl fühlte er sich mit seiner Frau, mit der er gern Englisch sprach. Alexandra blieb eine deutsche, in England aufgewachsene Prinzessin, die nur mit starkem Akzent Russisch sprach und sich in der Öffentlichkeit ungeschickt bewegte. Sie kannte und verstand Russland nicht, warf sich aber mit dem Eifer einer Konvertitin in den orthodoxen Glauben und erging sich in dunkler Mystik. Ihre vordringliche Aufgabe war es, einen Thronfolger zu gebären. Im August 1904 war es so weit, nachdem sie zuvor vier Töchter zur Welt gebracht hatte. Doch der Zarewitsch litt an einer schweren Erbkrankheit. Alexej war Bluter. Wenn der Zarewitsch sich nur stieß, bekam er äußerst schmerzhafte Hämatome. Sein kaiserliches Blut gerann sehr viel schlechter. Selbst kleine Wunden waren lebensgefährlich. Ein dubioser französischer Magier versuchte ihn zu heilen, vergebens.

Erfolge, so glaubte die Zarin, erzielte hingegen der Mann, der bald den Ruf ihrer Familie ruinieren sollte: Rasputin.

Ein Bischof eröffnete diesem Grigorij Jefimowitsch Nowych
Zugang zu den Spitzen der Gesellschaft, später lernte auch
das Zarenpaar ihn kennen. Der Name des aus Westsibirien
stammenden Wunderheilers klang fast wie Rasputnik, Wüstling. Dazu passte sein sinnenfrohes Rezept: Um die Sünde zu
überwinden, müsse man durch sie hindurchgehen. Mit seinen
stahlgrauen Augen hatte er auf Frauen eine geradezu hypno-
tische Wirkung, so auch auf die beste Freundin der Zarin
und die Zarin selbst. Als der Zarewitsch nach einem Sturz im
Sterben zu liegen schien und schon die letzten Sakramente
erhielt, telegrafierte Rasputin: »Die Krankheit scheint nicht
gefährlich. Die Ärzte sollen sich nicht bemühen.« Kurz darauf
kam die Blutung zum Stillstand. Die Zarin hielt diese äußerst
ungewöhnliche Spontanheilung für ein Wunder. Und verfiel
dem bärtigen Scharlatan noch mehr.

Auf dem Weg in die »Urkatastrophe des 20. Jahrhunderts«,
wie der amerikanische Diplomat George F. Kennan den Ersten Weltkrieg genannt hat, agiert Nikolai II. hilflos – ähnlich
wie sein deutscher Cousin, Kaiser Wilhelm II. Die beiden
korrespondieren regelmäßig auf Englisch, wobei der deutsche
Kaiser gewöhnlich mit »Ever your devoted cousin and friend
Willy« unterzeichnet. Doch die Vettern-Freundschaft kann
den Frieden nicht sichern. Als am 28. Juni 1914 ein serbischer
Nationalist den österreichischen Erzherzog Franz Ferdinand
in Sarajewo erschießt, glaubt Nikolai zunächst nicht an einen
Krieg. Die Österreicher stellen allerdings ein Ultimatum mit
harten Forderungen an die Regierung Serbiens und setzen
damit eine Kettenreaktion in Gang. Das Zarenreich reagiert
mit der Teilmobilmachung seiner Truppen.

Nikolai und Wilhelm erkennen nicht, dass ein längerer
Krieg in Europa ihre Monarchien zerstören wird. Kurz nach
der deutschen Kriegserklärung im August 1914 bekommt

Nikolai noch ein Telegramm von Wilhelm, in dem dieser die Demobilisierung der russischen Truppen fordert. Doch der Zar wendet sich enttäuscht von seinem Cousin ab. »Er war nie ehrlich, nicht für einen Moment«, sagt er über Willy. »Am Schluss war er hoffnungslos im Netz seiner Perfidie und seiner Lügen gefangen.« Da auch Großbritannien dem Deutschen Reich den Krieg erklärt, ist Nikolai von einem schnellen Sieg überzeugt. Seine Hauptstadt St.Petersburg benennt er in Petrograd um, russisch statt deutsch.

Wilhelms Armee hat alle Kräfte im Westen konzentriert. Nach dem Schlieffen-Plan soll Frankreich rasch überwältigt werden. Als die deutschen Spitzen Brüssel erreicht haben, marschieren zwei russische Armeen nach Ostpreußen ein, eine geführt vom baltendeutschen General Paul von Rennenkampf. Die Russen zwingen die Oberste Heeresleitung, zwei Armeekorps vom Westen in den Osten zu verlegen. Dies hilft den Franzosen, den deutschen Angriff auf Paris an der Marne abzuwehren. Doch das russische Heer kann nicht dauerhaft siegen. Es ist zwar mit 1,3 Millionen Soldaten das größte der Welt, größer als die Armeen Deutschlands und Österreich-Ungarns in Friedenszeiten zusammen. Die Ausrüstung jedoch ist jämmerlich. Ende 1914 stehen offiziell 6,5 Millionen Russen unter Waffen, aber sie verfügen nur über 4,5 Millionen Gewehre. Noch schlimmer ist der Mangel an Artillerie und Granaten. Es gibt keine nennenswerte Rüstungsindustrie, und das Eisenbahnnetz reicht für schnelle Truppenverschiebungen nicht aus.

In Ostpreußen gelingt es deutschen Truppen unter dem Kommando von Paul von Hindenburg, Ende August 1914 bei Hohenstein die Zweite Russische Armee einzuschließen und vernichtend zu schlagen. Nachdem im Sommer 1915 deutsche Truppen tief nach Polen, Litauen und Kurland vordringen, erstarrt die Front. Die russische Armee versucht im Frühjahr 1916, die Initiative wiederzuerlangen, erzielt aber kaum Geländegewinne. Seit Beginn des Krieges will Nikolai den Oberbefehl über die Armee an sich ziehen. Rasputin bestärkt ihn in diesem Wunsch. Der Duma-Präsident hingegen warnt: »Indem Sie Ihre geheiligte Person dem Urteil des Volkes aussetzen, legen Sie Hand an sich selbst und führen Russland ins Verderben.« Doch Nikolai bleibt stur. Als Oberbefehlshaber gestalten sich seine Tage gleichförmig. Morgens um halb zehn begibt er sich ins Hauptquartier im heute weißrussischen Mogiljow. Dort tragen Stabsoffiziere ihm die Lage vor, während er eine Zigarette nach der anderen raucht. Anschließend bespricht er sich unter vier Augen mit dem Generalstabschef, der alle Entscheidungen trifft. Wie sein Cousin Willy, der deutsche Kaiser, erweist der Zar sich als einflusslose Galionsfigur. Er hat, wie fast alle gekrönten Häupter seiner Generation, nie gelernt, hart zu arbeiten. Den Rest des Tages verbringt er mit Spaziergängen, Ausfahrten oder auf der Jagd.

Während der Zar im Hauptquartier kitschige Romane liest, bei denen ihm die Tränen kommen, führt die Zarin in Petrograd die Regierungsgeschäfte – und ihr wichtigster Berater heißt Rasputin, genannt »unser Freund«. Sie schreibt Briefe an ihren Nicky, in denen es heißt: »Den Ratschlägen unseres Freundes zu folgen, Geliebter – ich versichere Dir, das ist recht.« Das System wird surreal. Rasputin sagt der Zarin, welcher Minister entlassen werden und welche Offensive gestoppt werden soll. Alix übermittelt es Nicky. Und der verfügt häufig so. Innerhalb von zwölf Monaten tauscht der Kaiser die Innenminister viermal aus, die Kriegsminister zweimal. Über den Einfluss von Rasputin kursieren die abenteuerlichsten Gerüchte. Es hilft auch nicht mehr viel, dass mehrere Männer, unter ihnen ein Verwandter Nikolais, Fürst Felix Jussupow, den Mystiker Ende Dezember 1916 in Petrograd ermorden.

Der Zar ist am Ende seiner Kräfte. Seine Gesichtszüge sind erschlafft, seine Augen wie erloschen. Nikolai verfällt in Trübsinn und erkennt nicht, dass Russland in eine Revolution treibt – ein hoffnungsloser Fall. Er ernennt einen einstigen Protegé Rasputins zum Innenminister, der schlicht verrückt zu sein scheint und angeblich mit Rasputin im Jenseits spricht. Nikolais Mutter und andere Verwandte versuchen den Kaiser dazu zu bewegen, sich von seiner Frau zu trennen. Vergebens.

Im harten Winter 1916/17 werden in Petrograd und anderen Städten die Lebensmittel knapp. Und die Menschen sehnen sich nach Frieden. Als mehr und mehr Arbeiter in den Streik treten, weigern sich am 12. März 1917 die Soldaten der Petrograder Garnison, auf sie zu schießen. Sie schließen sich den Streikenden mit ihren roten Fahnen an. Demonstranten öffnen die Gefängnistore und stecken den Justizpalast in Brand. Die Revolution hat begonnen.

Der Duma-Präsident Michail Rodsjanko telegrafiert an den Zaren: »Es müssen sofortige Maßnahmen ergriffen werden. Die Stunde ist gekommen, in der sich das Schicksal des Landes und der Dynastie entscheidet.« Nikolai antwortet nur, dass die Sitzung der Duma aufgehoben sei. Am nächsten Tag fährt er mit seinem Zug vom Hauptquartier in Richtung Petrograd. Doch der Herrscher erreicht die Hauptstadt nicht, weil revolutionäre Truppen bereits die Strecke unsicher machen. »Der Charakter Seiner Majestät war die Wurzel allen Unglücks«, hat sein zeitweiliger Premier Sergej Witte später geurteilt. »Sein Hauptfehler war sein bedauerlicher Mangel an Willenskraft. Er war für die bedeutende historische Rolle, die das Schicksal ihm auferlegt hatte, nicht geboren.« Ein anderes

Verdikt über den Zaren fällt noch härter aus: »Er ist wie ein weicher Lappen«, urteilte General Pjotr Tscherewin.

Die Oberbefehlshaber der Armee drängen Nikolai am 15. März 1917 zum Verzicht auf den Thron: »Ich möchte meinen Sohn bei mir behalten«, sagt der Herrscher, »und danke in meinem und seinem Namen zugunsten meines Bruders, Großfürst Michail, ab.« Nikolais Bruder jedoch verspürt keine Neigung, den wankenden Thron zu besteigen. Er verzichtet. Damit sind mehr als 300 Jahre Herrschaft der Romanows über Russland zu Ende. Nikolai II. – jetzt nur noch der Bürger Nikolai Romanow – verlässt das Hauptquartier, um zu seiner Familie zu fahren. »Es herrschte Frost, und starker Wind wehte«, notiert er. »Mein Herz ist schwer, traurig und voller Furcht.«

»Wilde Schießerei«

Nach der Abdankung kam der Zar
mit seiner Familie unter Hausarrest.
Im Juli 1918 ermordeten Bolschewiki
Eltern, Kinder und Bedienstete.

Von Michael Sontheimer

Dem Hausarzt der Familie, der die Tür öffnet, sagt
der Geheimdienstoffizier Jakow Jurowski scheinbar
Beruhigendes: »Die Lage in der Stadt ist unsicher,
und so sehen wir uns zum Schutz der Familie genötigt, sie
nach unten zu verlegen.« Es dauert eine gute halbe Stunde,
bis sich alle angekleidet und im Souterrain versammelt haben:
der ehemalige Zar Nikolai, 50, seine Frau Alexandra, 46, die
Töchter Olga, 22, Tatjana, 21, Marija, 19, Anastassija, 17, und
der einstige Zarewitsch Alexej, 13. Dazu der Leibarzt, ein Diener, zwei Köche sowie ein Zimmermädchen. Jurowski verkündet ihnen: »Angesichts der Tatsache, dass Ihre Verwandten
in Europa die Aggression gegen Sowjetrussland fortsetzen, hat
das Ural-Exekutivkomitee verfügt, Sie zu erschießen!« »Wie?«,
ruft Nikolai. Im nächsten Moment schießt ihm Jurowski mit
seinem Revolver ins Herz. Die Gehilfen, zum großen Teil
lettische und ungarische Genossen, feuern auf die Übrigen. In
einem Geheimbericht vom Februar 1934 heißt es: »Auch die
Zarin starb sofort nach ihrem Mann, und die anderen Familienmitglieder (insgesamt zwölf Personen) wurden in einer
wilden Schießerei niedergemacht.« Manche Kugeln prallten
an Diamanten und Edelsteinen in der Kleidung der Zaren-

töchter ab; es dauerte über 20 Minuten, bis das chaotische Massaker beendet war.

Dem Tod im Kugelhagel waren 16 Monate in zunehmender Unfreiheit vorausgegangen. Nach seiner Abdankung Mitte März 1917 wollte Nikolai mit seiner Familie nach England, doch die britische Regierung weigerte sich, die Romanows aufzunehmen. Sie blieben in der Sommerresidenz der Zaren in Zarskoje Selo südlich von Petrograd, wie St. Petersburg seit 1914 hieß. Alexander Kerenski, der starke Mann der Übergangsregierung, fürchtete, Nikolai könnte zur Symbolfigur einer Gegenrevolution werden. Im August 1917 verbannte er ihn mit seiner Familie ins sibirische Tobolsk.

Nachdem die Bolschewiki an die Macht gekommen waren, befand der Sowjet von Jekaterinburg, dass Tobolsk für einen »derart gefährlichen Gefangenen« nicht geeignet sei. Die Kommunisten internierten die Zarenfamilie in einer Villa in Jekaterinburg. Rotgardisten errichteten einen vier Meter hohen Bretterzaun um das Haus. Zunächst wollten Lenin und die führenden Bolschewiki den letzten Zaren öffentlich anklagen und aburteilen lassen – wie es die Jakobiner mit Ludwig XVI. in der Französischen Revolution praktiziert hatten. Doch als antikommunistische Truppen auf Jekaterinburg vorrückten, fürchteten die Bolschewiki Nikolais Befreiung.

In der Nacht vom 16. auf den 17. Juli ging beim Ural-Sowjet in Jekaterinburg das Telegramm ein, mit dem die schon seit ein paar Tagen geplante Erschießung der Zarenfamilie angeordnet wurde. Lenin war in die Entscheidung eingebunden. Jakow Jurowski, der örtliche Chef der Tscheka, setzte sich mit seinen Helfern in Bewegung.

Was nach dem Massaker geschah, beschrieb ein Beteiligter in einem Geheimbericht: »Wir legten die Leichen in die Grube und übergossen die Gesichter und die Körper mit

Schwefelsäure. Um sie unkenntlich zu machen und um Verwesungsgerüchen vorzubeugen. Wir bedeckten sie mit Erde und Reisig, legten Bahnschwellen darauf und fuhren ein paarmal darüber.«

Der Geheimbericht wurde erst im Jahr 1989 veröffentlicht. Die Bolschewiki behaupteten zunächst, die ehemalige Zarin und ihr Sohn befänden sich an einem sicheren Ort. Doch die Antikommunisten, die im Juli 1918 nach Jekaterinburg vordrangen, sammelten Indizien dafür, dass die ganze Familie ermordet worden war. Nur die Leichen fanden sie nicht. Die Überreste von Nikolai Romanow und seiner Familie exhumierten Polizisten im Juli 1991 auf Befehl des russischen Präsidenten Boris Jelzin in einem Wald. Zwei Privatleute hatten schon 1979 an der Fundstelle drei Schädel ausgegraben, aber aus Angst vor dem Geheimdienst geschwiegen.

Die Gebeine der Romanows wurden 1998 nach St. Petersburg gebracht und in der Kathedrale der Peter-und-Pauls-Festung beigesetzt. Zwei Jahre später sprach der Patriarch der russisch-orthodoxen Kirche, Alexij II., Nikolai Romanow nebst Gattin und Kindern heilig, als Märtyrer.

Arzt mit blutigen Händen

Der russische Premierminister
Pjotr Stolypin wollte das Land reformieren,
um die Zarenherrschaft zu retten.

Von Uwe Klußmann

Pjotr Stolypin, geboren 1862, stammte aus einer Familie von Großgrundbesitzern. Zar Nikolai II. ernannte ihn im Juli 1906 zum Premierminister. Stolypin bekämpfte die Aufständischen brachial: Nach den revolutionären Unruhen von 1905/06 setzte er Standgerichte ein, die nach Schätzungen mehr als tausend Todesurteile vollstreckten. Zugleich begann der Monarchist Agrarreformen, um eine breite bäuerliche Mittelschicht zu schaffen. Stolypins Strukturreformen, die das Land maßvoll verändern sollten, stießen jedoch auf den Widerstand der Bürokratie.

Am 14. September 1911 wurde er bei einem Opernbesuch in Kiew von einem jungen Sozialrevolutionär durch Revolverschüsse schwer verletzt. Vier Tage später starb er an den Folgen des Attentats. Der Führer der Bolschewiki, Wladimir Lenin, schrieb in einem Nachruf, das Leben des »Oberhenkers Stolypin« sei »eine genaue Widerspiegelung und ein Ausdruck der Lebensbedingungen der Zarenmonarchie«. Seine Politik, die autokratische Herrschaft »in eine bürgerliche Monarchie umzumodeln«, habe ein »Fiasko« erlitten. Denn es zeigten sich bereits »Symptome für das Anwachsen der neuen Revolution«.

Im heutigen Russland wird Stolypin offiziell verehrt. Wladimir Putin nennt ihn einen »echten Patrioten und weisen

Politiker«, der sich »nicht scheute, unpopuläre, sogar harte Entscheidungen zu treffen«. Beamten und Ministern verleiht die russische Regierung die »Stolypin-Medaille«. Zum 150. Geburtstag des Politikers im Jahr 2012 will die russische Führung Stolypin vor dem Regierungsgebäude am Moskwa-Fluss ein Denkmal errichten.

Auszüge aus Reden Stolypins
in der Staatsduma

MÄRZ 1907 Der Staat kann, der Staat muss, wenn er sich in Gefahr befindet, die strengsten, die außerordentlichsten Gesetze annehmen, um sich vor dem Zerfall zu schützen. Das ist, meine Herren, der Zustand der notwendigen Verteidigung; er führt den Staat nicht nur zu verstärkter Repression, nicht nur zur Anwendung verschiedener repressiver Maßnahmen gegenüber verschiedenen Personen und unterschiedlichen Kategorien von Menschen – er führt den Staat zur Unterwerfung aller unter einen Willen, der Willkür eines Menschen, er führt zur Diktatur, die manchmal den Staat aus der Gefahr führt und die Rettung ermöglicht. Es gibt, meine Herren, schicksalhafte Momente im Leben eines Staates, in denen die Staatsräson höher steht als das Recht und in denen man wählen muss zwischen der Ganzheit der Theorie und der Ganzheit des Vaterlandes.

Meine Herren, es liegt in Ihren Händen, Russland zu beruhigen, das natürlich in der Lage ist, das Blut zu unterscheiden, über das jetzt so viel gesprochen wird: das Blut an den Händen der Henker oder das Blut an den Händen gewissenhafter Ärzte, welche die außergewöhnlichsten Maßnahmen ergreifen, mit der einzigen Hoffnung, dem einzigen Glauben – den Schwerkranken zu heilen.

MAI 1907 Denkt die Regierung, sich auf halbe Schritte und auf eine polizeiliche Sicherung der Ordnung zu beschränken? Ehe man über Fähigkeiten spricht, sollte man sich klar das Ziel vorstellen, und das Ziel der Regierung steht fest: Die Regierung wünscht, das bäuerliche Landeigentum zu erweitern, sie wünscht die Bauernschaft reich, vermögend, denn dort, wo Vermögen ist, ist auch Aufklärung, dort ist auch echte Freiheit. Aber dafür ist es notwendig, den fähigen, arbeitsamen Bauern, das heißt das Salz der russischen Erde, von allem Druck, von allen jetzigen Lebensbedingungen zu befreien.

Die Gegner der Staatlichkeit wollen den Weg des Radikalismus wählen, den Weg der Befreiung von der geschichtlichen Vergangenheit Russlands, der Befreiung von seinen kulturellen Traditionen. Sie brauchen große Unruhen, wir brauchen das Große Russland.

JANUAR 1911 Wer, meine Herren, braucht in St. Petersburg vor allem sauberes Wasser und Kanalisation? Nicht die Hauseigentümer, die unter mehr oder weniger erträglichen Bedingungen leben, nicht die Minister, nicht Sie und ich, sondern die Armen der Stadt. Ich habe gesehen, wie diese Armen stumm in den städtischen Krankenhäusern sterben, vergiftet von dem, was jedem in sauberer Form zugänglich sein sollte – Wasser. Ich kenne die Zahl von 100 000 Cholera-Toten in diesem Jahr, ich fühle Schmerz und Scham, wenn man auf meine Heimat als den Herd aller möglichen Infektionen und Krankheiten hinweist. Ich möchte nicht länger willenloser und machtloser Zeuge des Sterbens der unteren Schichten der Petersburger Bevölkerung sein.

Es sind gerade Beispiele angeführt worden, wie die Regierung sich alle möglichen Vollmachten verschafft und keine

Resultate erreicht hat. Aber man darf nicht zulassen, dass der Eindruck entsteht, der Staat habe keine Mittel, Unzulänglichkeiten in Einrichtungen zu überwinden, denen der Staat einige seiner Funktionen anvertraut hat. Wenn wir den Kräften des Staates nicht glauben, dann, meine Herren, dürfen wir natürlich weder Gesetze machen noch lenken.

MAI 1911 Soll letzten Endes wirklich untergehen, was geschaffen wurde durch das Zusammenwirken des Monarchen und der Volksvertretung? In jeder Frage gibt es zwei Wege, zwei Ausgänge. Der erste Weg – die Verweigerung von Verantwortung, indem man sie Ihnen überträgt durch ein erneutes Einbringen der Regierungsvorlage in die Staatsduma, wissend, dass Sie weder die Kraft noch die Mittel haben, sie außerhalb dieser Mauern durchzusetzen, wissend, dass dies eine glänzende, aber täuschende Demonstration ist. Der andere Weg – selbst die Verantwortung zu übernehmen, alle Schläge hinzunehmen, um nur die Grundlagen der russischen Politik, den Gegenstand unseres Glaubens zu retten.

Der erste Weg – das ist ein schnurgerader Weg und ein feierlicher Marsch unter allgemeiner Billigung und Applaus, aber ein Weg, der leider ins Nichts führt. Der zweite Weg – ein schwerer und dorniger Weg, auf dem es Pfiffe und Hohn gibt, unter lärmenden Drohungen, am Ende aber der Ausweg zu den gesteckten Zielen. Für Personen, die an der Macht sind, meine Herren, gibt es keine größere Sünde als die kleinherzige Verweigerung von Verantwortung. Und ich rufe offen dazu auf: Wir sind dafür verantwortlich, dass der zweite Weg eingeschlagen wird, der zweite Ausgang – dafür, dass wir, so wie wir es können und verstehen, die Zukunft unserer Heimat bewahren und mutig die Nägel einschlagen in den von uns geschaffenen Bau des künftigen Russland, wobei wir uns nicht schämen, Russen zu sein, und diese Verantwortung ist das größte Glück meines Lebens.

Wenn die Wurzeln des Staates gesund sind, glauben Sie mir, klingt das Wort der russischen Regierung ganz anders gegenüber Europa und der ganzen Welt.

Eine in Freundschaft vereinte, gemeinsame, auf gegenseitigem Vertrauen gegründete Arbeit – das ist die Devise für uns alle, Russen! Geben Sie dem Staat zwanzig Jahre Ruhe, innere und äußere, und Sie werden das jetzige Russland nicht wiedererkennen.

Geplanter Bürgerkrieg

Mit professionellen Revolutionären
wollten die Bolschewiki die Monarchie zerschlagen.
Nikolai II. half ihnen unbeabsichtigt.

Von Uwe Klußmann

Der 25-jährige Wladimir Uljanow, den Polizisten im
Dezember 1895 in St. Petersburg festnehmen, ist, so
scheint es, ein typischer Fall. Einer dieser jungen
marxistischen Aufrührer, die glauben, sie könnten mit ihren
Gesinnungsgenossen die Zarenmacht beseitigen. Dass ihnen
der künftige Regierungschef des revolutionären Russland
gegenübersteht, ahnen die Beamten nicht.

Uljanow, Sohn eines leitenden Beamten der Schulverwal-
tung in Simbirsk an der Wolga, dem heutigen Uljanowsk, hat
mit 15 Jahren den Vater verloren. Ein Jahr später erschüttert ihn ein weiterer Todesfall. Sein vier Jahre älterer Bruder Alexander wird hingerichtet. Alexander Uljanow hatte
sich der revolutionären Untergrundorganisation »Narodnaja
Wolja« (Volkswille) angeschlossen und ein Attentat auf Zar
Alexander III. geplant. Der Tod des Bruders macht Wladimir
Uljanow »nicht nur zu einem Feind, sondern zu einem hass-
erfüllten Gegner des Zarismus«, so der Historiker Hermann
Weber. Wladimir will seinen Bruder rächen. In seinem Kopf
beginnt die Suche nach einem revolutionären Masterplan.

Der hochintelligente Schüler, der das Gymnasium mit
einer Goldmedaille abschließt, spielt leidenschaftlich Schach.
Das Hobby hilft ihm, sich seine schärfste Waffe zuzulegen,

eine schlagkräftige Strategie. Der Gymnasiast liest viel und gründlich, darunter den systemkritischen Roman Nikolai Tschernyschewskis »Was tun«. Er studiert Jura. Im November 1891 schließt Uljanow sein Studium an der Universität St. Petersburg mit der Bestnote ab. Danach kehrt er 1893 in die Hauptstadt zurück. Dort arbeitet er offiziell für einen vereidigten Rechtsanwalt und inoffiziell für die Revolution.

Der 23-Jährige liest Werke von Karl Marx und Friedrich Engels und schreibt eine Analyse der russischen Landwirtschaft. Darin zeigt er bereits jenen scharfen spöttischen Stil, der ihn stets auszeichnen wird. Uljanow hält in kleinen Petersburger marxistischen Zirkeln Vorträge. Dort gilt der junge Mann mit der Halbglatze trotz seiner 24 Jahre bald als Autorität. 1895 vereinigt er etwa 20 dieser Gruppen zu einem »Kampfbund zur Befreiung der Arbeit«. In einer Handreichung fordert er, einen straff geführten Verband aufzubauen: »Ohne Verstärkung und Entwicklung der revolutionären Disziplin, Organisation und Konspiration kann man nicht gegen die Regierung kämpfen.«

Im Sommer desselben Jahres besucht er Berlin. Dort fühlt er sich »sehr wohl«, wie er seiner Mutter schreibt, badet täglich in der Spree, besucht eine Aufführung von Gerhart Hauptmanns sozialkritischem Drama »Die Weber« und flaniert durch Museen. Das gutorganisierte moderne Deutschland fasziniert ihn. Im Dezember 1895 in St. Petersburg wegen Vorbereitung der illegalen Zeitung »Sache der Arbeiter« verhaftet, kommt er für 14 Monate ins Untersuchungsgefängnis. Danach wird er für drei Jahre in das südsibirische Dorf Schuschenskoje verbannt. Auch dort schreibt Uljanow weiter politische Analysen und Polemiken und studiert Bücher über soziale Probleme.

Nach der Verbannung geht er für fünf Jahre ins Ausland. In München, in der Kaiserstraße 53, quartiert er sich illegal bei einem sozialdemokratischen Gastwirt ein, als »Herr Meyer«. Am Weihnachtsfest 1900 wird »Meyer« melancholisch. Das nasskalte Münchner Wetter ist ihm zuwider, er denkt sehnsüchtig »an den echten russischen Winter, an die Schlittenbahn, an die reine Frostluft«. Im Mai 1901 zieht er mit seiner aus Russland angereisten Frau Nadeschda Krupskaja in eine Neubauwohnung. Dort schreibt er mit 31 Jahren ein Buch, dessen Wirkung Russland und die Welt erschüttern wird: »Was tun« mit dem Untertitel »Brennende Fragen unserer Bewegung«.

Darin entwirft Uljanow unter dem Pseudonym »Lenin« das Konzept einer Kaderpartei. Der Autor warnt vor der »Anbetung der Spontaneität« politischen Handelns und fordert, »alle konspirativen Funktionen« zu konzentrieren »in den Händen einer möglichst geringen Zahl von Berufsrevolutionären«. Begründung: Das politische Bewusstsein könne in die Arbeiterbewegung »nur von außen hineingetragen« werden, durch die Intellektuellen. Die Arbeiterklasse bringe selbst nur ein gewerkschaftliches Bewusstsein hervor. Lenins Maxime: »Gebt uns eine Organisation von Revolutionären, und wir werden Russland aus den Angeln heben.« Um eine solche Truppe aufzubauen, so Lenin, sei eine »gesamtrussische Zeitung« nötig, die Zeitung »Iskra« (Der Funke). Lenin redigiert das Blatt in München und lässt es von Mittelsmännern nach Russland schleusen.

Innerhalb der 1898 gegründeten Russischen Sozialdemokratischen Arbeiterpartei formiert Lenin mit seinen Gefährten auf dem Exilparteitag 1903 in London eine organisierte Strömung. Die nennt sich »Bolschewiki« (Mehrheitler). Dabei hat sie nach Auszug einiger Delegierter auf dem Kongress nur bei einer Abstimmung eine knappe Majorität. Aber im Polit-Schach ist er seinen Gegnern damit einen Zug voraus.

Die gemäßigtere Fraktion und wirkliche Mehrheit der russischen Sozialdemokraten begnügt sich mit der Bezeichnung »Menschewiki« (Minderheitler).

Wer sind die Bolschewiki, denen sich in Russland im Untergrund zunächst nur wenige tausend aktive Genossen anschließen? Vor allem sind sie jung. Lenin räumt ein, »dass in unserer Partei die Arbeiterjugend überwiegt, dass wir wenig verheiratete Arbeiter haben«. Der Kinderlose höhnt in einer Polemik gegen die Menschewiki über »kampfmüde Familienväter«. Die brauche man nicht, sonst wären die Marxisten »keine Vorhutpartei, sondern eine Nachhutpartei«. Geführt wird Lenins Vorhut nicht von Arbeitern. Zu den leitenden Funktionären der Bolschewiki gehören Unternehmersöhne wie Grigorij Sinowjew und Semjon Ter-Petrosjan, genannt »Kamo«. Der Armenier kauft mit dem Bankiersohn Meir Wallach-Finkelstein, der sich Litwinow nennt, im Ausland Waffen für die Untergrundkämpfer. Litwinow wird zum Außenminister der Sowjetunion aufsteigen. Zu bolschewistischen Führern avancieren auch verarmte Adelige wie der Kaukasier Grigorij Ordschonikidse und der Pole Felix Dserschinski, der spätere Begründer der Geheimpolizei Tscheka. Ein leitender Genosse aus bürgerlichem Milieu ist der Ingenieur Leonid Krassin. Der verschafft den orthodoxen Marxisten auf unorthodoxe Weise Bares. Krassin organisiert Banküberfälle, agiert als Sprengstoffexperte und macht nebenbei Karriere bei »Siemens – Schuckert«, deren Moskauer Filiale er ab 1912 leitet.

Lenin, der Listige mit den lebhaften Augen, vereint mit den Bolschewiki eine bunte Truppe aus Abenteurern, Fanatikern und politischen Romantikern, darunter der Schriftsteller Maxim Gorki. Das exzentrische Ensemble bändigt er mit hochgradiger »intellektueller Hartnäckigkeit«, die ihm später sein Mitstreiter Leo Trotzki bescheinigen wird. Lenins politischer Optimismus wirkt ansteckend, etwa wenn er in einem Flugblatt zum 1. Mai 1904 ein »freies Russland« ankündigt und verspricht: »Die dunklen Mächte, welche die zaristische Selbstherrschaft schützen, gehen unter.« Seinen Anhängern vermittelt Lenin stets das Gefühl, er führe sie auf »den richtigen historischen Weg«, so 1924 rückblickend sein Genosse Karl Radek.

Im Herbst 1905 beginnt für die Berufsrevolutionäre die Generalprobe. Nach dem verlorenen Krieg gegen Japan flammen im gesamten Land Aufstände auf, flankiert von Streiks. Vielerorts bilden sich Sowjets (Räte), Ansätze einer neuen Macht. Den Petersburger Sowjet führt im November Trotzki, in Moskau nehmen Bolschewisten im Dezember an Barrikadenkämpfen im Arbeiterviertel Krasnaja Presnja am Moskwa-Fluss teil. Während der Revolution kehrt Lenin heimlich nach St. Petersburg zurück. Seinen Genossen predigt er, sie sollten »die Kunst des Bürgerkrieges erlernen«. Der Theoretiker gibt praktische Ratschläge: Man könne »einen Spitzel töten oder ein Polizeirevier in die Luft sprengen« oder »eine Bank überfallen, um Geldmittel für den Aufstand zu konfiszieren«. Wenn die bewaffnete Staatsmacht anrücke, so Lenin, sollten die Kämpfer von Hausdächern aus »die Truppen mit Steinen bewerfen, mit kochendem Wasser begießen« oder »Säuren zum Begießen von Polizisten« einsetzen.

Zwar gelingt es der Zarenmacht, die Aufstände mit Militärgewalt und Standgerichten niederzuschlagen. Lenins Revolutionäre aber rücken als die radikalsten Gegner der Staatsmacht ins öffentliche Bewusstsein. Und die Revolution bewirkt Freiheiten, von denen auch die Bolschewisten profitieren. Die bisherige sozialdemokratische Strömung formiert sich 1912 als eigene Partei. In St. Petersburg gründen die Bolschewiki die Zeitung »Prawda« (Die Wahrheit). Im Herbst 1912 ziehen sie mit sechs Abgeordneten ins Parlament ein, die Reichsduma. Zwei Jahre später gelingt es Zar Nikolai II. nicht, Russland aus dem Ersten Weltkrieg herauszuhalten. Der 44-jährige Lenin, dem die Zeit davonläuft, erkennt seine Chance.

Im Gegensatz zu allen anderen Oppositionellen propagiert er seit Kriegsbeginn unbeirrbar die »Niederlage der zaristischen Monarchie«. Er verurteilt jene Sozialdemokraten, die zur Vaterlandsverteidigung aufrufen. Der Krieg, so Lenin, sei von allen Seiten ein »imperialistischer«. Anfangs sind die Bolschewiki damit politisch isoliert. Doch je länger das Völkergemetzel andauert und je kriegsmüder die Massen werden, desto mehr wächst Lenins Ansehen. Im Zürcher Exil überraschen ihn im März 1917 die Nachrichten vom Ausbruch der Revolution.

Zunächst wecken Pressemeldungen bei ihm Zweifel, ob Nikolai II. wirklich abgedankt hat. Lenin, dem Schachspieler, fallen sofort die Züge ein, mit denen der Zar die Revolutionäre noch matt setzen könnte: Wenn Nikolai sich entschlösse, »Widerstand zu leisten und eine Partei, vielleicht gar eine Armee für die Restauration zu organisieren« und einen Separatfrieden mit Deutschland auszuhandeln, könnte er sein Regime retten. Doch so klug und beweglich, wie Lenin fürchtet, ist der Monarch nicht. Er gerät nach dem Thronverzicht in Hausarrest und wird im Juli 1918 von den Bolschewisten ermordet, die im November 1917 mit einem Gewaltstreich die Macht übernommen haben. Den Separatfrieden mit Deutschland lässt Lenin selbst abschließen, im März 1918, als Regierungschef.

Gott und Lamm

Er galt als Sexguru, Wunderheiler und Spion.
1916 wurde der Zarenfreund Rasputin ermordet.

Von Nils Klawitter

Am Morgen des 19. Dezember 1916 trieb ein Toter zwischen
den Eisschollen in der Newa in Petersburg. Sein Gesicht war
entstellt, der Schädel eingedrückt, das rechte Auge hatte man
ihm ausgeschlagen. Mehrmals war auf ihn geschossen worden.
Dennoch hatte der Mann im Wasser noch gelebt und versucht,
seine Fesseln abzustreifen. Der Tote war Grigorij Rasputin. In
ihrem Bericht schrieb die Polizei, in den Tagen nach dem Lei-
chenfund seien viele Menschen ans Ufer gekommen, um mit
Krügen und Eimern Wasser aus dem Fluss zu schöpfen – und
mit dem Wasser die Kraft des Toten, von der man sich überall
Wunderdinge erzählte.

Über keinen anderen russischen Bauernsohn ist mehr fabu-
liert worden als über den 1869 im westsibirischen Dorf Pokrows-
koje geborenen Rasputin. »Starez« nannte er sich selbst, Bet-
telmönch. Eine theologische Ausbildung hatte der religiöse
Autodidakt nicht. Wie aus diesem frommen Landstreicher aber
einer der einflussreichsten Männer Russlands werden konnte,
der postum besungene »Lover of the Russian Queen« (Boney
M.) – das gilt als einer der populärsten Mythen des 20. Jahrhunderts. Bei allen Unterschieden in den Erinnerungen war unstrittig, wie mächtig der Volksprophet in wenigen Jahren geworden
war: Rasputin soll Ämter und Würden und sogar Ministerposten
vergeben haben, gern auch gegen Geld oder Gefälligkeiten von
Frauen. Der hoffnungslos abergläubischen Zarenfamilie diente

er als Beichtvater, Gesundbeter und Berater. Der aus hessischem Adel stammenden Zarin Alexandra Fjodorowna stand er womöglich auch für mehr zur Verfügung (»Sehne mich furchtbar nach dir.«).

Historiker sehen allerdings keinen sicheren Hinweis auf eine sexuelle Beziehung des Erotomanen zur Kaiserin. Mit dem sibirischen Bauern und der Zarenfamilie waren sich Herrschaft und Volk zwar so nahegekommen wie selten. Die Adelskaste oszillierte damals in einem Delirium aus Melancholie, Intrigen und Endzeitstimmung. Sein Ende markierte aber gleichzeitig das Finale des Zarenreichs. In seinem Dorf galt Rasputin als Trinker und Dieb. Irgendwann begann er, von Kloster zu Kloster zu wandern. Ende 1903 taucht er in St. Petersburg auf, wo ihm ein angesehener Geistlicher einen »wahren Glauben« bescheinigt. Rasputin gerät schließlich an den Hof des Zaren, wo ein ausgeprägter Hang zu Heilsverkündern ihm den Boden bereitet hat. Nikolai II. ist von ihm stark beeindruckt.

Als beim jungen Zarewitsch Alexej, der an der Bluterkrankheit litt, im Herbst 1907 eine innere Blutung diagnostiziert wird und die Ärzte ihn bereits aufgegeben haben, wird Rasputin gerufen. Der Wunderheiler segnet das Zimmer, murmelt Gebete – und der Junge gesundet. Spätestens seit diesem Tag ist Rasputin am Zarenhof unentbehrlich. Die Zarin sieht ihn als Gottgesandten. Frauen der feinen Gesellschaft sind von ihm entzückt. Seine überspannte Ergebene Olga Lochtina, Ehefrau eines Zarenbeamten, soll eines Morgens beim Tee mit Freunden sein Glied gepackt und gekreischt haben: »Du bist Gott. Ich bin dein Lamm.«

Der bärtige Bauer hat jedoch auch Feinde. Im November 1916 eskaliert der Streit schließlich in der Duma. »Finstere Kräfte«, tönt der durch seine antisemitische Hetze bekannte ultrarechte Abgeordnete Wladimir Purischkewitsch, regierten das Land.

»Dies alles geht von Rasputin aus. Die Existenz des Reiches ist bedroht.« So denken viele in hofnahen Kreisen, auch die bisexuellen Aristokraten Felix Jussupow und Großfürst Dmitrij. Zusammen mit Purischkewitsch ersinnen sie im Dezember 1916 ein Mordkomplott.

Rasputin nimmt eine Einladung Jussupows an, der versprochen hat, ihm seine attraktive Frau vorzustellen. Doch statt der Dame kommen die Mörder. Sogar nach deren Schüssen bleibt Rasputin zunächst noch am Leben – erst im Eiswasser der Newa ertrinkt er. Die Bluttat legte die Zerrissenheit der Romanows offen: Viele Familienmitglieder forderten in einem Bittbrief, das Attentat als patriotische Tat zu würdigen. Das lehnte der Zar zwar ab, aber Jussupow, der später ungestört in Paris lebte, wurde nur auf einen Landsitz verbannt. Man habe ihren Vater, schrieb Maria Rasputin später, einen »Mädchenschänder«, »Spion«, »heiligen Teufel« und »Pferdedieb« genannt. Tatsächlich sei er ein »Prügelknabe« gewesen. Für andere.

Vom Wahn zum Mord

Nirgends war der Judenhass um 1900
so gewalttätig wie in Russland. Von hier aus gingen
die »Protokolle der Weisen von Zion« um die Welt –
jene obskure Verschwörungstheorie, derer sich
später auch die Nazis bedienten.

Von Karen Andresen

Man schrieb den 19. April 1903, Ostersonntag, als ein Inferno über die Juden von Kischinjow hereinbrach. Das jüdische Pessachfest war gerade zu Ende, in den Kirchen gedachten die Christen der Auferstehung Jesu. In der bessarabischen Stadt am südwestlichen Rande des russischen Reiches war die Stimmung vergiftet. Die Zeitung »Bessarabets« hatte die Legende von den jüdischen Ritualmorden wiederaufgelegt und die Juden beschuldigt, in der Karwoche ein christliches Kind ermordet zu haben, um das Leiden Christi zu verhöhnen. »Tod den Juden«, hatte das antisemitische Hetzblatt getitelt und zum »Kreuzzug gegen die verhasste Rasse« aufgefordert. Nun zog der Mob los, in der Morgendämmerung zwischen sechs und acht. Jugendliche, Arbeiter, Handwerker versammelten sich in den jüdischen Vierteln. Sie schlugen Scheiben ein, plünderten, zündelten, vergewaltigten, folterten und mordeten. Zwei Tage dauerte das Gemetzel. Am Ende waren 47 Juden tot, 424 verletzt und Hunderte Häuser niedergebrannt.

Der Pogrom von Kischinjow setzte ein Fanal, er war die Wende zu einer neuen Brutalität in der langen Geschichte von Gewalttaten gegen Juden in Russland. Fortan gehörte rücksichtsloser Antisemitismus zum politischen und sozialen Protest. Bis Ende 1904 ereigneten sich 45 Pogrome, zwischen Oktober 1905 und September 1906 waren es 674 Gewaltexzesse mit zusammen mehr als 3000 Toten. Allein in Odessa starben damals etwa 800 Juden. »Bis zum Ersten Weltkrieg«, so der Berliner Antisemitismusforscher Wolfgang Benz, »wurde Judenfeindschaft im russischen Zarenreich mit größerer Vehemenz und Aggressivität praktiziert als in jedem anderen Land.« Die alte, noch überwiegend feudale Ordnung war mit zunehmender Industrialisierung ins Wanken geraten. Eine zutiefst verunsicherte Gesellschaft suchte nach Sündenböcken für alles, was ihr Angst machte. Rechtsnationalistische Publikationen heizten die Stimmung an und fanden reißenden Absatz. 1905 wurde eine Hetzschrift veröffentlicht, derer sich später auch die Nazis bedienten und die als giftiges Erbe der Zarenzeit bis heute zum Repertoire aller antisemitischen Verschwörungstheoretiker zählt: »Die Protokolle der Weisen von Zion«, ein obskures Machwerk über eine angebliche jüdische Konspiration zur Erlangung der Weltherrschaft.

Aus religiösen Gründen wurden Juden in Russland schon von jeher nur ungern geduldet. Wer jüdischen Glaubens war und sich im Reich niederlassen wollte, musste damit rechnen, ausgewiesen zu werden. So hatten die russischen Herrscher bis zur Mitte des 18. Jahrhunderts kaum jüdische Untertanen. Das änderte sich radikal durch die polnischen Teilungen. Mit den Gebietsgewinnen wechselte auch eine große jüdische Bevölkerungsgruppe ins Zarenreich. Am Ende des 19. Jahrhunderts lebten 5,2 Millionen Juden in Russland, etwa die Hälfte der jüdischen Weltbevölkerung. Es waren meist tiefreligiöse Menschen, die auf diese Weise zu russischen Staatsbürgern wurden. Sie sprachen Jiddisch und unterschieden sich auch in ihrer Kleidung deutlich von ihrer nichtjüdischen Umgebung.

Ihre Vorfahren waren nach den Kreuzzügen und den Verfolgungen ab dem 11. Jahrhundert aus dem Westen Europas gen Osten geflohen und hatten in Polen eine Heimat gefunden – zum Nutzen des polnischen Landadels. Juden verwalteten deren Güter, pachteten von ihnen Mühlen, Bierbrauereien, Gaststätten oder Fischteiche. Sie waren abhängig wie Leibeigene, ausgesetzt der Willkür ihrer Gutsherren, lebten aber dennoch besser als die Juden in Westeuropa. Mit dem Untergang Polens zerbrach diese Welt. Nicht mehr der polnische Landadel bestimmte nun die Geschicke der Menschen, sondern Katharina II., eine absolutistische Aufklärerin, die sich gerade anschickte, ihr Riesenreich radikal zu modernisieren. Für die neuen Untertanen waren die Folgen verheerend. Die Juden, die meistens auf dem Lande gelebt hatten, wurden nun kurzerhand zu Städtern erklärt.

Ab 1794 war ihnen nur noch erlaubt, in einem sogenannten Ansiedlungsrayon zu wohnen, einem Gürtel von Provinzen, der sich am Rande des Reiches von der Ostsee bis zum Schwarzen Meer hinzog. Das Ergebnis war ein riesiges Ghetto, das die Juden, so der Historiker Heiko Haumann, »von einigen Ausnahmen abgesehen, bis in den Ersten Weltkrieg hinein nicht verlassen durften«.

Die Lebensbedingungen im Ansiedlungsrayon waren schlecht. Den Juden standen nur bestimmte Berufe offen, sie mussten in manchen Provinzen höhere Steuern zahlen als Mitglieder der russischen Staatskirche, und sie wurden häufiger zum Armeedienst eingezogen. Zwar brachte es eine Minderheit zu Reichtum; zwar gelang es einigen in die russische Intelligenz aufzusteigen, Arzt zu werden, Anwalt oder Unternehmer. Aber die Mehrheit lebte in extremer Armut.

»Luftmenschen« nannte man die ausgemergelten Gestalten, die vielerorts das Stadtbild prägten. Die soziale Not sei »so groß, dass sie wohl selten ihresgleichen findet«, heißt es in einem Bericht von Iwan Graf Tolstoi, der von 1905 bis 1906 russischer Erziehungsminister war. Tolstoi, einer der wenigen Besonnenen, trat damit einer wachsenden Zahl von Antisemiten entgegen, die behaupteten, die Juden würden die »Lebenssäfte der Bevölkerung aussaugen«, würden »fett und reich werden durch Ausbeutung«.

Im Verlauf des 19. Jahrhunderts hatte sich die Abneigung gegen die Juden im Lande gesteigert. Bis hinauf in die Zarenfamilie fand der Antisemitismus Anhänger. »Überkommene antijüdische Vorurteile«, so der Göttinger Historiker Manfred Hildermeier, verschmolzen zunehmend »mit antikapitalistischen Ressentiments« und einer »irrationalen Aversion« gegen alles Neue. Juden galten als Wegbereiter der Moderne und damit als Gefahr für das absolutistische Zarenhaus, das viele – nicht nur in Russland – für das letzte Bollwerk gegen jene demokratischen Ideen hielten, die sich nach der Französischen Revolution in Europa ausbreiteten. Es war nicht mehr nur die jüdische Religion, die abgelehnt wurde, jetzt wurden die Juden als Menschengruppe dämonisiert.

Schon unter Zar Alexander II. hatte es blutige Übergriffe gegen Juden gegeben, nach dessen Ermordung 1881 verschlechterte sich die Lage. 1905 entstand als Reaktion auf das Oktobermanifest, mit dem Zar Nikolai II. dem Ruf nach liberalen Reformen teilweise nachgegeben hatte, der »Bund des russischen Volkes«, eine extrem antisemitische und gewalttätige Organisation, auch »Schwarze Hundertschaft« genannt. Ihre paramilitärische Terrorgruppe drangsalierte und tötete Juden.

»Die Schwarzhunderter waren im vollen Wortsinne Vorläufer der Nazis«, schreibt der britische Historiker Norman

Cohn in seinem Standardwerk über »Die Protokolle der Weisen von Zion«. Sie verstanden sich als »wahre Russen«, und jeder auch noch so zaghafte Ansatz zur Liberalisierung des Zarenreichs wurde von ihnen als jüdische Verschwörung niedergemacht. Bald schon war der Bund die wohl stärkste politische Kraft der späten Zarenzeit. Seine Pamphlete wurden in Klöstern gedruckt, kirchliche Amtsträger bekannten sich zu ihm, Popen forderten im Gottesdienst, seine Ziele zu unterstützen, und auch der Zar betrachtete das Treiben der Rechtsradikalen mit Wohlwollen – Nikolai II. war bei den Schwarzhundertern Ehrenmitglied.

Mit dem Erfolg dieser Bewegung wuchs auch der Zuspruch für antisemitische Verschwörungstheorien. Etwa für die des Deutschen Herrmann Goedsche. Goedsche war ein ehemaliger preußischer Postsekretär, der später als Redakteur der erzkonservativen »Kreuzzeitung« arbeitete und unter wechselnden Pseudonymen schlechte Romane veröffentlichte. In einem dieser Romane mit dem Titel »Biarritz« findet sich ein Kapitel, in dem Vertreter der zwölf Stämme Israels nächtens auf dem Prager Judenfriedhof auftreten und über die Eroberung der Welt beraten.

Es dauerte nicht lange, bis Goedsches schwülstiges Schauerkonstrukt als Tatsachenbehauptung gelesen wurde und auch außerhalb Preußens glühende Anhänger fand. Ende des 19. Jahrhunderts erschien eine russische Ausgabe, die mehrere Auflagen erzielte. Goedsche war nicht der Einzige, der sich in wilden Konspirationsphantasien erging. Und beliebt waren diese Wahnprodukte auch nicht nur in Russland oder Deutschland. Schon 1797 hatte ein Abbé Augustin Barruel die Französische Revolution als Inszenierung von Freimaurern und Philosophen gedeutet. Die Phantasmen des französischen Geistlichen wurden ein großer Erfolg und in mehrere Sprachen übersetzt.

Ergänzt wurde dessen fünfbändige Verschwörungstheorie durch den Brief eines gewissen Hauptmann Jean-Baptiste Simonini aus Florenz. Schlimmer noch als all die anderen geheimen Sekten seien die Juden, schrieb der an Barruel. Wahrscheinlich hat es einen Hauptmann Simonini gar nicht gegeben. Indizien sprechen dafür, dass der Brief ein Produkt der französischen Polizei ist, um Napoleon gegen die Juden einzunehmen. Aber der vorgebliche Simonini und Abbé Barruel fanden großen Anklang, und sie zählen, wie Goedsches Judenfriedhofsphantasie, zum geistigen Umfeld, in dem um 1898 das wohl verhängnisvollste aller Wahngebilde entstand: »Die Protokolle der Weisen von Zion«.

Gab es bisher nur Berichte über eine jüdische Weltverschwörung, so konnten die Anhänger des Zaren und der absolutistischen Ordnung nun auf einen Text zurückgreifen, der ihnen suggerierte, das Mitglied einer jüdischen Geheimregierung plaudere selbst aus, wie die »Weisen von Zion« die Macht über den Erdball an sich bringen wollten. Und geschehen sollte das natürlich mit allem, was rechtsnationalen Monarchisten schlaflose Nächte bereitete: geistige Freiheit, Liberalismus und Demokratie. Dadurch könne, so das obskure Papier, in christlichen Ländern Unruhe und Unzufriedenheit gestiftet werden, was es den Juden am Ende ermögliche, Herren über die Welt zu werden.

Die »Protokolle« sind ein wirres Sammelsurium von widersprüchlichen Behauptungen und Forderungen. Präsentiert wird eine Palette von Maßnahmen: Trunksucht und Prostitution seien nach Kräften zu fördern, heißt es da, die christlichen Völker seien aufeinanderzuhetzen und die Volksmassen zu Aufständen zu ermutigen. Und wenn sich die Nichtjuden wehren? Auch daran haben die angeblichen Verschwörer gedacht: »Für diesen Fall haben wir ein letztes, furchtbares

Mittel in der Hand, vor dem selbst die tapfersten Herzen erzittern sollen. Bald werden alle Hauptstädte der Welt von Untergrundbahnen durchzogen sein. Von ihren Stollen aus werden wir im Falle der Gefahr für uns die ganzen Hauptstädte mit allen Einrichtungen und Urkunden in die Luft sprengen.«

Wer das Machwerk verfasst hat, ist bis heute unbekannt. Wahrscheinlich ist es ein Produkt der Filiale der zaristischen Geheimpolizei, der Ochrana, in Paris. Historiker Cohn geht davon aus, dass der Chef der Ochrana-Auslandsabteilung, Pjotr Ratschkowski, die Protokolle verfasst hat, doch einen Beweis dafür gibt es nicht. Wichtiger zum Verständnis und besser belegt ist die Entstehungsgeschichte der Fälschung. Zugeliefert hat unfreiwillig ein Mann, der rechtsextremen Neigungen ganz und gar unverdächtig ist: der französische Anwalt Maurice Joly, ein Revolutionär und Freigeist. In seinem Werk »Dialog in der Unterwelt« ließ er Montesquieu als Anhänger aufklärerischer Ideen gegen Machiavelli als demagogischen Verfechter absolutistischer Tyrannei antreten. Joly schrieb eine Streitschrift gegen das autoritäre Regime Napoleons III.

Der oder die Verfasser der »Protokolle« haben die Arbeit des französischen Anwalts offenbar gekannt. Sie verwandelten Machiavellis zynische Worte in Aussagen des »Weisen von Zion«. »Seite für Seite«, so Historiker Cohn, übernahmen sie Jolys Text. 40 Prozent der »Protokolle« stammen aus dem »Dialog in der Unterwelt«. Veröffentlicht wurde die Fälschung zuerst in einer rechtsradikalen russischen Zeitung. Ihr Durchbruch kam 1905, als der religiöse Schriftsteller Sergej Nilus sie als Anhang zu seinem Buch »Das Große im Kleinen« herausbrachte.

Wie Nilus, der über einen befreundeten Priester auch Kontakte zur Schwarzen Hundertschaft hatte, an die »Protokolle«

gekommen ist, gehört zu den Geheimnissen, die den Text bis heute umgeben. Sicher ist jedoch, dass er selbst nicht der Autor war. Über seine Frau, eine ehemalige Hofdame der Zarin, hatte der Schriftsteller gute Kontakte zur Herrscherfamilie. Und so hat Nikolai II. die »Protokolle« gekannt und zunächst hoch geschätzt. »Welche Gedankentiefe«, schrieb er an den Rand. Und: »An ihrer Echtheit kann kein Zweifel sein.« Dann jedoch ergaben Ermittlungen zweier Offiziere eines Gendarmenkorps, dass es sich um eine Fälschung handele. Nikolai II. schwenkte um. Bei der antisemitischen Propaganda sollten die »Protokolle« nun nicht länger Verwendung finden, denn, so der Zar: »Eine reine Sache darf man nicht mit schmutzigen Methoden verteidigen.«

»Darüber thront nur Gott«

Kreml und Roter Platz sind seit Jahrhunderten
Kristallisationspunkte russischer Geschichte.
Wer hier richtig hinschaut, erahnt
manche Geheimnisse dieses riesigen Reiches.

Von Matthias Schepp

Moskau, die Metropole, die nie schläft, kennt wenige Ruhepunkte. Wie New York oder Shanghai scheint der 15-Millionen-Moloch mit seinen Zuwanderern und Pendlern jeden Tag aufs Neue vor Energie regelrecht zu bersten. Am Boulevardring vor dem Café Puschkin stauen sich auch nach Mitternacht noch die Autos. An der Westseite des Kreml unter dem Manegenplatz hetzen selbst an Sonntagen Tausende durch die unterirdischen Einkaufspassagen. Sie sind auf der Suche nach Schnäppchen und wirken wie gedopt von der Ideologie des neuen, postkommunistischen Moskaus: dem Streben nach mehr Wohlstand, dem nächstgrößeren Auto, der nächstweiteren Fernreise, den nächsten, noch zwei Zentimeter höheren High-Heels.

Wer dieses Moskau nicht mehr erträgt, muss ins innerste Zentrum der Hauptstadt flüchten: in den Kreml. Selbst an warmen Tagen im Mai, an denen Schulklassen, Reisende aus Tokio, Wuppertal oder Washington sowie Besuchergruppen aus Sibirien in den Kreml strömen, findet sich auf dem 28 Hektar großen Areal immer ein ruhiges Fleckchen. Die bis zu sechseinhalb Meter dicken Mauern aus roten Ziegelsteinen dämpfen den Lärm der Stadt. Unten fließt träge die Moskwa.

Auch auf dem Roten Platz direkt neben dem Kreml kann
Kraft tanken, wer müde von Moskau ist: vom Befehlston der
Behörden, die in Menschen nicht den Bürger sehen, sondern
einen Untertan, von der Rücksichtslosigkeit der Moskauer,
die einem die Türen zur U-Bahn vor der Nase zuschlagen.

Wenn an langen Winterabenden die 1937 gesetzten rubin-
roten Sterne auf den Haupttürmen des Kreml im Schneetrei-
ben leuchten, liegt eine majestätische Ruhe über dem Platz.
Sie sind aus dünnem Glas, leuchten von innen und haben nach
dem Ende der Sowjetunion den Bilderstürmern widerstanden.
Auch wenn in Moskau einmal der Strom ausfiele, strahlten
die Sterne weiter. Denn die Kremlherren verfügen über eine
eigene Elektrizitätsversorgung. Die betreibt auch das Gebläse,
das die russische Trikolore über dem Amtssitz des Präsidenten,
dem Senatsgebäude, selbst bei Windstille kräftig flattern lässt.
Die Nationalfahne schlaff im Wind? Das darf nicht sein im
östlichen Riesenreich, das der Welt das geflügelte Wort von
den Potjomkinschen Dörfern schenkte und das groß darin
ist, glänzende Fassaden zu errichten, hinter denen eine eher
graue Realität zu verschwinden scheint.

Im Osten begrenzt den Roten Platz das Kaufhaus GUM, in
dem ein Meer westlicher Luxusartikel Reisenden aus Rom
oder Regensburg suggeriert, dass in Russland letztlich alles
ähnlich wie zu Hause ist. Schließlich gibt es doch Jeans von
Dolce & Gabbana zu kaufen, Rolex-Uhren und Lübecker
Marzipan. Linker Hand erhebt sich die Basiliuskathedrale, die
jeder Deutsche aus den Abendnachrichten kennt. Der Journa-
list Egon Erwin Kisch beschrieb ihre »bunt gewürfelte Gesellschaft von beturbanten Emiren, Scheichs und Großwesiren«,
die über dem Roten Platz ihre Köpfe zusammenstecken.

Im Jahrhundert zuvor schaute der französische Autor
Astolphe de Custine so kritisch auf das zaristische Russland,

dass sein Buch lange verboten war. Der Kreml rang ihm im Großen und Ganzen Bewunderung ab. Mit Blick auf die Basiliuskathedrale aber stellte er fest, dass »das Land, in welchem ein solches Gebäude Gotteshaus heißt, nicht Europa ist, sondern Indien, Persien, China, und die Menschen, welche in dieser Confiturenschachtel Gott anbeten, keine Christen sein können«.

Zwischen Designeranzügen und orientalischen Zwiebeltürmen geben Roter Platz und Kreml widersprüchliche Antworten auf die Frage nach der Identität des modernen Russlands. An Stelle der Rubinsterne schwebte bis in die dreißiger Jahre der doppelköpfige Zarenadler über den Kremltürmen. Er hat nun auf den Dächern des Historischen Museums seinen Platz gefunden und schaut gleichzeitig in entgegengesetzte Himmelsrichtungen. So manifestiert sich schon im Staatswappen Russlands, in dem seit 1993 wieder der Doppeladler firmiert, seine über Jahrhunderte gewachsene Zwitterrolle. Der größte Flächenstaat der Erde kann sich nicht entscheiden, ob er in erster Linie zu Asien oder zu Europa gehören will.

Kreml und Roter Platz lassen Vergangenheit und Gegenwart verschmelzen. Nur Voyeure reduzieren den Kreml auf ein Gruselkabinett: in dessen Gemächern einst Iwan IV., genannt »der Schreckliche«, regierte (1533 bis 1584), der im Zorn seinen ältesten Sohn erschlug; in dem Häscher den falschen Zaren Dmitrij verbrannten und seine Asche angeblich mit einer Kanone in alle Winde zerstreuen ließen; und in dem Josef Stalin nachts mit seinen engsten Mitstreitern Saufgelage feierte, ehe er sie hinrichten und ihre Frauen in Lager verschleppen ließ. »Der Kreml wurde zweifelsohne von einem übermenschlichen Wesen geschaffen, das aber gleichzeitig die Menschen hasste«, schrieb der Franzose de Custine über die dunkle Seite des wunderschönen Bauwerks.

Der Kreml gibt den Blick frei auf vier Konstanten russischer Geschichte. Sie sind auch für Touristen bei einem Schnelldurchgang durch diese größte noch benutzte Festungsanlage Europas auf Anhieb zu erkennen:

> Herrscher und Beherrschte lebten und leben in Russland in radikal voneinander getrennten Welten.

> Die Nähe von weltlicher Macht und orthodoxer Kirche verleiht den Kremlherrschern etwas Sakrales.

> Die Vorliebe der Russen für Monumentales grenzt an Größenwahn und kaschiert ein Minderwertigkeitsgefühl.

> Luxus und Verschwendungssucht entspringen auch dem Wissen, dass die Geschichte schon mal für jähe Wendungen sorgen kann, die alles heute Zusammengeraffte über Nacht verlorengehen lassen.

Gleich hinter dem Borowizki-Turm, einem der beiden für Touristen zugänglichen Kremleingänge, funkeln in der Rüstkammer goldene Kelche, Ikonen, Armreife und Knöpfe, die fünf Zentimeter groß sind. Den Diamantenthron Zar Alexejs I. (1645 bis 1676) zieren mehr als 900 Edelsteine. Er war das Geschenk einer armenischen Handelsgesellschaft, die sich dafür erkenntlich zeigte, dass der Zar ihr abgabefreien Handel auf russischem Territorium gestattete. Sollten selbst die Zaren bereits einen Sinn für Vorteilsnahme im Amt gehabt haben? Die Tradition, Ämter und Pfründe zu verknüpfen, geht unstrittig auf sie zurück. Heute sind Minister und hohe Beamte nicht selten über Verwandte, Strohmänner und Firmen auf sonnigen Inseln an lukrativen Geschäften beteiligt, so sehr, dass ein leitender Kremlbeamter öffentlich von einer »Offshore-Aristokratie« im Lande sprach.

Ausländische Gäste hat die Pracht des Moskauer Hofs immer wieder überrascht. Auf den Kopfbedeckungen von Zar Iwan IV. und seinem Sohn »loderten hühnereigroße

Rubine«, wie 1576 Hans Kobenzell notierte, der Botschafter des deutschen Kaisers. »Im Leben habe ich nichts Wertvolleres und Schöneres gesehen. Ich kenne Krone und Schmuck seiner Katholischen Majestät und des Herzogs der Toscana, sah viele Reichtümer des Königs von Frankreich und seiner Kaiserlichen Hoheit sowie der Königreiche Ungarn und Böhmen. Glaubt mir, dass jene sich nicht im geringsten mit dem messen können, was ich hier erblickte«, schrieb der Diplomat.

Als 1742 Zarin Elisabeth (1741 bis 1762) in der Uspenski-Kathedrale im Kreml gekrönt wurde, trug sie einen Mantel mit handgeklöppelter Silberspitze und einer fünf Meter langen Schleppe. Ihre Verschwendungssucht ging so weit, dass sie kein Kleid zweimal anzog. Bei ihrem Tod hinterließ sie »15 000 Kleider, zwei Kisten mit Strümpfen und einen Haufen unbezahlter Rechnungen«, stellte der Historiker Wassilij Kljutschewski fest. Katharina die Große, selbst dem Luxus zugetan, sah sich alsbald zu einem Erlass genötigt, der die Ausgaben für Hofgarderobe beschränkte. Demnach durften Gold- und Silberspitzen auf den Röcken eine Breite von neun Zentimetern nicht überschreiten.

Auf einen ähnlichen Ukas warten die Kritiker der modernen, neukapitalistischen Hauptstadt vergeblich. Beim Winterpolo vor den Toren Moskaus findet der eigentliche Wettbewerb nicht auf dem Spielfeld statt, sondern unter den Zuschauern. Wer hat den teuersten Pelzmantel, wer kommt mit den meisten Leibwächtern, wer hat den neuesten Ferrari mit Winterreifen? Viele Frauen sind auch ohne Stiefel 1,75 Meter groß. Sie überragen ihre kahlen Kavaliere meist um Haupteslänge, sind dafür aber nur halb so alt. Zu den Preisen der Uhren an den Handgelenken der Männer können auch Motorboote oder Mittelklassewagen erworben werden.

Gleich hinter dem zweiten, öffentlichen Kremleingang am Dreifaltigkeitsturm steht vor der Zwölf-Apostel-Kirche die »Zar Puschka«, die Zarenkanone aus dem 16. Jahrhundert. In Russland gilt damals wie heute: Wenn schon bauen, dann bitte groß. Und wenn schon groß, dann bitte größer als alles bisher Dagewesene. Das Guinness-Buch der Rekorde verzeichnet die Zarenkanone bis heute als größte Haubitze der Welt. Das Ungetüm ist 5,30 Meter lang und 40 Tonnen schwer. Eine Inschrift verrät ihren Urheber, den »rechtgläubigen und Christus liebenden Zaren und Großfürsten Fjodor Iwanowitsch«, der von 1584 bis 1598 als Nachfolger Iwans »des Schrecklichen« herrschte.

Die Kanone freilich kam nie zum Einsatz, diente aber offenkundig späteren Kremlherren als Vorbild für andere ambitionierte Rüstungsprojekte. Anfang der sechziger Jahre versuchte KPdSU-Generalsekretär Nikita Chruschtschow die Rückständigkeit der östlichen Supermacht zu bemänteln, indem er die Welt mit dem »Großen Iwan« beeindruckte. Das war der Codename für die größte Kernwaffenexplosion aller Zeiten im Oktober 1961. Sie hatte eine Sprengkraft, die etwa 3600-mal größer war als die der Hiroshima-Bombe.

Vor dem Iwan-Der-Große-Glockenturm erhebt sich die Zarenglocke, neben der Menschen klein wie Zwerge scheinen. Das 20 Tonnen schwere und 6 Meter hohe Meisterwerk hat nur einen Fehler: Es hat nie einen Glockenton hervorgebracht. Zarin Anna (1730 bis 1740) ließ die Glocke gießen. Während einer Feuersbrunst im Kreml 1735 aber zersprang das unfertige Werk, ein elf Tonnen schweres Stück stürzte in die gewaltige Baugrube. Fast hundert Jahre dauerte es, bis man sie herausholte.

Russland hat daraus, selbst nach der Revolution 1917, keineswegs die Lehre gezogen, der Gigantomanie abzuschwören. Im Gegenteil: Die Kommunisten sprengten 1931 die Erlö-

serkathedrale, um einen Palast der Sowjets zu errichten. Mit
415 Metern und einer gigantischen Lenin-Statue war der
Palast als das höchste Gebäude der Welt projektiert. Weil die
Fundamente im sumpfigen Boden versanken, musste Stalin
das Vorhaben aufgeben. Nach dem Zweiten Weltkrieg bauten
die Genossen Stahlwerke für 100 000 Arbeiter und feilten an
Plänen, die sibirischen Flüsse in die entgegengesetzte Richtung fließen zu lassen.

An XXL-Ideen mangelt es auch im neuen Russland nicht:
Kaum ein Monat vergeht, in dem die Hauptstadtpresse nicht
ein neues Superprojekt bejubelt: Zwischen Kamtschatka, dem
nordöstlichen Zipfel des größten Flächenstaats der Erde, und
Alaska könnte ein fast hundert Kilometer langer Tunnel unter
der Beringstraße gegraben werden, der Russland und Amerika miteinander verbindet. In Moskau soll bald ein 220 Meter
hohes Riesenrad gebaut werden, natürlich das größte der Welt.
Und in der Woche vor Neujahr meldete die kremlnahe Tages-
zeitung »Iswestija«: »Russland erhält eine Laser-Zarenkanone.«
Für insgesamt eine Milliarde Euro soll bis 2020 der stärkste
und schnellste Laser der Welt entstehen. Viele dieser Megapro-
jekte bleiben Makulatur. In ihnen spiegelt sich eher Sehnsucht
nach Größe als wirkliche Größe.

Darin erinnern sie an die Kutschen der Zaren, von denen
eine so überdimensioniert und schwer war, dass sie kaum für
Ausfahrten benutzt wurde. Bei Paraden gehörten bis zu hundert
Kutschpferde zum Tross des Herrschers. Von den Hälsen der
Pferde hingen perlenbesetzte Zierquasten. Einen Reiter trugen
die Rosse nicht, denn Edelsteine und Perlen verzierten auch die
Sattelsitze. Untereinander waren die Pferde mit Ketten aus Sil-
ber verbunden. Als ein polnischer Gesandter 1675 die Gespanne
des Zaren erblickte, notierte er, dass derart kostbares Pferde-
geschirr »bei keinem benachbarten Herrscher zu finden ist«.

Wenn der russische Präsident heutzutage seinen Arbeitstag im Kreml antritt, begleitet ihn eine Wagenkolonne aus einem Dutzend schwarzer Limousinen und gepanzerter Jeeps. Der Verkehr wird dann für Normalsterbliche gesperrt. Mit einer Geschwindigkeit weit über dem üblichen Tempolimit rast die Kolonne von der Vorstadtresidenz des Präsidenten über die nach einem Zarengeneral benannte zehnspurige Ausfallstraße, den Kutusowski Prospekt, zum Kreml. Moskaus staugeplagte Autofahrer quittieren das Spektakel regelmäßig mit einem wütenden Hupkonzert. Sie hassen die Zweiklassengesellschaft, die in den täglichen Vollsperrungen lediglich ihre Kulmination findet. Großen Unmut rufen auch die sogenannten Migalki hervor, die Blaulichter, die es Ministern, Militärs, Geheimdienstchefs und auch manch kleinerem Kremllicht erlauben, sich mit ihren Fahrern über jegliche Verkehrsregeln hinwegzusetzen. Knapp tausend solcher Fahrzeuge sind derzeit in Moskau registriert. Wenn sie bei Rot über Ampeln fahren und bei Staus auf die Gegenfahrbahn ausweichen, kommt es immer wieder zu schweren Unfällen. Gelegentliche Bemühungen, die Zahl der Blaulichter zu begrenzen, scheitern regelmäßig.

Ein feines Netz aus Privilegien hebt Spitzenpolitiker und ihre Diener über das Leben der Bürger. Es ist in Russland schwer vorstellbar, dass Wladimir Putin selbst einkaufen geht, wie Angela Merkel das gelegentlich tut. Betritt Russlands starker Mann einen Supermarkt, dann darf er Fernsehkameras samt pflegeleichter Reporter erwarten, bereit, eine volksnahe Botschaft ins Land zu senden. Die hohe Kremlmauer ist sinnbildlicher Ausdruck dieser Trennung von Volk und Herrscher. Sie ist 2235 Meter lang und mit 1045 Zinnen bewehrt, hat aber nur selten der Verteidigung gedient. Moskau fiel kampflos in die Hände Napoleons, ehe die Franzosen ihren verlustreichen Rückzug antreten mussten.

Wie jede Mauer hat die Kremlmauer einen doppelten Effekt: Von draußen bleibt verborgen, was dahinter vorgeht, und umgekehrt. Nicht der offene politische Wettbewerb, sondern byzantinische Hofintrigen entscheiden in Russland über den Zarenthron. Deshalb sind bis heute die Umstände unklar, wann, wie und wo Wladimir Putin seinen Vertrauten Dmitrij Medwedew zum Interimspräsidenten erkor, um ihn alsbald wieder abzulösen. Die hohen Mauern aber verstellen den Blick der Herrschenden auf ihr eigenes Volk. Die jüngste Protestwelle im Dezember 2011 hat den Kreml und seine Polit-Berater deshalb kalt erwischt. Dass ausgerechnet die von der Stabilität der Putin-Jahre profitierende Mittelschicht nun auf die Straße geht und wirkliche politische Mitsprache verlangt, hatte sich trotz Warnungen aus den Sicherheitsdiensten kaum jemand vorstellen können.

Gern sonnen sich die Kremlherren im Glanz der Prunksäle, in denen sie ausländische Staatschefs empfangen. Sie leben womöglich in dem Gefühl, dass die goldenen Kuppeln der Gotteshäuser am Kathedralenplatz ihnen etwas Unantastbares verleihen, beinahe so wie die Zaren, die sich früher als Beauftragte Gottes verstanden. »Über Moskau thront der Kreml, und über dem Kreml ist nur Gott«, besagt ein russisches Sprichwort.

Einer der Führer der außerparlamentarischen Opposition, der sinnenfrohe Vize-Premier a. D. Boris Nemzow, spricht aus männlicher Erfahrung: »Normalerweise wirkt der Kreml auch auf die Schwächsten wie politisches Viagra. Selbst wenn impotente Amtsträger in den Kreml einziehen, verspüren sie eine politische Erektion.« Nur bei Dmitrij Medwedew schien sie auszubleiben. Obwohl er gern im Kreml geblieben wäre, räumte er seinen Platz für seinen politischen Ziehvater Putin nahezu kampflos. Hätte er sich anstecken lassen von der Kraft des Kreml, hätte Russlands Schicksal womöglich einen anderen Weg genommen. Dann hätte er hinüberspazieren können zu den Zehntausenden Demonstranten, hätte das Mikrofon ergreifen und die gefälschten Parlamentswahlen annullieren können. Dann wäre er ein Zar gewesen, so blieb er ein Beamter.

Der Milliardär Michail Prochorow, der nun von den Polit-Beratern des Kreml ausersehen ist, als Kandidat bei den Präsidentschaftswahlen die murrende Moskauer Mittelschicht wieder einzufangen, sagt über den Kreml: »Er übt einen schlechten Einfluss auf die Menschen aus, die in ihm sitzen.« Prochorow schlägt deshalb vor, dem Präsidenten einen neuen Arbeitsplatz außerhalb des Stadtzentrums zu suchen und den Kreml vollständig in ein Museum zu verwandeln. Als ob es so einfach wäre, sich aus dem Schatten der Vergangenheit zu lösen.

»Putin ist ein Zar«

Wer die heutige Politik in Russland beobachtet,
entdeckt viele Parallelen zu längst vergangenen Zeiten.
Warum das so ist, erklärt der Historiker und
Politologe Alexander Rahr.

Das Gespräch führten
Uwe Klußmann und Dietmar Pieper.

SPIEGEL: Der russische Präsident, der jetzt wieder Wla-
dimir Putin heißt, residiert im Kreml, dem alten Moskauer
Machtzentrum. Wenn er eine Weisung erteilt, ist das ein
»Ukas« wie zur Zarenzeit. Wie zaristisch ist Russland heute?
RAHR: Putin ist ein Zar, und er sieht sich wie ein Zar. Am
Anfang war das noch anders. Ich hatte zu Beginn seiner ers-
ten Amtszeit als Präsident im Jahr 2000 die Gelegenheit, drei
Stunden mit ihm zu Abend zu essen. Er sprach davon, Russ-
land sei ein Land mit schrecklichen autoritären Traditionen.
Dies könne man ändern, wenn auch langsam. Sein Kernsatz
war: Ich, Wladimir Putin, denke modern und will, dass das
Präsidentenamt nach meiner Regierungszeit auf demokratische Weise den Besitzer wechselt.
SPIEGEL: War Demokratisierung damals wirklich sein Ziel?
RAHR: Es wirkte überzeugend, was er sagte. Aber seitdem
sind zwölf Jahre vergangen, die ihn sicher sehr verändert
haben. Aus Sicht des Historikers ist das keine große Überraschung. Denn Machtwechsel in Russland sind nie in geord-
neten Bahnen verlaufen, fast nur mit Gewalt. Wer abtrat, wie
Nikolai II., konnte seines Lebens nicht mehr sicher sein. Per-

sonifizierte Macht war und ist in Russland etwas Sakrales, das mehr wiegt als Institutionen. Deshalb kommt es eigentlich nicht in Frage, sie freiwillig abzugeben. Wer dies dennoch tut, wird von den meisten Menschen in Russland verachtet. Wer die Macht abgibt, ist ein Verlierertyp, womöglich ein Verräter, der vernichtet werden muss. Auch Putin denkt wohl, dass er die zaristischen Traditionen nicht überwinden kann. Er sieht sich mit dem Schicksal Russlands verknüpft.

SPIEGEL: Das klingt ja geradezu messianisch.

RAHR: Diese Sicht wäre übertrieben. Ein russischer Zar sieht sich nicht als genialen Weltverbesserer, sondern als jemanden, der das Land stabilisiert und das Zepter in der Hand hält. Außerdem fehlt Putin eine globale Idee. Man kann ihn mit Alexander III. am Ende des 19. Jahrhunderts vergleichen. Auch Putin restauriert Herrschaft und modernisiert auf autoritäre Weise. Er will den Staat seinem Nachfolger stärker hinterlassen, als er ihn vorgefunden hat.

SPIEGEL: Ist Putin in Umstände hineingeraten, die er nicht ändern konnte? Oder ist er von der Macht berauscht?

RAHR: Ich habe nicht den Eindruck, dass er extrem machthungrig ist. Er ist überzeugt, dass die Stabilität zurzeit an ihm hängt. Das wird einem Präsidenten Russlands natürlich auch

ALEXANDER RAHR,

geboren 1959, stammt aus einer Familie russischer Emigranten und war bis Juni 2012 Leiter des Berthold-Beitz-Zentrums in der Deutschen Gesellschaft für Auswärtige Politik. In seinem jüngsten Buch »Der kalte Freund – Warum wir Russland brauchen« analysiert er vor dem Hintergrund der Geschichte die wirtschaftlichen und politischen Entwicklungen des Landes.

durch die höfische Atmosphäre im Kreml nahegelegt. Putin hat sich der alten Idee von Moskau als dem Dritten Rom und Erbe von Byzanz gefügt. Dazu kommt: Er traut seinem Umfeld nicht und duldet keine Nebenbuhler.

SPIEGEL: Also hatte der zwischenzeitliche Präsident Dmitrij Medwedew nie eine Chance? Manchen im Westen galt er als Hoffnungsträger eines liberalen Russland.

RAHR: Medwedew hat wohl anfangs gespürt, dass er auf dem Thron sitzt und mehr Macht ausüben könnte. Aber nach ersten Reformankündigungen ist er zurückgepfiffen worden und hat sich nicht weiter vorgetraut.

SPIEGEL: Blicken wir ein Jahrhundert zurück. Am Ende der Zarenzeit war Russland ein sozial tief gespaltenes Land mit einer dünnen Oberschicht und Millionen armer Bauern. Eine korrupte Bürokratie lähmte die Gesellschaft. Ethnischer Nationalismus säte Hass. Ähnelt die jetzige Lage nicht wieder der am Ende der Monarchie?

RAHR: Dieser Analogie widerspreche ich. Russland war vor dem Ersten Weltkrieg durch rasante Industrialisierung drauf und dran, Europa einzuholen. Man hat nur den Fehler gemacht und macht ihn womöglich heute wieder, einseitig auf wirtschaftliche Entwicklung zu setzen, ohne die sozialen Bedingungen zu verbessern. In Russland muss der Bürger dem Staat dienen. Nikolai II. fehlte das Gespür für seine Untertanen, für die analphabetische Bauernschaft. Die Landwirtschaftsreformen des Premierministers Pjotr Stolypin scheiterten. So endete das Reich in einer Katastrophe.

SPIEGEL: Die Klage über die Korruption zieht sich durch die gesamte Geschichte der Zarenzeit und weiter bis heute. Auch Putin und Medwedew tragen sie gelegentlich vor. Klingt das nicht wie eine Ausrede von Herrschern, die korruptes Verhalten selbst begünstigen?

RAHR: In Russland war die Bürokratie immer der Meinung, dass sie über den Gesetzen steht. Da siegte die Tradition von Byzanz über die des römischen Rechts. Die Korruption kommt oft in der Maske des Menschlichen daher: Man kann mit Geld und Beziehungen Probleme lösen, wenn die Gesetze zu hart sind.

SPIEGEL: Könnte die Staatsspitze daran etwas ändern, indem sie mit gutem Beispiel voranginge?

RAHR: Das wäre der Weg. Die Frage nach der Korruption wird Putin ständig gestellt, auch bei seinen Auftritten vor dem internationalen Expertenclub Waldai, zuletzt auf einem Reiterhof in der Nähe von Moskau. Seine Antworten zeugen von Resignation. Von einem Präsidenten Putin ist im Kampf gegen die Korruption kein Durchbruch zu erwarten.

SPIEGEL: In Ihrem Buch »Der kalte Freund« beschreiben Sie, wie Putin staatliche Aufgaben an Finanzoligarchen verteilt: Du baust das Olympiagelände in Sotschi, du diesen Hightech-Park, du die Stadien für die Fußball-WM 2018. Das klingt abenteuerlich!

RAHR: Aber genauso ist es. Putin weiß, wie diese Leute zu ihrem Reichtum gekommen sind in den wilden Jahren der Privatisierung. Er könnte ihnen die Steuerpolizei auf den Hals hetzen. Stattdessen lässt er sie in staatlichem Auftrag investieren.

SPIEGEL: Das ist purer Feudalismus.

RAHR: Russland ist in vieler Hinsicht ein anderer Planet. Das Sowjetsystem hat negative Strukturen eines mittelalterlichen Landes, das nie in der europäischen Gegenwart angekommen war, konserviert und verschlimmert. Da herauszukommen, dauert mindestens zwei Generationen.

SPIEGEL: Der Anfang der Zarenherrschaft fiel in eine Epoche, als weiter westlich in Europa gerade die Neuzeit begonnen hatte. Die alten Großmächte übten einen enormen Expansionsdruck aus. Stand Russland damals vor der Alternative, entweder ein Imperium oder eine Kolonie fremder Mächte zu werden? Und ergab sich daraus das Bedürfnis nach einer starken Zentralmacht?

RAHR: Zuerst einmal ging es außenpolitisch darum, auf Augenhöhe mit den westlichen Monarchien zu kommen. Die haben sich lange geziert, den Zarentitel protokollarisch anzuerkennen. Noch im Westfälischen Frieden von 1648 ist der Moskauer Herrscher nur als »magnus dux Muscoviae«, als Großfürst aufgeführt. Das Bewusstsein von der geografischen Größe des Landes zeigte sich erstmals bei Peter I. und seinem Hauptstadt- und Flottenbau. Russland war riesig und weckte Begehrlichkeiten. Nur ein gottähnlicher Zar konnte das Land zusammenhalten.

SPIEGEL: Wird daher auch schon Zar Iwan IV., im Westen »der Schreckliche« genannt, nicht durchweg negativ gesehen?

RAHR: Im Russischen heißt er Iwan Grosny, »der Gestrenge«. In vielen Diskussionen mit Russen bekomme ich in den letzten Jahren das beklemmende Gefühl, dass man Josef Stalin in vielleicht nur 50 Jahren ähnlich sehen wird wie Iwan Grosny. Was bleibt von Stalin in den Erinnerungen der Russen? Nicht der Terror, die Massenmorde. Sondern, dass Stalin wie Iwan Grosny ein Russland hinterlassen hat, das um Vieles mächtiger war als zuvor. Menschenleben zählen in Russland weniger als im Westen.

SPIEGEL: Im 18. Jahrhundert saß Katharina II. auf dem Zarenthron, eine Deutsche. Später waren fast alle Zaren mit einer Deutschen verheiratet. Was bedeuteten diese persönlichen Verbindungen nach Westen für das Zarenreich?

RAHR: Katharina II. verkörperte zwar scheinbar den Höhepunkt des deutschen Einflusses, der seit Peter dem Großen deutlich spürbar war. Genau besehen aber war sie keine Deutsche mehr, sie wurde eine Russin und inhalierte das Byzantinische.

SPIEGEL: Deutsche agierten als russische Außenminister, Kanzler und Generäle – waren die alle machtlos?

RAHR: Diese Deutschen zeigten sich oft russischer als die Russen: Es gab unter ihnen Generäle, die waren vor dem Ersten Weltkrieg vehemente Verfechter eines Krieges gegen Deutschland.

SPIEGEL: Das Zarenreich prägte Menschen und Institutionen auf ganz eigene Weise. Auch das Christentum nahm in Russland eine besondere Ausprägung an. Welche Rolle spielte die orthodoxe Kirche im Zarenreich?

RAHR: Viele Kirchenführer sahen sich durch ihr geistliches Amt und den damit verbundenen göttlichen Auftrag als die eigentlichen Herren im Land, ähnlich wie die mittelalterliche Papstkirche in Westeuropa. Dann kam Peter der Große, der die Kirche einer staatlichen Behörde unterstellte, dem »Heiligen Synod«. Dadurch hat er sie als eigenständige Kraft beseitigt und ihren politischen Einfluss geschwächt. Peter war ein radikaler Modernisierer. Für ihn war diese konservative, sehr starke Kirche ein Bremsklotz. Dem Volk aber blieb die Kirche immer als die Trösterin und fungierte als nationale Identitätsstifterin.

SPIEGEL: Was hat Peter I. für das Land dauerhaft bewirkt?

RAHR: Ohne ihn wäre Russland nicht Teil Europas geworden und womöglich als Imperium zerfallen. Ohne Anbindung an Europa hätte Russland damals keine Überlebenschance gehabt. Es wäre an seiner Rückständigkeit gescheitert.

SPIEGEL: Auf Peters gewaltsam durchgesetzte Reformen folgten wieder Phasen der Restauration. Selbst als in Europa die Zeit der Demokratie anbrach, hielt Zar Nikolai II. am autokratischen Regime fest. Warum?

RAHR: Die restaurativen Kräfte fanden in Bürokratie und einfachem Volk stets Widerhall. Drei Institutionen sind immer in Russland populär: Herrscher, Kirche, Armee. Dieser Gedanke lebt auch im Putinismus wieder auf.

SPIEGEL: Im Jahre 1906 ließ Nikolai II. zum ersten Mal ein Parlament, die Duma wählen. Was verhinderte danach die Wandlung Russlands zu einem demokratischen Staat? Hatte das Land überhaupt das Potential dazu?

RAHR: Die Chance gab es. Das Land vernetzte sich zu Beginn des 20. Jahrhunderts immer mehr mit dem Westen. Die Intellektuellen fuhren massenweise nach Europa, viel freier als hundert Jahre zuvor. Doch Reformer wurden immer wieder ausgebremst. Und der Erste Weltkrieg brach dem Zarensystem das Genick. Viele Russen wollten Demokratie, aber weil niemand wusste wie, kam es zu einer zügellosen Revolution.

SPIEGEL: War die Ideologie des Panslawismus mit dem Wunsch, die Balkanslawen anzuführen, nicht der Sargnagel für die Zarenherrschaft? Denn diese Idee trieb Russland in den Krieg gegen Deutschland und Österreich-Ungarn.

RAHR: Die panslawistische Idee war damals sehr populär, sie spiegelt sich bei großen Literaten wie Alexander Puschkin oder Fjodor Dostojewski wider. Russland übernahm die Rolle einer Schutzmacht für slawische Völker – es stellte ein orthodox-slawisches Weltbild dem Westen entgegen.

SPIEGEL: War das die Kehrseite eines Minderwertigkeitskomplexes, weil man wusste, dass man den Europäern hinterherhinkte?

RAHR: Der Panslawismus sprach viele Russen an, weil er ein großes Sendungsbewusstsein hatte. Russland fühlte sich als Erbauer eines anderen Europas. Ähnliche Töne hört man heute von Putin in Bezug auf die Eurasische Union.

SPIEGEL: Hatten die russischen Eliten 1917 noch die Chance, das Zarenreich zu retten?

RAHR: Das waren keine Eliten mehr. Mein Großvater, der 1990 starb, war Adjutant des weißen Generals Pjotr Wrangel gewesen. Er erzählte mir, dass es in jedem Zirkel mehr Meinungen als Personen gab, die dort an einem Tisch saßen. Es fehlten Führungspersönlichkeiten, überzeugende Ideen und handlungsfähige Organisationen. Die Monarchie war verschwunden, der Gottesglaube geschwächt, der Krieg verloren. Die Macht lag auf der Straße. Nur so konnten die Bolschewiki siegen.

SPIEGEL: Dennoch standen noch im Februar 1917 einigen zehntausend Anhängern der Bolschewiki Millionen von Befürwortern der Zarenmacht gegenüber. Warum fielen die nicht ins Gewicht?

RAHR: Nach der Quantität der Anhänger zu urteilen hätten die Weißen die Roten bezwingen müssen. Der Zar hatte während des Krieges an Autorität eingebüßt, er galt als schwach und die Zarin als jenseits von Gut und Böse mit ihrem Hang zum Scharlatan Rasputin. Der Auslöser der Revolte aber war der verlorene Krieg. Die Russen hatten anfangs geglaubt, sie würden siegen wie 100 Jahre zuvor gegen Napoleon.

SPIEGEL: War der russische Nationalismus Sprengstoff für das Vielvölkerreich, indem er die Nationalismen der nichtrussischen Völker anfachte? Und begegnet uns dieses Phänomen in Russland nicht heute wieder?

RAHR: Weder Russland noch die Sowjetunion waren ein Kerker der Völker. Die Russen haben ihre Ureinwohner nicht niedergemetzelt, wie es mit den Indianern in Amerika geschah. Aber die kleinen Völker bekamen keine Rechte. Und so keimte der Wunsch nach Unabhängigkeit, selbst unter den Ukrainern, die den Russen nahestehen.

SPIEGEL: Der Zarenerzieher und Religionsminister Konstantin Pobedonoszew schrieb Ende des 19. Jahrhunderts: »Institutionen haben keine Bedeutung. Alles hängt von Personen ab.« War das stets die Achillesferse des Reichs?

RAHR: Ja, Zar Nikolai II. war 1917 der letzte absolutistische Monarch in Europa. 1991 hing das Schicksal der Sowjetunion an Michail Gorbatschow. Als Gorbatschow dann ging, brach der Sowjetstaat zusammen. Ähnlich war es auch 1917 nach der Abdankung des Zaren. Und beide Szenarien stehen Putin vor Augen.

SPIEGEL: Könnte sich Russland wieder am Vorabend einer Revolution befinden?

RAHR: Nicht in den nächsten sechs Jahren. Derzeit ist keine Alternative zu Putin sichtbar. Aber langfristig kann sich das ändern, wenn die Korruption sich fortsetzt, wenn der soziale Aufstieg blockiert ist und eine neue unzufriedene Generation junger Russen heranwächst, die Europas Freiheiten für sich einfordern wird.

SPIEGEL: Herr Rahr, wir danken Ihnen für dieses Gespräch.

ANHANG

Krieger, Reformer, Reaktionäre

Chronik 988 bis 1918

988
Fürst Wladimir I. führt in der Kiewer Rus, der Keimzelle des russischen Staates, das orthodoxe Christentum nach byzantinischem Ritus ein.

1299
Die Mongolen zerstören erneut Kiew. Der russische Metropolit, Oberhaupt der orthodoxen Kirche, flieht ins gut 900 Kilometer nordöstlich gelegene Wladimir.

1328
Der Metropolit verlegt seinen Sitz nach Moskau.

1453
Die Osmanen erobern Konstantinopel. Mit dem Fall von Byzanz endet das Oströmische Reich.

1472
Der russische Großfürst Iwan III. heiratet Sofija Paleolog, die Nichte des letzten Kaisers von Byzanz. In der russischen Elite reift die Idee von Moskau als dem »Dritten Rom«.

1547
Iwan IV., »der Schreckliche«, wird im Moskauer Kreml zum ersten russischen Zaren gekrönt.

1552
Iwan erobert Kasan. Russland wird ein Vielvölkerstaat.

1565
Im Machtkampf mit den Bojaren gründet der Zar die Opritschnina, eine bewaffnete Stütze seines Regimes aus Angehörigen des Dienstadels.

1584
Iwan IV. stirbt und hinterlässt
ein von Kriegen, Terror und
Naturkatastrophen zerrütte-
tes Land, das in jahrzehnte-
lange Wirren abgleitet.

1605
Der »falsche Dmitrij«, ein
angeblicher Sohn Iwans, wird
in Moskau zum Zaren gekrönt.

1611–1613
Mehr als zweieinhalb Jahre
bleibt Russland ohne Regierung. Moskau gerät unter
polnischen Einfluss.

1613
Eine russische Reichsver-
sammlung wählt Michail
Romanow zum Zaren. Die
Romanow-Dynastie wird
Russland drei Jahrhunderte
beherrschen.

1682–1725
Zar Peter I., der Große,
reformiert Russlands Armee,
Verwaltung und Gesellschaft
nach europäischem Vorbild.
Im Großen Nordischen Krieg

gegen Schweden sichert
er Russland den Zugang zur
Ostsee.

1703
Peter I. gründet St. Petersburg,
ab 1712 die neue, Europa
zugewandte Hauptstadt.

1762
Für ein halbes Jahr herrscht
Zar Peter III., Sohn des
Herzogs von Schleswig-
Holstein-Gottorf und der
Anna Petrowna, einer Tochter
Peters des Großen. Peter III.
wird im Juli 1762 von Anhän-
gern seiner Ehefrau ermor-
det, der künftigen Zarin
Katharina II. Er begründet die
dynastische Linie Romanow-
Holstein-Gottorf, in die bis
zum Ende des Zarenreichs
fast nur Angehörige des deut-
schen Hochadels einheiraten.

1762–1796
Zarin Katharina II., die Große,
geborene Prinzessin von
Anhalt-Zerbst, festigt mit
ihrem aufgeklärten Absolutismus den Zentralstaat.

1773–1775
Der Bauernaufstand des Jemeljan Pugatschow erschüttert das Land. Pugatschow wird im Januar 1775 auf dem Bolotnaja-Platz hingerichtet.

1796–1801
Zar Paul I., Sohn Katharinas II., zeigt sich als Bewunderer des preußischen Militarismus. Sein despotischer Regierungsstil macht ihn bei vielen Russen verhasst. In seinem Palais, dem heutigen Michails-Schloss, wird er im März 1801 von Höflingen erdrosselt.

1801–1825
Zar Alexander I. begeistert sich zunächst für Reformen, betreibt aber im wesentlichen erzkonservative Politik.

1812–1814
Mit seiner »Grande Armée« dringt Napoleon bis Moskau vor. Unter großen Verlusten muss sich der französische Kaiser aber bald zurückziehen. An der Spitze einer Gegenoffensive marschiert Alexander I. im März 1814 in Paris ein, was ihm als »Befreier Europas« großen Ruhm einbringt.

1825–1855
Zar Nikolai I. errichtet einen Polizeistaat, der die wachsenden demokratischen Neigungen der Intelligenz rigoros unterdrückt. Schon bei seiner Inthronisierung hat er einen Aufstand revolutionärer Offiziere, der Dekabristen, niedergeschlagen.

1837
Der Dichter Alexander Puschkin stirbt an den Folgen eines Duells. Puschkin gilt als Begründer der modernen russischen Literatur, seine Werke wollte der Zar persönlich zensieren.

1853–1856
Im Krim-Krieg gegen Türken, Briten und Franzosen unterliegt Russland aufgrund seiner Rückständigkeit.

1855–1881
Zar Alexander II. setzt
anfangs auf Reformen.
1861 hebt er die Leibeigenschaft der Bauern auf, bremst
die Modernisierung seines
Reiches aber bald aus Angst
vor einer Revolution. Im
März 1881 wird Alexander II.
vor einem seiner Paläste
von Terroristen ermordet.

1881
Im Februar nehmen in
St. Petersburg 60 000 Menschen an der Beerdigung
des im Alter von 59 Jahren
verstorbenen Dichters Fjodor
Dostojewski teil, der Teile
der russischen Intelligenz
mit nationalrussischen Ideen
tief beeinflusste.

1881–1894
Zar Alexander III. vertritt eine
reaktionäre Politik, die sich
in seiner These verdichtet,
Russland habe »nur zwei
Verbündete: seine Armee und
seine Flotte«.

1891
Der Bau der Transsibirischen
Eisenbahn beginnt.

1893
Am 6. November stirbt im
Alter von 53 Jahren der Kom-
ponist Peter Tschaikowski.

1895
Wladimir Uljanow, der sich
später Lenin nennt, grün-
det in St. Petersburg den
»Kampfbund zur Befreiung
der Arbeit«.

1894–1917
Zar Nikolai II. verzögert
Reformen und lässt Russland
in eine militärische Konfron-
tation mit Deutschland und
Österreich-Ungarn treiben.

1902
Nikolai II. annulliert die
Ehrenmitgliedschaft des
sozialkritischen Schrift-
stellers Maxim Gorki in der
Akademie der Wissenschaf-
ten. Aus Protest verlässt
der Dichter Anton Tschechow
die Akademie.

1903
Die Anhänger Lenins formieren sich auf einem Exilparteitag russischer Sozialdemokraten in London als Strömung, die sich »Bolschewiki« (Mehrheitler) nennt.

1904
Am 15. Juli stirbt Anton Tschechow im Alter von 44 Jahren in Badenweiler an Tuberkulose.

1905
Am 22. Januar, dem »Blutsonntag«, schießt die Armee in St. Petersburg auf demonstrierende Arbeiter. Im Herbst folgen revolutionäre Unruhen, die das Zarenregime brutal niederschlägt.

1907
Der Scharlatan Grigorij Rasputin gewinnt vor allem mit Hilfe der Zarin Einfluss am Petersburger Hof.

1910
Am 20. November stirbt Leo Tolstoi im Alter von 82 Jahren.

Seine Romane »Krieg und Frieden« und »Anna Karenina« zählen zur Weltliteratur.

1914
Am 1. August erklärt das Deutsche Reich Russland den Krieg, russische Truppen rücken kurzzeitig in Ostpreußen ein.

1916
Adelige, darunter Verwandte des Zaren, ermorden Rasputin in St. Petersburg. Niemand wird verurteilt.

1917
15. März: Nach Massenstreiks und der Bildung einer provisorischen Regierung dankt Zar Nikolai II. ab. Die russische Revolution beginnt. Im November putschen sich die Bolschewiki an die Macht.

1918
Am 17. Juli werden der ehemalige Zar Nikolai Romanow und seine Familie in Jekaterinburg von einem bolschewistischen Mordkommando erschossen.

Buchhinweise

Friedrich Bodenstedt: »Die Völker des Kaukasus und ihre Freiheitskämpfe gegen die Russen. Ein Beitrag zur neuesten Geschichte des Orients«. Lit-Verlag, Berlin/Münster, 1995; Reprint der Ausgabe Frankfurt/London von 1848.

Vincent Cronin: »Katharina die Große«. Piper Verlag, München, 2006.

Orlando Figes: »Nataschas Tanz. Eine Kulturgeschichte Russlands«. Berlin Verlag, Berlin, 2003.

Constantin Floros: »Peter Tschaikowsky«. Rowohlt Verlag, Reinbek, 2006.

Henri Troyat: »Nikolaus II. – Der letzte Zar«. Societäts-Verlag, Frankfurt, 1992.

Hans-Joachim Torke (Hg.): »Die russischen Zaren 1547 – 1917«. Verlag C.H. Beck, München, 1999.

Claudia Weiss: »Das Reich der Zaren«. Theiss Verlag, Stuttgart, 2011.

Autorenverzeichnis

Karen Andresen war Redakteurin bei
SPIEGEL GESCHICHTE und SPIEGEL WISSEN.

Benjamin Bidder ist Redakteur in der Redaktionsvertretung Moskau für SPIEGEL und SPIEGEL ONLINE.

Georg Bönisch ist Redakteur in der SPIEGEL-
Redaktionsvertretung Düsseldorf.

Dr. Christine von Brühl ist freie Journalistin
und Buchautorin.

Annette Bruhns ist Redakteurin bei
SPIEGEL GESCHICHTE und SPIEGEL WISSEN.

Carmen Eller ist freie Journalistin.

Christoph Gunkel ist Autor bei SPIEGEL ONLINE.

Nils Klawitter ist Redakteur im Wirtschaftsressort
des SPIEGEL.

Uwe Klußmann ist Redakteur bei
SPIEGEL GESCHICHTE und SPIEGEL WISSEN.

Walter Mayr ist Reporter im Auslandsressort des SPIEGEL.

Joachim Mohr ist Redakteur bei
SPIEGEL GESCHICHTE und SPIEGEL WISSEN.

Jörg R. Mettke war Leiter der SPIEGEL-Redaktionsver-
tretung Moskau.

Dietmar Pieper ist Leiter der Reihen
SPIEGEL GESCHICHTE und SPIEGEL WISSEN.

Dr. Christian Neef ist stellvertretender Leiter
des SPIEGEL-Auslandsressorts.

Norbert F. Pötzl ist stellvertretender Leiter der Reihen
SPIEGEL GESCHICHTE und SPIEGEL WISSEN.

Jan Puhl ist Redakteur im Auslandsressort des SPIEGEL.

Dr. Johannes Saltzwedel ist Redakteur
bei SPIEGEL GESCHICHTE und SPIEGEL WISSEN.

Matthias Schepp ist Leiter der SPIEGEL-Redaktions-
vertretung Moskau.

Dr. Eva-Maria Schnurr ist Mitarbeiterin
in der Redaktion von SPIEGEL GESCHICHTE und
SPIEGEL WISSEN.

Dr. Mathias Schreiber war Leiter
des SPIEGEL-Kulturressorts.

Michael Sontheimer ist Autor des SPIEGEL.

Dr. Rainer Traub ist Redakteur bei
SPIEGEL GESCHICHTE und SPIEGEL WISSEN.

Dank

Ein Ganzes werden konnte dieser Band nur, weil viele kluge und sorgsame Kollegen den Autoren zur Hand gegangen sind.

Die von Dr. Hauke Janssen geleitete SPIEGEL-Dokumentation prüfte alle Beiträge gewohnt sicher und umsichtig auf sachliche Richtigkeit; beteiligt waren Jörg-Hinrich Ahrens, Dr. Anja Bednarz, Ulrich Booms, Viola Broecker, Dr. Heiko Buschke, Andrea Curtaz-Wilkens, Johannes Eltzschig, Johannes Erasmus, Cordelia Freiwald, Anne-Sophie Fröhlich, Silke Geister, Renate Kemper-Gussek, Ulrich Klötzer, Dr. Walter Lehmann-Wiesner, Michael Lindner, Rainer Lübbert, Tobias Mulot, Margret Nitsche, Malte Nohrn, Sandra Öfner, Thomas Riedel, Mirjam Schlossarek, Stefan Storz, Dr. Eckart Teichert, Nina Ulrich, Ursula Wamser und Anika Zeller. Schnell und findig besorgten die Bibliothekare Johanna Bartikowski und Heiko Paulsen eine Menge Fachliteratur.

Karten und Grafiken gestalteten Gernot Matzke und Cornelia Pfauter; Thomas Hammer bereitete diese für das Buch auf. Claus-Dieter Schmidt besorgte die Bildauswahl, Britta Krüger kümmerte sich um die Bildrechte. In der Schlussredaktion prüften Lutz Diedrichs, Bianca Hunekuhl und Tapio Sirkka den Text nochmals und nahmen letzte Korrekturen vor. Angelika Kummer und Petra Schwenke behielten im Sekretariat den organisierenden Überblick.

Professor Alexander Vatlin von der Historischen Fakultät der Lomonossow-Universität in Moskau und Wladimir Luzenko, Moskau, gaben den Autoren hilfreiche Hinweise. Antje Wallasch beim SPIEGEL und Karen Guddas bei der

DVA betreuten das gesamte Buchprojekt; für die Herstellung war Brigitte Müller verantwortlich.

Ihnen allen gilt unser herzlicher Dank für die hervorragende Zusammenarbeit.

Uwe Klußmann, Dietmar Pieper

Personenregister

Von Krämern, Soldaten und Flüchtlingen

Annette Großbongardt | Uwe Klußmann
Norbert F. Pötzl (Hg.)

Die Deutschen im Osten Europas

Eroberer, Siedler, Vertriebene

Bassermann

304 Seiten
ISBN 978-3-8094-4204-2

Seit dem Mittelalter war der Osten Europas auch Heimat vieler Deutscher. Sie siedelten in den baltischen Gebieten, in Ostpreußen, Schlesien und am Unterlauf der Donau und Wolga, überwiegend in friedlicher Nachbarschaft mit den Polen, Tschechen, Balten und Ungarn – bis der Zweite Weltkrieg zu ihrer Flucht und Vertreibung führte. Zusammen mit Historiker*innen haben sich SPIEGEL-Autor*innen auf die Spuren der deutschen Siedler begeben, deren Geschichte die Deutschen mit den Völkern Osteuropas bis heute verbindet.

Besuchen Sie uns auch auf

www.bassermann-verlag.de

Der Kreml

Machtzentrum in Moskau

1. Senatsgebäude
2. Borowizki-Turm
3. Uspenki-Kathedrale
4. Dreifaltigkeitsturm
5. Zwölf-Apostel-Kirche